社会文化艺术管理

陈小明　陈箭箭　张海龙◎编著

·广州·

版权所有　翻印必究

图书在版编目（CIP）数据

社会文化艺术管理/陈小明，陈箭箭，张海龙编著. —广州：中山大学出版社，2016.2

ISBN 978-7-306-05575-0

Ⅰ. ①社… Ⅱ. ①陈… ②陈… ③张… Ⅲ. ①文化活动—管理 Ⅳ. ①G247

中国版本图书馆 CIP 数据核字（2015）第 316498 号

出版人：	徐　劲
策划编辑：	钟永源　梁惠芳
责任编辑：	钟永源　莫嘉琪
封面设计：	林绵华
责任校对：	杨文泉
责任技编：	何雅涛
出版发行：	中山大学出版社
电　　话：	编辑部 020-84111996，84113349，84111997，84110779
	发行部 020-84111998，84111981，84111160
地　　址：	广州市新港西路 135 号
邮　　编：	510275　传　真：020-84036565
网　　址：	http://www.zsup.com.cn　E-mail：zdcbs@mail.sysu.edu.cn
印 刷 者：	广东虎彩云印刷有限公司
规　　格：	787mm×1092mm　1/16　12.75 印张　318 千字
版次印次：	2016 年 2 月第 1 版　2021 年 8 月第 3 次印刷
定　　价：	38.00 元

如发现本书因印装质量影响阅读，请与出版社发行部联系调换

前　言

　　随着社会经济大发展和人民生活水平的不断提高，人们对丰富多彩的精神文化需求快速增长，强烈呼唤文化事业大发展。

　　我国"十二五规划"指出："坚持一手抓公益性文化事业、一手抓经营性文化产业，始终把社会效益放在首位，实现经济效益和社会效益有机统一。" 2012年召开党的十八大，提出扎实推进社会主义文化强国的要求，强调建设社会主义文化强国必须走中国特色社会主义文化发展道路。"要实现中华民族的伟大复兴，必须推动社会主义文化大发展大繁荣，要兴起社会主义文化建设新高潮，提高国家文化软实力"。目前，我国文化产业、文化事业所占比重较小，还不能完全适应人们不断增长的精神文化需求，因而需要有一个大发展、大繁荣，从而使人民基本文化权益得到更好保障，使社会文化生活更加丰富多彩，使人民精神面貌更加昂扬向上。

　　广东舞蹈戏剧职业学院新设立的文化事业管理专业正是顺应社会文化事业发展而产生的新型管理学学科。文化事业管理专业以培养掌握中西方文化理论知识和专业技能，具有现代文化事业管理能力，能够在政府与公共文化事业单位从事策划经营与管理工作的专门人才为目标。广东舞蹈戏剧职业学院综合学院特点及学科建设方向，在社会文化体系下开设了文化事业管理专业，本着该专业的培养目标，力求为广东省公共文化服务体系输送高素质高技能的后备人才。

　　我院文化事业管理专业培养人才的理念是"以知识带动能力，以能力促进就业"。在学科设置上，以管理学专业学科为教学基础和教学重点；同时根据招收学生特点，依托舞蹈、戏剧、音乐、艺术设计等多种艺术办学优势，开设有针对性专业艺术课程；并注重理论与实践的紧密结合，依托广东省文化厅社会文化系统的资源优势，使学生提前拥有社会文化管理业务技能、职业思维和领导科学视野，全面提升学生艺术修养和业务专长，"与社会零距离"、"与技能零距离"。

　　社会文化事业管理课程以社会文化事业特别是群众文化事业建设与管理的研究为出发点，同时研究社会文化事业干部应具备的素质能力以及如何策划组织群众文化活动，这门学科针对性强，对文化事业管理专业学生的未来就业有很大的启发、指导作用，但苦于没有现成的全面系统性教材可以借鉴，该课程的设置一直是一个缺口，为了文化事业管理专业的学科完善，特别是为了该专业学生的更全面发展，解决这个专业基础业务课的教材问题。我院专门聘请了广东省社会文化艺术管理资深专家、广东省文化厅原副巡视员陈小明和深圳大学讲师、艺术硕士陈箭箭（主笔第七、九、十四章）；广东舞蹈戏剧职业学院讲师张海龙（主笔第十、十二章）；编写了社会文化事业管理学科教材《社会文化艺术管理》一书。

《社会文化艺术管理》围绕社会文化活动，分层次、有条理地讲述了群众文化活动的起源发展和建设管理、公共文化服务体系的构建、地方文化馆站工作的开展、群众文化活动的组织与策划；从如何做一个合格的文化馆（站）长出发，详细介绍了文艺创作常用知识和广东民间艺术，群众戏剧、舞蹈的创作与组织，广场文化的导向与投入，企业文化活动的策划与组织，群众文化论文的写作等。教材内容翔实、全面，理论联系实际，学科针对性强，是一部全面、系统介绍文化事业管理工作的前沿教材，为我院文化事业管理专业的学科丰富和完善贡献了重要内容。力求让学生掌握群众文化的发展历史，群众文化建设和管理的相关理论及开展群众文化工作的各种技能。掌握文艺创作常识、各类群众文化活动策划和广东民间艺术品牌赏析及群众文化业务的实操能力，以期达到文化事业管理系统培养既掌握文化管理理论又具有文化管理技能的毕业生，使之毕业后成为优秀的社会文化事业管理人才的目的。本书编著过程中参考了郑永富主编的《群众文化学》、赵恒桦编的《群众文化管理学》、荣天屿编著的《中国群众文化史》，在这里表示感谢。

由于时间仓促，教材难免存在一些不足，我们会在未来教学活动中持续整理和修订，不当之处，敬请方家指正。

广东舞蹈戏剧职业学院

2014 年 6 月

目 录

第一章 群众文化的起源和发展 1
　一、原始社会的群众文化——部族文化 1
　二、阶级社会的群众文化 2
　　（一）奴隶社会的群众文化——庶人文化 2
　　（二）封建社会的群众文化——平民文化 3
　　（三）资本主义社会的群众文化——市民文化 5
　　（四）中国半封建半殖民地社会的群众文化——民众文化 6
　三、社会主义初级阶段的群众文化 9
　　（一）第一阶段：1949 年 10 月—1957 年，群众文化顺利发展阶段
　　　　 9
　　（二）第二阶段：1958—1966 年"文化大革命"开始，群众文化
　　　　 曲折发展阶段 10
　　（三）第三阶段：1966—1976 年，群众文化十年浩劫阶段 10
　　（四）第四阶段：1976—2002 年，群众文化开始复苏阶段 10
　　（五）第五阶段：2002 年党的十六大召开以来到现在，群众文化
　　　　 走向振兴阶段 11
　思考题 13

第二章 群众文化的建设与管理 15
　一、什么叫群众文化 15
　　（一）群众文化的定义 15
　　（二）群众文化的基本构成 15
　　（三）群众文化的形态类型 16
　　（四）群众文化与专业文化 17
　　　　1. 二者有以下联系 17
　　　　2. 二者有如下区别 17
　二、群众文化的社会地位和社会功能 18
　　（一）群众文化的社会地位 18
　　（二）群众文化的社会功能 18
　　　　1. 娱乐休息功能 18
　　　　2. 宣传教育功能 18

  3. 普及知识功能 …………………………………………………… 19
  4. 文化传递功能 …………………………………………………… 19
  5. 生活审美功能 …………………………………………………… 19
  6. 团结凝聚功能 …………………………………………………… 19
 三、群众文化事业机构的性质和任务 ………………………………… 19
  （一）我国各级群众文化事业机构的性质 ………………………… 20
   1. 群众艺术馆 ……………………………………………………… 21
   2. 文化馆 …………………………………………………………… 21
   3. 文化站 …………………………………………………………… 22
   4. 公共图书馆 ……………………………………………………… 22
   5. 博物馆 …………………………………………………………… 22
   6. 社会与人民团体的群众文化单位 ……………………………… 22
  （二）中国群众文化事业机构的工作原则 ………………………… 23
  （三）群众文化工作的基本内容 …………………………………… 25
   1. 群众文化辅导工作 ……………………………………………… 25
   2. 群众文化活动的策划与组织 …………………………………… 25
   3. 群众文化示范辅导 ……………………………………………… 25
   4. 群众文化培训工作 ……………………………………………… 25
   5. 群众文化调查研究工作 ………………………………………… 25
   6. 群众文化报刊书籍编辑工作 …………………………………… 25
   7. 群众文化艺术档案工作 ………………………………………… 26
   8. 馆、站指导工作 ………………………………………………… 27
   9. 抓好群众业余文艺团队 ………………………………………… 27
   10. 文化信息资源共享工程 ……………………………………… 27
   11. 保护非物质文化遗产 ………………………………………… 27
 四、群众文化的管理 …………………………………………………… 28
  （一）群众文化管理的主要内容 …………………………………… 28
   1. 群众文化活动的管理 …………………………………………… 29
   2. 群众文化事业的管理 …………………………………………… 29
   3. 群众文化队伍的管理 …………………………………………… 30
   4. 群众文化的目标管理 …………………………………………… 30
  （二）群众文化管理的层次模型 …………………………………… 30
思考题 ………………………………………………………………………… 30

第三章　构建公共文化服务体系、保障人民基本文化权益 ……………… 31
 一、什么是公共文化服务体系 ………………………………………… 31
   1. 什么是公共文化 ………………………………………………… 31
   2. 什么是公共文化服务体系 ……………………………………… 31
   3. 什么是文化权益 ………………………………………………… 31

    4. 联合国对文化权利作出的界定 ……………………………………… 31
  二、从群众文化到公共文化的发展历程 ……………………………………… 32
  三、公共文化服务体系建设目标 ……………………………………………… 33
   （一）公共文化服务体系 ………………………………………………… 33
    1. 设施体系 ………………………………………………………… 33
    2. 服务供给体系 …………………………………………………… 34
    3. 服务队伍体系 …………………………………………………… 34
    4. 保障体系 ………………………………………………………… 34
   （二）各级政府在保障人民的基本文化权益中负有重要责任 ………… 34
   （三）各级文化部门应负的职责 ………………………………………… 35
   （四）公共文化产品的类型 ……………………………………………… 35
    1. 纯公共文化产品 ………………………………………………… 35
    2. 准公共文化产品 ………………………………………………… 35
    3. 私人文化产品 …………………………………………………… 35
  四、如何建设我省公共文化服务体系 ………………………………………… 35
   （一）广东文化强省建设的定位 ………………………………………… 35
   （二）广东文化强省公共文化服务体系建设目标 ……………………… 36
   （三）广东公共文化服务体系建设重点要求 …………………………… 36
    1. 重视基层、经济欠发达地区和农村 …………………………… 36
    2. 改善公共文化服务 ……………………………………………… 36
    3. 广泛开展群众性文化活动 ……………………………………… 36
  五、广东公共文化服务体系建设现状 ………………………………………… 37
  六、建设公共文化服务体系的几条措施 ……………………………………… 38
    1. 管好用好公共文化设施 ………………………………………… 38
    2. 建立健全基层文化队伍 ………………………………………… 38
    3. 创新手段丰富群众文化活动 …………………………………… 39
    4. 抓好群众文艺创作，发动群众参与文化创造 ………………… 39
    5. 文化工作者要提高开展公共文化服务工作素质能力 ………… 39
  思考题 …………………………………………………………………………… 40

第四章 文化事业管理干部应具备的素质和能力 ……………………………… 41
  一、文化事业管理的含义 ……………………………………………………… 41
   （一）什么叫管理 ………………………………………………………… 41
   （二）什么是文化管理 …………………………………………………… 41
    1. 文化市场管理 …………………………………………………… 41
    2. 文化产业管理 …………………………………………………… 41
    3. 文化事业管理 …………………………………………………… 42
  二、文化事业管理干部的作用和条件 ………………………………………… 42
  三、文化事业管理干部应具备的素质 ………………………………………… 43

    1. 政治素质 ……………………………………………… 43
    2. 业务素质 ……………………………………………… 44
    3. 精神素质 ……………………………………………… 45
    4. 作风素质 ……………………………………………… 45
  四、文化事业管理干部应掌握的能力 ………………………… 46
    1. 专业能力 ……………………………………………… 46
    2. 决策能力 ……………………………………………… 46
    3. 管理能力 ……………………………………………… 46
    4. 预见开发能力 ………………………………………… 47
    5. 公共关系、应变能力 ………………………………… 47
    6. 获取信息和反馈能力 ………………………………… 47
  思考题 …………………………………………………………… 48

第五章 文艺创作常用知识 ……………………………………… 49
  一、文学类 ……………………………………………………… 49
    1. 文学 …………………………………………………… 49
    2. 小说 …………………………………………………… 49
    3. 散文 …………………………………………………… 50
    4. 诗歌 …………………………………………………… 50
    5. 报告文学 ……………………………………………… 51
    6. 民间文学 ……………………………………………… 51
  二、戏剧类 ……………………………………………………… 52
    1. 话剧 …………………………………………………… 52
    2. 歌剧 …………………………………………………… 52
    3. 舞剧 …………………………………………………… 52
    4. 音乐剧 ………………………………………………… 52
    5. 京剧 …………………………………………………… 53
    6. 昆剧 …………………………………………………… 53
    7. 越剧 …………………………………………………… 54
    8. 评剧 …………………………………………………… 54
    9. 秦腔 …………………………………………………… 54
    10. 川剧 ………………………………………………… 54
    11. 黄梅戏 ……………………………………………… 55
  三、曲艺类 ……………………………………………………… 55
    1. 相声 …………………………………………………… 55
    2. 评弹 …………………………………………………… 56
    3. 说书 …………………………………………………… 56
    4. 大鼓 …………………………………………………… 56
    5. 快板书 ………………………………………………… 56

6. 数来宝 ·· 56
7. 莲花落 ·· 57
8. 唱道情 ·· 57
9. 丝弦 ·· 57

四、音乐类 ·· 58
1. 古典音乐 ·· 58
2. 交响乐 ·· 59
3. 合唱 ·· 60
4. 民歌 ·· 60
5. 原生态唱法 ·· 60
6. 美声唱法 ·· 61
7. 民族唱法 ·· 61
8. 通俗唱法 ·· 61

五、舞蹈类 ·· 61
1. 古典舞 ·· 61
2. 民间舞 ·· 61
3. 芭蕾舞 ·· 62
4. 现代舞 ·· 62
5. 当代舞 ·· 62
6. 国标舞 ·· 62
7. 健身舞 ·· 63
8. 迪斯科 ·· 63

六、美术、书法类 ·· 63
1. 美术 ·· 63
2. 书法 ·· 63
3. 摄影 ·· 64
4. 中国画 ·· 64
5. 油画 ·· 65
6. 宣传画 ·· 65
7. 版画 ·· 65
8. 雕塑 ·· 65
9. 篆刻 ·· 66
10. 美术字 ·· 66
11. 农民画 ·· 66

七、我国的重大文艺创作评奖项目 ·· 66
1. "五个一工程"奖 ·· 66
2. 文华奖 ·· 67
3. 群星奖 ·· 67
4. 广东鲁迅文艺奖 ·· 67

思考题 ………………………………………………………………… 68

第六章　广东民间艺术 ………………………………………………… 69
　　一、民间戏剧 ………………………………………………………… 69
　　　　1. 粤剧 ……………………………………………………………… 69
　　　　2. 潮剧 ……………………………………………………………… 69
　　　　3. 广东汉剧 ………………………………………………………… 70
　　　　4. 正字戏 …………………………………………………………… 70
　　　　5. 白字戏 …………………………………………………………… 71
　　　　6. 西秦戏 …………………………………………………………… 71
　　　　7. 雷剧 ……………………………………………………………… 71
　　　　8. 粤西白戏 ………………………………………………………… 71
　　　　9. 粤北采茶戏 ……………………………………………………… 71
　　　　10. 乐昌花鼓戏 …………………………………………………… 72
　　　　11. 山歌剧 ………………………………………………………… 72
　　　　12. 紫金花朝戏 …………………………………………………… 72
　　　　13. 贵儿戏 ………………………………………………………… 72
　　　　14. 广东木偶戏 …………………………………………………… 72
　　　　15. 大棚戏 ………………………………………………………… 73
　　　　16. 提线木偶戏 …………………………………………………… 73
　　　　17. 潮州纸影戏 …………………………………………………… 73
　　二、民间曲艺 ………………………………………………………… 73
　　　　1. 白字曲 …………………………………………………………… 73
　　　　2. 采茶调 …………………………………………………………… 73
　　　　3. 花灯 ……………………………………………………………… 74
　　　　4. 春牛 ……………………………………………………………… 74
　　　　5. 雷州姑娘歌 ……………………………………………………… 74
　　　　6. 粤曲 ……………………………………………………………… 74
　　　　7. 龙舟 ……………………………………………………………… 74
　　　　8. 南音 ……………………………………………………………… 75
　　　　9. 木鱼 ……………………………………………………………… 75
　　　　10. 清唱 …………………………………………………………… 75
　　　　11. 粤讴 …………………………………………………………… 75
　　　　12. 潮州歌册 ……………………………………………………… 75
　　　　13. 竹板歌 ………………………………………………………… 76
　　　　14. 乐昌鱼鼓 ……………………………………………………… 76
　　　　15. 莲花闹 ………………………………………………………… 76
　　　　16. 吴川木鱼 ……………………………………………………… 76
　　　　17. 禾楼歌 ………………………………………………………… 76

18. 牛娘调 ………………………………………………………… 76
三、民间音乐 ……………………………………………………… 76
1. 广东音乐 ………………………………………………………… 76
2. 广东汉乐 ………………………………………………………… 77
3. 潮州音乐 ………………………………………………………… 77
4. 潮州锣鼓乐 ……………………………………………………… 77
5. 锣鼓柜 …………………………………………………………… 77
6. 十番 ……………………………………………………………… 78
7. 八音 ……………………………………………………………… 78
8. 客家山歌 ………………………………………………………… 78
9. 雷歌 ……………………………………………………………… 78
10. 咸水歌 …………………………………………………………… 78
11. 粤东渔歌 ………………………………………………………… 79
12. 五句板 …………………………………………………………… 79
13. 潮州歌谣 ………………………………………………………… 79

四、民间舞蹈 ……………………………………………………… 80
1. 英歌舞 …………………………………………………………… 80
2. 跳花棚 …………………………………………………………… 80
3. 花环龙 …………………………………………………………… 80
4. 新会纱龙 ………………………………………………………… 80
5. 佛山彩龙 ………………………………………………………… 80
6. 中山醉龙 ………………………………………………………… 81
7. 貔貅舞 …………………………………………………………… 81
8. 鹤舞 ……………………………………………………………… 81
9. 布马舞 …………………………………………………………… 81
10. 澄海蜈蚣舞 ……………………………………………………… 82
11. 鳌鱼舞 …………………………………………………………… 82
12. 麒麟舞 …………………………………………………………… 82
13. 长鼓舞 …………………………………………………………… 82
14. 钱鼓舞 …………………………………………………………… 82

五、民间工艺、美术 ……………………………………………… 83
1. 广东民间剪纸 …………………………………………………… 83
2. 佛山木版年画 …………………………………………………… 83
3. 龙门农民画 ……………………………………………………… 83
4. 石湾陶塑 ………………………………………………………… 83
5. 民间灰批 ………………………………………………………… 83
6. 彩灯 ……………………………………………………………… 84
7. 潮州木雕 ………………………………………………………… 84
8. 新会葵艺 ………………………………………………………… 84

    9. 广州象牙雕刻 …………………………………… 84
    10. 端砚 ……………………………………………… 85
    11. 广绣 ……………………………………………… 85
    12. 汕头抽纱 ………………………………………… 85
  六、民俗活动 ……………………………………………… 85
    1. 佛山秋色盛会 …………………………………… 85
    2. 梅菉三绝 ………………………………………… 86
    3. 瑶族耍歌堂 ……………………………………… 86
    4. 飘色活动 ………………………………………… 86
  思考题 …………………………………………………… 87
  附：广东民间艺术（至2013年）入选国家级非物质文化遗产名录项目统计表 …… 87

第七章 演讲技巧入门 ……………………………………… 93
  一、什么是演讲 …………………………………………… 93
  二、演讲的种类和形式 …………………………………… 94
   （一）演讲种类 ………………………………………… 94
   （二）演讲的形式 ……………………………………… 94
    1. 照读式演讲 ……………………………………… 94
    2. 背诵式演讲 ……………………………………… 94
    3. 提纲式演讲 ……………………………………… 94
    4. 即兴式演讲 ……………………………………… 94
  三、演讲的准备 …………………………………………… 95
    1. 知识素养准备 …………………………………… 95
    2. 临场观察准备 …………………………………… 96
    3. 心理素质准备 …………………………………… 96
    4. 快速思维的准备 ………………………………… 96
  四、演讲的技巧 …………………………………………… 98
    1. 讲法 ……………………………………………… 98
    2. 注意演讲姿势 …………………………………… 99
    3. 演讲时的视线 …………………………………… 99
    4. 演讲时的表情 …………………………………… 99
    5. 演讲服饰和发型 ………………………………… 99
    6. 演讲时的站位 …………………………………… 99
    7. 演讲的手势 ……………………………………… 100
    8. 演讲声音和腔调 ………………………………… 100
    9. 演讲时要善用空间 ……………………………… 101
    10. 运用演讲语言艺术 …………………………… 101
    11. 初学演讲的提高方法 ………………………… 101
  思考题 …………………………………………………… 102

第八章　群众文化活动的策划和组织 …………………………………………… 103
一、群众文化活动的功能和意义 ………………………………………………… 103
二、如何策划群众文化活动 ……………………………………………………… 104
　　（一）策划方案要确定主题、把握类型 …………………………………… 104
　　　　1. 庆典型的群众文化活动 ……………………………………………… 104
　　　　2. 纪念型的群众文化活动 ……………………………………………… 105
　　　　3. 宣传展示型的群众文化活动 ………………………………………… 105
　　　　4. 庙会式的群众文化活动 ……………………………………………… 105
　　（二）策划方案要注意有创意的构思 ……………………………………… 106
　　（三）策划活动构思的依据 ………………………………………………… 107
　　（四）策划活动要善于利用文化资源 ……………………………………… 108
　　（五）策划活动要摸清群众的文化心理 …………………………………… 108
　　（六）策划活动要做好经费预算 …………………………………………… 109
三、如何组织群众文化活动的实施 ……………………………………………… 109
　　（一）建立工作机构 ………………………………………………………… 109
　　（二）积极筹措经费 ………………………………………………………… 109
　　（三）分步实施策划方案 …………………………………………………… 110
　　（四）加强预见性和现场管理 ……………………………………………… 110
四、优秀的策划组织者必需具备的素质和条件 ………………………………… 110
思考题 ……………………………………………………………………………… 111
附：文艺演出策划方案范本　第二届世界广东同乡联谊大会开幕式
　　大型文艺演出——《天涯共此时》 ……………………………………… 112

第九章　群众戏剧活动的策划与组织 …………………………………………… 121
一、什么是戏剧 …………………………………………………………………… 121
　　　　1. 戏剧的定义 …………………………………………………………… 121
　　　　2. 戏剧的体系 …………………………………………………………… 121
　　　　3. 戏剧的形态 …………………………………………………………… 121
　　　　4. 戏剧的本质 …………………………………………………………… 122
　　　　5. 戏剧的分类 …………………………………………………………… 122
二、什么是群众戏剧活动 ………………………………………………………… 124
三、如何组织群众戏剧活动 ……………………………………………………… 124
　　（一）组织指导剧本创作 …………………………………………………… 124
　　（二）聘请一位好导演 ……………………………………………………… 125
　　（三）组织舞台美术创作 …………………………………………………… 126
　　（四）选好称职的演员 ……………………………………………………… 127
　　（五）做好排练的后期工作——合成、彩排、演出 ……………………… 127
四、组织群众戏剧活动要把小戏、小品作为重点 ……………………………… 128
　　（一）什么是小戏 …………………………………………………………… 128

（二）小戏的主要特征 …………………………………………………… 128
　　（三）小戏的写作方法 …………………………………………………… 128
　　（四）小戏写作技巧 ……………………………………………………… 129
　　（五）小品写作技巧 ……………………………………………………… 129
　五、组织群众戏剧活动要下决心、动真情 …………………………………… 131
　思考题 …………………………………………………………………………… 131

第十章　群众舞蹈活动的组织与创作 …………………………………………… 133
　一、舞蹈的基本知识 …………………………………………………………… 133
　二、如何欣赏舞蹈 ……………………………………………………………… 136
　三、如何组织群众舞蹈创作 …………………………………………………… 137
　　（一）选择题材 …………………………………………………………… 137
　　（二）舞蹈结构 …………………………………………………………… 137
　　（三）舞蹈与音乐 ………………………………………………………… 138
　　（四）编舞是编导创作的关键 …………………………………………… 138
　　（五）舞台美术及其他 …………………………………………………… 139
　　（六）舞蹈编导与演员的关系 …………………………………………… 139
　　（七）舞台合成、彩排等 ………………………………………………… 140
　思考题 …………………………………………………………………………… 140

第十一章　广场文化活动的导向与投入 ………………………………………… 141
　一、什么是广场文化 …………………………………………………………… 141
　　（一）文化广场 …………………………………………………………… 141
　　（二）广场文化 …………………………………………………………… 142
　　（三）广场文化的特征 …………………………………………………… 142
　　（四）广场文化的特性 …………………………………………………… 143
　　（五）广场文化的意义 …………………………………………………… 143
　二、广东广场文化概况 ………………………………………………………… 144
　　（一）广东广场文化活动的兴起 ………………………………………… 144
　　（二）广东文化广场建设的类型 ………………………………………… 144
　　（三）广东广场文化活动的发展 ………………………………………… 145
　　（四）广东开展广场文化活动的效果 …………………………………… 146
　　　1. 广场文化活动为新时期精神文明建设和社会文化工作提供了创新的
　　　　 形式 ……………………………………………………………………… 146
　　　2. 在全省范围增添了一批高档次的群众文化活动阵地 ………………… 146
　　　3. 锻炼了群众文化队伍，满足了人民群众的精神文化生活需求 ……… 147
　　　4. 进一步探索了社会文化事业发展的路子，推动广场文化活动呈现出
　　　　 全方位发展新态势 ……………………………………………………… 147
　　　5. 文化广场活动取得了两个效益的丰收 ………………………………… 147

三、广场文化活动的导向与投入 ·· 148
　　　　（一）加大投入，完善文化广场设施 ·· 148
　　　　（二）加强策划，把握广场文化方向 ·· 149
　　　　（三）与时俱进，探索广场文化发展 ·· 149
　　　　（四）齐抓共管，拓宽广场文化新路 ·· 150
　　思考题 ··· 150

第十二章　企业文化活动的策划与组织 ·· 151
　　一、什么是企业文化 ·· 151
　　二、企业文化活动 ·· 152
　　　　1. 企业文化活动的主要内容 ·· 152
　　　　2. 企业文化活动的特点 ·· 152
　　　　3. 企业文化活动的类型 ·· 152
　　三、企业文化活动的策划 ·· 153
　　　　（一）读书活动策划 ·· 153
　　　　　　1. 明确活动宗旨 ·· 153
　　　　　　2. 组织企业读书活动的基本要求 ·· 154
　　　　　　3. 读书活动的组织要领 ·· 154
　　　　　　4. 组织读书活动注意把握好几方面的问题 ································ 154
　　　　（二）知识竞赛的策划 ·· 154
　　　　　　1. 确定竞赛主题 ·· 154
　　　　　　2. 成立组织机构 ·· 154
　　　　　　3. 明确参赛对象 ·· 154
　　　　　　4. 公布参赛形式 ·· 154
　　　　　　5. 制定参赛内容 ·· 155
　　　　　　6. 评审方法和奖项设置 ·· 155
　　　　　　7. 明确各项具体分工 ·· 155
　　　　（三）企业宣传教育活动的策划 ·· 155
　　　　（四）公司年会的策划 ·· 155
　　　　（五）企业文艺联欢会的策划 ·· 155
　　思考题 ·· 157
　　附：策划方案范本　××企业春节联欢会策划方案 ······························ 158

第十三章　如何当好文化馆长、站长 ·· 161
　　一、文化馆、站的性质和任务 ·· 161
　　　　1.《文化馆管理办法》作出的规定 ·· 161
　　　　2. 中央提出的目标 ·· 162
　　二、文化馆长、站长要如何开展工作 ·· 163
　　　　（一）改善服务手段，办好公共文化主阵地 ···································· 164

  （二）采取措施健全群众文化队伍 …………………………………… 164
  （三）探索创新样式，为人民群众提供更多的选择 …………………… 165
  （四）整合社会文化资源，打造群众文化的特色品牌 ………………… 166
  （五）重点抓好群众文艺创作 …………………………………………… 167
 三、新形势下办好文化馆、站要处理好四种关系 …………………………… 168
  （一）正确处理"有位"与"有为"的关系，发挥党政机关助手的作用
    ……………………………………………………………………… 168
  （二）正确处理"硬件"与"软件"的关系，发挥公共文化的龙头作用
    ……………………………………………………………………… 169
  （三）正确处理引进外来文化和弘扬民族传统文化的关系，保护和继承、
    发展中华民族民间艺术 ……………………………………………… 169
  （四）正确处理"社会效益"和"经济效益"的关系，发挥文化馆、站在
    开展公益性文化活动中的主导作用 ………………………………… 170
 四、文化馆长、站长要具备干事创业的素质和能力 ………………………… 170
  （一）对公共文化事业有强烈的事业心、责任感 ……………………… 170
  （二）具备开展公共文化工作的业务素质 ……………………………… 170
  （三）具备干事创业的本事和能力 ……………………………………… 171
  （四）熟悉运用公共关系、具备应变能力 ……………………………… 171
  （五）文化馆长、站长要具备人格魅力 ………………………………… 171
 思考题 …………………………………………………………………………… 172

第十四章 群众文化论文写作 ……………………………………………… 173
 一、什么是论文 ………………………………………………………………… 173
 二、论文的分类 ………………………………………………………………… 173
  （一）科研论文 …………………………………………………………… 173
  （二）学术论文 …………………………………………………………… 174
  （三）学术论文的特征 …………………………………………………… 174
    1. 学术性 …………………………………………………………… 174
    2. 科学性 …………………………………………………………… 174
    3. 创造性 …………………………………………………………… 174
    4. 理论性 …………………………………………………………… 174
 三、如何撰写群众文化论文 …………………………………………………… 175
  （一）什么是群众文化论文 ……………………………………………… 175
  （二）群众文化论文的特点 ……………………………………………… 175
  （三）群众文化论文的主要结构 ………………………………………… 175
  （四）群众文化论文的规格和标准 ……………………………………… 176
  （五）发表过程 …………………………………………………………… 176
 四、群众文化论文写作方法 …………………………………………………… 176
  （一）选择课题 …………………………………………………………… 176

  1. 要坚持选择有科学价值和现实意义的课题 …………………………… 176
  2. 要根据自己的能力选择切实可行的课题 ……………………………… 177
 （二）研究课题 ……………………………………………………………… 177
  1. 搜集资料 ………………………………………………………………… 177
  2. 研究资料 ………………………………………………………………… 177
  3. 明确论点和选定材料 …………………………………………………… 177
  4. 执笔撰写 ………………………………………………………………… 177
  5. 修改定稿 ………………………………………………………………… 178
五、群众文化论文写作应注意的几个问题 …………………………………… 178
 （一）明确论文写作的目的 ………………………………………………… 178
 （二）正确地掌握"概念"，科学地使用"概念" ……………………… 178
 （三）注意命题的准确性、科学性 ………………………………………… 178
 （四）不要把论文写成说明文 ……………………………………………… 179
思考题 …………………………………………………………………………… 179
附：参考论文　第11届全国"群星奖"群众文化科研成果金奖论文 …… 180

第一章　群众文化的起源和发展

群众文化这一古老的社会历史现象几乎贯串了整个人类文化的发展历史。可以说，自有人类以来，就有群众文化。群众文化渗透于各个时代、世界各民族的生活、生产运动之中。当今，我国政府把群众文化作为建设有中国特色社会主义的一项公益性文化事业，作为一门有特定含义的社会科学，设立了机构，配备了人员专门从事它的普及和研究。作为学习文化管理专业的大学生，我们必须了解群众文化的起源和发展。

一、原始社会的群众文化——部族文化

原始社会由血缘关系联系起来的集体称氏族，由若干血缘关系相近的氏族结合而成的集体叫部族。

在原始社会中，劳动创造了人，人类的劳动创造了工具，创造了群众文化。大约在170万年前，原始歌舞与美术，是从劳动中最早发生的两大群众文艺活动。最早形成的群众歌舞，就是原始先民长期生活在艰险的社会环境中，他们在采集到了较多食物，赶退了野兽的进攻，或躲避了自然灾害后，一些带有血缘关系的人常会自动聚集一起欢歌跳跃，在用简单的发声或语言无法表达和交流，而产生的手舞足蹈。

《诗经·大序》描述："情动于中而形与言，言之不足，故嗟叹之；嗟叹之不足，故咏歌之；咏歌之不足，不知手舞之足之蹈之也。"青海大通县上孙家寨墓地出土的新石器时代的舞蹈陶盆（约一万年前），其盆口处有带纹，绘有三组舞队，每组有五人手拉手跳着整齐的舞蹈（很像现在侗族民间"踏歌舞"），这就生动地反映了当时人们围着大圆圈歌舞的场面。

原始社会人们从事的是维持生计，以保生存的劳动。文化活动也是祈求氏族繁盛、人丁兴旺的崇拜活动，原始社会没有人去从事专业文化，所开展的都是与生产劳动和社会生活相交融的群众文化活动。

原始歌舞的特点有三：

一是即兴抒情，二是诗歌舞三结合，三是渲染气氛的节奏感。

原始美术是从制造工具中萌芽，发展与开拓的，由美化工具、用具、建筑物、环境到美化自身，经过百多万年的发展，扩大到生产、生活中成为供欣赏的美术品。

原始美术的特点一是实用，二是造型，三是仿生。

原始社会群众文化的特征：

（1）原始社会无阶级，原始社会里群众文化是部落、氏族全体成员的文化。原始文化艺术作为原始先民劳动与生活的反映，强烈地透示着当时群众文化的集体性。

（2）由于原始文化艺术是当时劳动生活的组成部分，几乎将所有人都卷入其中，体现了人们参与文化活动的极为普遍与广泛的特点。

（3）原始社会没有专业文化，原始文化艺术是在原始人群或部落中具有感情色彩的血缘文化或地域文化所产生。群众文化是集体创造，同时也为集体所享受，有鲜明的共有性。

（4）原始社会文化艺术的传承方式是实物、行为和语言，原始文化艺术与原始群众文化的共通性表明了群众文化的古老悠远，它作为一切文化艺术的母体丰厚根底，极大地影响了后代群众文化的种种特质。

二、阶级社会的群众文化

（一）奴隶社会的群众文化——庶人文化

原始社会末期，随着社会生产力的发展，畜牧业和农业生产已有了剩余产品，私有观念逐渐形成，生产资料和生活资料渐渐地成为私有财产，部落战争中的俘虏被强迫从事劳动生产；一般部族成员则降为庶民，都成为奴隶；部族首领转化成为奴隶主，奴隶和奴隶主两个对抗的阶级形成。

在奴隶社会里，随着阶级的出现，原始的文化艺术开始分野，全民性的群众文化不复存在。我国从原始社会过渡到奴隶社会，大批乐舞奴隶或农奴专业从事文化，部分庶人文化进入宫廷之中，经过无数代的血泪劳动、智慧创造和艺术积累，乐舞日趋成熟精湛，工艺美术日益精致美观，形成了统治阶级的宫廷文化。

宫廷文化的艺术形式及其技艺主要出自庶人为代表的劳动人民之中，具有较高成就的宫廷文化是庶人文化结出的硕果。

在奴隶社会，庶人文化脱离了原始状态而趋向完整，群众文化的各艺术门类相继成形，技能、技巧有所提高，民间歌谣是人类历史上最早产生的语言艺术之一，是庶人集体的口头创作。具有歌颂丰收、教化子弟、调节心情、开展娱乐的作用。

如我国第一部诗歌总集《诗经》，是 2500 年前经过 500 年时间创作的庶人民谣。其中的 15 国风，收集了现在的陕西、山西、河南、河北、山东及湖北北部 15 个地方的民间歌谣，计 160 篇，这些民间歌谣内容非常丰富，相当全面地反映了当时社会生活的真实面貌。它的艺术特色讲究赋、比、兴的运用，赋，是写情叙事的韵文和散文的综合体；比是比喻；兴是引带。如"关关雎鸠，在河之洲，窈窕淑女，君子好逑"，这是古代一首真切感人的恋歌，一个青年爱上一位温柔美丽的姑娘，许多字、词、句用得妥帖、巧妙，对人、对事加以形象化的描写。这些表现手法对后世诗歌与整个文学都产生了极大影响，是民间文学的杰出贡献。

进入奴隶社会以后，原始社会图腾崇拜的乐舞转化为祭祀祖先的乐舞，求神娱神的乐舞嬗变为巫舞、傩舞。许多庶人以此表达对祖先的纪念或祝祈丰收、平安，自娱性歌舞与民间生活、习俗紧密相连。歌舞的表现范围扩大了，技巧也提高了，庶人美术的发展进入应用领域，美化了人们的生活。夏商周时代这两种祭祀乐舞的兴盛，民间庶民歌舞的盛行以及民间诗歌的繁荣，形成了宫廷文化、宗教文化相鼎立的民间文化。并开始产生了属于统治阶级的专业文化和业余文化的分类活动。

奴隶制时期的古希腊是欧洲文明的发源地，公元5世纪前后，希腊的音乐、建筑、绘画、雕刻等文化艺术也随之一片兴旺。特别是雕塑的发展已达到非常高的水平，以至在欧洲后来一直都赶不上的高峰。比如直立在尼罗河畔巍然壮观的古埃及金字塔，埃及的胡夫法老为建造金字塔，分批调动了几乎整个埃及的人力，光是金字塔本身的修建，塔内墙壁的各种雕刻、绘画和装饰就用了10万人，花了整整30年时间。印度河流域的许多佛塔上令人叹为观止的雕刻等，表面上是奴隶主在主持文化的创造，其实就是包括庶人在内的奴隶们勤奋与智慧的结晶。

荷马史诗《伊利亚特》和《奥德赛》是古希腊人流传广、影响深的主要教科书，相传是到处行乞的盲人荷马所作。该诗从公元前9世纪开始便在民间口头流传，到公元前6世纪300年才成定本，可见其在奴隶中的广泛影响；《伊索寓言》是一本民间故事，相传是奴隶伊索所写，其中很多像《狼和小羊》、《农夫和蛇》等短小浅显，却寓味深长，深受人们喜爱，流传千古经久不衰。

奴隶社会的群众文化的特征：

（1）随着阶级的出现，群众文化也有了阶级分野。全民性的群众文化已经不再存在。大批乐舞奴隶或农奴专业从事为统治阶级服务的专业文化。

（2）庶人文化脱离了原始状态，而趋向完整，群众文化的各艺术门类相继形成，技能技巧有所提高，如庶人民谣已讲究赋比兴的艺术特色；庶人歌舞逐步加入了娱人和娱神的成分，表现范围扩大了，技巧也不断提高，庶人美术的发展进入了实用领域，美化了人民的生活。

（二）封建社会的群众文化——平民文化

公元前475年起，战国时期是我国封建社会的开端。到公元前221年，秦王嬴政结束了战国七雄混战的局面，号称始皇帝，组成我国历史上第一个统一的多民族中央政府。

秦汉时期是中国的大一统时期，由于封建专制主义中央集权国家的形成，与四分五裂的奴隶社会与诸侯割据的局面相比，社会生产力得到解放，农业、手工业向前发展，文化的凝聚力与相互作用强多了。

平民是指中国封建社会中除特权阶层外的老百姓。封建制度建立后，平民相比起奴隶社会的奴隶来，生产的主动性更大，成为推动封建社会经济和文化发展的主要力量。

随着物质水平的提高，社会生活内容的日趋丰富，人们对精神生活的需求也增强了，由此也促进了平民文化的发展。一些专门从事平民文化教育、培养、训练艺人的机构产生，一些士官对平民文化的重视，加上部分平民文化中高品质意识的出现，民间艺人对自己的技艺的要求也更为迫切，群众文化活动的技能、技巧逐渐讲究精微性，并向高难度发展。

还有当时新兴城市相继出现，城市居民对文化生活的多样化需求，促使城市群众文化迅速崛起，舞和歌成为人民生活中极其平常的活动，促使秦汉的百戏盛会经常出现在城镇街头。到了魏晋南北朝，400年间，东晋南迁，北方人民大量南移，把汉魏的民间乐舞带到南方，促进了南方民间乐舞的发展。形成南北文化大交流、大融合的局面。

到了唐代，群众文化呈现一个光辉的顶点，盛唐300年，是封建社会的黄金时代，也是封建文化艺术鼎盛时代，诗歌成为当时文化艺术的主流，有杰出的成就，当时是所谓"行人南北尽歌谣"。李白成为诗仙，杜甫为诗圣，白居易、元稹、刘禹锡等人的诗作在民间广为流传。那时，地无分南北，家无分贫富，无家不唱诗歌，无人不爱诗歌，民间文化万紫千红。

唐代佛道儒三家鼎立，其为传播本教哲学思想而开展了许多经卷（文字）传播、口头（讲经）传播、社会（化缘办道场）及歌舞百戏游行重大文化活动进行传播。特别是佛教自西汉末年传入中国，经过500多年，到唐代达到最盛时期，武则天称帝靠经文提供了宗教依据，她下令把禅宗、密宗经文颁行天下，耗巨资在洛阳龙门雕凿大佛像，把神秀奉为国师，行跪拜礼。（当时全国4600多寺庙，4万多僧舍，26万多僧尼，15万多奴婢）各寺院利用传统的民间文艺宣传宗教、扩大影响、争取信徒、香客，民间乐舞进入佛教节日举行的各种庙会活动。

东汉末年创立的道教也不示弱，在与寺庙的抗衡中扩大宣扬神仙的通观文化活动；此外，儒家儒教，通常认为孔子为其创始人，主要经典是四书（《论语》、《孟子》、《大学》和《中庸》）五经（《诗经》、《书经》、《礼经》、《易经》和《春秋》），儒教承认存在天堂和地狱（神、鬼），但不关心其他世界的事，而将注意力完全放在现实世界，创办自己的三纲五常理论框架。实际上儒教一说始于春秋时期，到董仲舒提出"罢黜百家，独尊儒术"时一直受到统治者的青睐，他们也有"天地君亲师"尊奉的一套例如祭天地，拜孔子，敬祖先等文化，祭祀活动。

以上三种宗教文化活动内容多荒诞、迷信，但群众非常喜欢，对后世民间文化有重大影响和促进作用。

宗教文化传播对群众文化的影响给我们的启示：只要从人民群众现实需要出发，从人民群众最关心的问题入手，用人民群众最易最能接受的形式进行，传授文化不仅可以被人民群众所接受，也可以与不同时空、不同层次的原生文化融为一体，构成相对稳定的民族民间群众文化，产生重大影响和促进作用。

宋代以后，城市经济的繁荣，使群众文化发生了深刻的变化，城市居民对文化生活的多样化需求，促使城市平民文化迅速崛起，群众文化形成了城市与农村两条相互交流渗透的运行轨迹。到了元代，是一个充满民族矛盾和阶级矛盾的社会，广大人民群众处在蒙古族统治者及汉族豪强的双重压迫下，生活陷入悲惨的境地。民间戏剧成了城市群众文化的主流，许多群众自发组成戏班，从事剧本创作演出，并且开始向农村扩散；群众用民间说唱、歌谣宣泄心中的不平，杂剧艺术特别繁荣，涌现了如关汉卿、赛帘秀等著名人物，关汉卿一共写了63个剧本，其中不朽的代表作是《窦娥冤》。

明代的通俗文学随着资本主义的萌芽和商品经济的进一步发展，开始勃兴，传奇戏文的大量刊行，促进了民间职业或半职业戏班的发展。

清代文化随着封建社会的行将解体，与资本主义的缓慢增长，地方戏曲在城乡交映生辉。当时，各地商人在大中型城市普遍设立商业会馆，争相把家乡戏引入城市演出，一以自娱，二以文娱显示自己的力量，为商场的开拓大造声势。

清朝乾隆皇帝从1751年开始，曾经6次南巡，在下江南期间，发现有艺术精湛的昆曲演员，即命选拔进宫，到了1790年，乾隆55年，为庆祝乾隆80岁生日，从扬州征召了以戏曲艺人高朗亭为台柱的三庆班入京献艺，带来了与当时流行北京的昆曲不同的地方曲调枣徽调。

清代出现了徽班进京、民间戏班繁荣的局面。所谓徽班，是指清代中叶安徽商人投资的戏班，主要特点是吸收弋阳腔的基础上形成徽州腔，形成唱念做打并重完美的剧种。当时有四大徽班：即三庆班、四喜班、和春班、春台班先后进京，综合二黄、西皮、昆、秦诸腔向京剧衍变奠定了基础。被视为京剧诞生的前奏，在京剧发展史上具有重要意义。

清代通过平定三藩作乱，粉碎蒙古上层反动分子叛离，加强对西藏的管理和对西南各族实行"改土归流"的政策，以及挫败维吾尔反动分子的叛乱，使中华民族共同体日益形成，汉族与各少数民族的文化交流增多。歌舞艺术也互相吸引、互相补充、不断丰富。各少数民族的歌舞盛极一时。清代的民间绘画由于商品化而适应时代的需要，取得了一定的发展，其中以木版年画最为突出，壁画和其他工艺美术都有了行会组织，并自成体系。

封建社会的群众文化的主要特征：

（1）生产力的发展促使相对统一的中央集权国家的形成，新兴城市相继出现，人民群众的社会生活和精神需求不断增强，出现了以市民文化为主流的城乡文化。

（2）宗教文化的传播，形成了系列节日，节日活动成为群众文化一个新的重要组成部分。

（3）专业艺人努力创新艺术门类，促使文化艺术商品化和大众化，丰富多彩，喜闻乐见的散乐成了民间文化的主体。成为群众文化的生力军。

（4）由于国家长期处于分裂和动乱之中，给人民带来无穷灾难，人民对政局的态度，使群众文化具有现实主义爱国主义的成分。

（三）资本主义社会的群众文化——市民文化

西欧在16世纪开始进入资本主义时期，经过17、18世纪，英国、法国的资产阶级革命和18世纪后边半期机器大工业的发展，才巩固了资本主义的地位。19世纪末至20世纪初，完成了自由竞争的资本主义到垄断资本主义的过渡。

市民，原指中世纪欧洲的城市居民，随着资本主义生产方式的出现和发展，市民分化为无产阶级、资产阶级和城市平民。市民文化在资产阶级"文艺复兴"的文化运动中兴起。所谓"文艺复兴"，是14世纪中产阶级在意大利首先兴起的新潮流文化运动，后来相继扩展到法国、德国、英国、西班牙和荷兰。

"文艺复兴"提倡个性解放，要把人们从封建神学的桎梏下解放出来。其主要思潮是"人文主义"。中世纪神学的禁欲主义宣扬"肉体是灵魂的监狱"，而要求人要清心寡欲。广大市民在文艺复兴新潮中，敢于漠视当时神学的禁欲主义宣扬的伪善的道德规范，以活跃的群众文化活动表示着他们的"普遍人性"。那时，群众在集市进行交易卖掉货物之后，还希望办更多的事情，需要进行一定的社交，而跳舞正是达到这一目的令人喜悦的一种途径。因此人民群众不顾当时教会反感，跳社交舞是群众文化的第一种形式，成为市民庆典和文化娱乐的主要组成部分。

但当时开始跳社交舞，还要戴面具，进入舞池后要等距离地围成圆圈，方块或排成两直排，各人要不断地变换舞伴，异性之间无法更多接触。到了18世纪初，乐器得到改进，器乐取代歌唱成为市民舞蹈的主要伴奏形式，于是出现了华尔兹舞。华尔兹舞男女舞伴互相靠近，勾肩搭背曾使一些王公贵族看不惯，抨击为伤风败俗，但是过不了多久，这种舞就传播了许多国家。

然后又相继出现了诗歌朗诵、话剧和哑剧等表演。在资本主义社会里，还出现了不少热心于群众文化的"文化人"，如创作了诙谐风趣的故事集《十日谈》的薄伽丘；当过剧场杂差、演员，后来创作出许多优秀经典戏剧作品的莎士比亚等，对欧洲文学和戏剧的发展有着重大的影响。

在资本主义社会里，无产阶级曾运用群众文化的多种形式来宣传和推动革命，1871年的巴黎公社在反对资产阶级政府的斗争中，就公开宣布学校与教会分离反对迷信，禁止在学校进行宗教活动。巴黎公社在发展艺术方面，整理博物馆，举办艺术展览会，发动公社社员创作革命歌曲、美术，成立艺术家协会。公社和艺术家协会委员欧仁·鲍狄埃还创作了《国际歌》词。巴黎公社虽然在国内外反动资产阶级的共同镇压下失败了，但它对市民文化的一些尝试，对社会主义国家的群众文化产生了很大影响。

资本主义社会市民文化的主要特征是：

（1）群众文化随着资本主义社会的变化而变化。特别是在封建枷锁进一步打碎，将人民群众从神的桎梏下引导出来，群众文化的形式和内容不断创新而日渐丰富。出现了与现代物质技术条件相辅的新型的市民文化。

（2）由于市民的绝大多数是劳动群众，所以资本主义社会中的群众文化总的倾向是富有人民性的，主流是健康的。群众文化不但反映着人们的愿望，还呈现过它的强烈的反抗精神。

（四）中国半封建半殖民地社会的群众文化——民众文化

中国在1840年的鸦片战争后到1949年中华人民共和国成立前是半封建半殖民地社会。帝国主义列强的疯狂入侵，给中国人民带来沉重灾难的同时，一方面促使封建社会的解体和资本主义因素的发展，使封建社会变成半封建社会；另一方面又控制、压迫我国在政治经济上变成从属地位。独立国家成为半殖民地国家。

这一时期群众文化的发展，大致可分为四个阶段：

第一阶段：鸦片战争到五四运动前夕。

从明朝中叶开始，由于资本主义的萌芽，西方有意识地向中国传播他们的文化，鸦片战争之后，中国人才开始缓慢地有目的地接受西方文化。在此期间，洪秀全借"拜上帝会"，苦心经营对基督教等西方文化加以中国化、农民化，组织太平天国，进行民众文化运动。

洪秀全出身于花县（今花都）农家。自幼对科举非常热衷，他熟读四书五经等古籍，十二三岁就考上了童生，但连续四次到广州应试考秀才都落第了。年近三十的洪秀全在广州应考时接触到基督教书籍，他试图把这西方的宗教文化与中国国情结合起来加以改造。1843年，洪秀全创立拜上帝会，组织力量，酝酿反清起义。1851年发动金田起义，建立太平天国；颁布革命纲领《天朝田亩制度》，提出"有田同耕、有饭同食、有钱同使，无处不均匀，无人不饱暖"的乌托邦式口号。纲领内容的完备性和深刻性，使太平天国革命达到了中国历代农民革命所未能达到的最高思想境界。

洪秀全领导的这场农民战争，发动了百万群众，历时14年，势力发展到18省，先后攻取半壁河山，影响非常深远。但由于没有正确的革命思想的指导，洪秀全借"拜上帝会"，苦心经营的对基督教等西方文化加以中国化农民化的结局，仍然落在封建化上，并随着太平天国的失败而失败。

这个时期，由于中华传统文化的深厚影响及其惯性作用，大量的封建社会时期的平民文化形态结构只是稍有变动，大多仍然沿袭下来，在上海、广州、宁波等通商口岸，城市人口增多，民众文化娱乐方式由于西方文化的渗入而饱含了异质性，娱乐设施不断更新，上海志书曾载："大至影剧百艺，小至穿戴摆设，洋风日盛"。

在这一阶段后期，具有革命思想的热血青年运用新诗、新剧等通俗文艺，鼓吹移风易俗，反抗帝国主义的侵略，对民众进行思想启蒙。

第二阶段：五四运动前后到中国共产党建立前夕。

1919年爆发的"五四"群众爱国运动，是一个彻底地不妥协地反帝反封建的伟大的政治运动，又是一个"反对旧道德提倡新道德、反对旧文学提倡新文学"的新文化运动。由于一些革命先驱者的倡导，作为新文化运动的组成部分的群众文化运动也逐步开展起来。由李大钊、陈独秀、鲁迅主持办好的《新青年》杂志，提出要为劳工阶级争取接受文化教育的权利，青年要到农村去和劳动者相结合，将新文化运动带到工农兵中去，"一面劳作，一面和劳作的伴侣，在笑语间商量人生向上的道理"。

辛亥革命以后，著名教育家蔡元培出任第一任的民国教育总长。蔡元培先生是清末的一个翰林，他参加同盟会反对封建教育，大力提倡"民主与科学"，认为只有用社会教育才能铲除社会的不公平。他在教育部设立社会教育司以管理全国通俗教育和图书博物。1915年在南京成立了民国最早的一个群众文化机构——江苏省立通俗教育馆，宗旨为实施各种民众教育，协助各县民众教育的开展，举办书报阅览、普及科学知识、建立游戏运动的设施等任务。由于设置了专门组织开展群众文化的政府机构，使当时的群众文化走上了正轨，从这点看，蔡元培先生是为新群众文化运动做出了重要贡献的。

1928年以后，国民党政府把通俗教育馆改名为民众教育馆。除了省市县区都设立官办的民众教育馆外，还有城市、乡村、农民、渔民、工人、妇女等教育馆，并且制定"规程"和工作大纲，开设的活动项目有阅览、讲演、游艺、陈列、教学等。经过许多参与者的努力，做了不少有益民众的好事。

五四运动前后，一些有共产主义思想的知识分子与进步人士主张将新文化运动普及到民众中去，并进行了一些有益的尝试，如举办平民夜校、露天讲演、文化补习班、工人俱乐部等，民众文化为工人、农民运动的蓬勃兴起做了思想上与组织上的准备。

第三阶段：1921—1942年，中国共产党成立到延安文艺座谈会召开。

这个阶段中国共产党登上了领导革命的民众文化的历史舞台，中国共产党诞生并和孙中山领导的国民党组成反帝、反封建的统一战线，革命的民众文化影响和带动了全局的民众文化的发展，特别是在革命根据地和抗日战争时期，用于唤起民众一致对外的民众文化宣传格外富有特色，为第二次革命战争和抗日战争做出了不可磨灭的贡献。

中国共产党一成立，就高度重视群众文化，紧紧抓住工人、农民与士兵等民众文化中的主体队伍，把群众文化工作作为宣传马列主义和推动革命前进的重要手段。1921年9月中国共产党就在上海建立中国劳动组合书记部，推广长辛店工人俱乐部的经验，在全国各地办起许多工人夜校和工人俱乐部。1923年到1925年，刘少奇担任安源煤矿俱乐部主任开展了许多工人文化活动，为工人办了许多好事。

在农村，共产党首先让农民摆脱愚昧和落后，看到自己贫困的根源，鼓起奋斗的勇气。如广东省海丰县的农民运动领袖也是中国共产党领导人之一的彭湃，建立了我国最早第一个县农会和苏维埃政权。把对农民做宣传工作与开展文化活动结合起来，把举办文化教育事业作为农会的一项重要任务，在海丰县兴办20所农民夜校，这些夜校不收学费，运用歌谣为武器向农民宣传革命，通过革命的文化活动来发动群众，使农民懂得组织起来进行斗争的道理。

中国共产党在井冈山建立中国工农红军革命根据地之后，把开展文化活动作为军队政治工作的重要组成部分。毛泽东在第二次全国苏维埃代表大会的报告中，总结了苏区文化建设的经验，首次使用了"群众文化"的概念。在长期的武装斗争中，群众文化工作活跃在后方，出现在前线，发挥了巨大的作用。当时的红军运用井冈山地区丰富的客家山歌，发动群众"送郎当红军"，发动妇女姐妹编织"双双草鞋送红军"，在反"围剿"阵地前唱山歌、打竹板鼓舞红军的士气等，收到了很好的效果。

1937年抗日战争爆发，群众文化在唤起民众一致抗日发挥了重要的作用。在抗日民族统一战线的旗帜下，全国到处都有街头游行演讲和演出。在抗日民族统一战线的旗帜下，周恩来出任军事委员会政治部副部长，郭沫若任政治部第三厅长，组成了4个抗日宣传队、10个抗敌演剧队、2个漫画宣传队、4个电影放映队和4个孩子剧团，深入到各地群众中去，开展救国救亡宣传活动。如街头活报剧《放下你的鞭子》，抗日救亡歌曲《大刀向鬼子头上砍去》、《到敌人后方去》等唤起人民群众的爱国热情，动员了无数热血青年走上抗日道路。

中国共产党领导的陕甘宁边区，1937年也在人口较多的市县或集镇建立了16个民众教育馆。出台了民教馆"组织规程"，其任务为消除文盲，宣传政治、科学常识，发展经济建设，提倡卫生，破除迷信，组织与宣传群众文化娱乐活动。虽然边区的民众教育馆设备简陋，但活动内容丰富，因而深受边区人民的欢迎。其活动设计已经开创了人民的社会文化教育机构必须走向集文化教育、政治宣传、文艺娱乐、体育卫生于一体的道路。

第四阶段：毛泽东《在延安文艺座谈会上的讲话》（以下简称《讲话》）发表到新中国建立。

1942年5月23日，毛主席在延安文艺界的整风运动中，发表了极为重要的《讲话》，《讲话》全面深刻地总结了"五四"新文化运动以来，革命文化运动所取得的成绩、经验和存在的问题，结合了中国的实际情况，运用马克思主义的原理，明确提出"我们的文学艺术都是为人民大众的"，要求文艺家逐渐把立足点"移到工农兵这方面来，移到无产阶级方面来"，指出普及和提高的相互作用与辩证关系在于"在普及的基础上提高，在提高指导下普及"，指出有些人"相当地或是严重地轻视了和忽视了普及"，"不适当地太强调了提高"，"在目前条件下，普及工作的任务更为迫切。"

《讲话》的这些精神，不仅在各解放区掀起了波澜壮阔的群众文艺运动，也在全国范围内发生深刻的影响。解放区广大文艺工作者对陕甘宁边区的耍"社火"形式进行改造，除去"社火"的庸俗成分，把"社火"原来有唱的就没有表演的改造成载歌载舞、融戏剧、音乐、舞蹈于一体简朴活泼的新的群众艺术，成为能表现新农民形象和生活内容的新秧歌运动，吸引了众多的群众参与，扭秧歌的人往往连绵十几里地，不分男女老幼，不分战士将军都卷入其中。我国第一部民族新歌剧《白毛女》和《夫妻识字》、《兄妹开荒》等小戏便是在秧歌剧的发展中积累、创造出来的。

国统区的群众文化虽然因国民党文化政策的严厉限制而开展艰难，以陶行知为首的提倡生活教育和民族革命斗争结合起来，1931年在上海发起"科学下嫁"运动使科学通俗化，把自然科学"下嫁"给工农群众。抗日战争以后，陶行知在四川合川县办的育才学校，设有戏剧、文学、音乐组，实际上就是一个群众文化组织，因材施教开展丰富多彩的文化艺术科学活动。国统区的人民群众还利用各种民间文艺形式，来抒发自己对未来生活的向往与倾诉对现实的不平。

中国半封建半殖民地社会民众文化的主要特征：

（1）"五四"新文化运动的开展，改变了封建社会时期群众文化自发、分散的状态，变成了有目标、有组织的文化活动。并逐步由局部至整体成为中国共产党领导下的无产阶级革命事业的一个组成部分。

（2）中国经济、政治复杂交错的状况反映，群众文化也呈现出既丰富多彩又错综复杂的情况。然而，它的主流和导向是走向革命的群众文化。

（3）民众文化注重了文化素质当时最低、最广的层次，并形成了综合性的广义文化的初级格局。无论是中国共产党领导下或影响下的革命群众文化，还是国统区的群众文化，大多是从扫盲识字、讲基本道理等活动入手，以奠定好其他群众文化的基础。

三、社会主义初级阶段的群众文化

1949年10月1日，中华人民共和国的成立标志着中国社会主义历史阶段的开始。"群众文化"的概念在中国大陆正式全面使用，我国的群众文化进入新的时期。

这个时期的群众文化发展经历了5个阶段。

（一）第一阶段：1949年10月—1957年，群众文化顺利发展阶段

主要表现在三个方面：

一是群众文化活动欣欣向荣。新中国成立后，老解放区的革命歌曲、舞蹈、戏剧等新的群众文艺活动，迅速向全国传播普及；我国丰富的民间艺术活动得到恢复和发展，群众文化宣传和科普活动，配合土改、抗美援朝和农业合作化等运动，配合党的中心积极开展，群众文艺创作日渐繁荣，群众体育活动逐步开展。

二是文化馆、群众艺术馆、工人文化宫、俱乐部、青年宫、少年宫、部队俱乐部、文化站和农村俱乐部等群众文化事业迅速发展。1953年全国已建立文化站4296个（分布在华东地区较多），主要建在县以下的区镇，行政受当地政府领导，业务受县文化馆指导，每站只有工作人员一人。城乡群众文化网络初步形成。

三是各级政府文化部门、工会组织、共青团组织和部队，对群众文化的管理工作逐步加强，根据国民经济建设第一个五年计划的要求制定和实施群众文化事业发展规划，同时，制定并执行群众文化事业机构的规章制度，总结推广群众文化工作经验和加强群众文化队伍培训等，为以后群众文化事业的进一步发展奠定了良好的基础。

这个时期的存在问题是农村俱乐部的发展要求过急走形式主义和忽视群众文化设施的

建设，还有就是 1957 年下半年整风"反右"扩大化，群众文化战线不少同志错划"右派"，中央群众艺术馆也因"右派"太多（30 人中有 8 名）而被撤消至今未恢复，各地也撤掉了许多群众艺术馆。

（二）第二阶段：1958—1966 年"文化大革命"开始，群众文化曲折发展阶段

1958 年毛泽东领导了"公社化""三面红旗"跑步进入共产主义的"大跃进运动"。群众文化也跟着公社化形势发展而大跃进，不少地方办了很多脱离经济实际的展览馆、业余剧团、文工团，抽调了一大批人员脱产集中生产、集中居住、集中生活、集中排演，搞花架子形式主义的"四集中"。当时的文化部提出《1958—1962 年群众文化发展规划要点》，要求在一两年内实现全国群众文化大普及，推广"8 个人人"即人人能跳舞、人人能读书、人人能创作、人人能唱歌、人人能表演、人人能画画、人人能作诗、人人能宣传这些违反常规根本做不到的事情。

1959—1961 年经济困难时期，群众文化处于低潮，1962 年以后恢复转入正常，1963 年中央宣传部指示文化部、全国文联、团中央联合组织农村文化工作队，各地建立起不少乌兰牧骑式的文艺轻骑队，对推动全国农村群众文化的恢复和发展，起到良好的作用。

（三）第三阶段：1966—1976 年，群众文化十年浩劫阶段

1966 年毛泽东发动了史无前例的"文化大革命"。"文化大革命"让群众文化受到严重摧残和破坏，群众文化成为单纯为政治服务的工具，许多群众文化馆、站设施被侵占，许多文化干部、业余骨干和民间艺人遭到压制和禁锢，甚至被迫害，大量民间艺术资料散失。但广大人民群众还发挥自己的主观能动性、创造性，开展了一些自发、自娱的群众文化活动，创作了一些有利于社会进步的文艺作品，不少群众文化骨干从中得到了锻炼与提高。

（四）第四阶段：1976—2002 年，群众文化开始复苏阶段

1976 年 10 月，党中央粉碎"四人帮"以后为广大受迫害的群众文化干部和业余文艺骨干落实政策，平反昭雪，群众文化机构逐步恢复，许多有丰富实践经验的老同志重返群众文化领导岗位，民族民间群众文艺重新活跃起来，特别是党的十一届三中全会以来，我国进入建设有中国特色社会主义新的历史发展时期。

在胡耀邦同志的关心下，1981 年 8 月 15 日，中共中央颁发《关于关心人民群众文化生活的指示》（中发 31 号文件）；1983 年 9 月 10 日，中共中央批转中央宣传部等四个部门《关于加强城市、厂矿群众文化工作的几点意见》（中发 34 号文件），这是新中国成立以来中央专门就加强群众文化工作发出的第一个文件。

党的十四届六中全会专门作出《关于加强社会主义精神文明建设若干重要问题的决议》，党的十五大把建设有中国特色社会主义文化写入党在社会主义初级阶段的基本纲领，决议明确了基本目标和基本政策，全党上下切实解决当前文化建设和精神文明建设中存在

的突出问题。

2000年，江泽民提出"三个代表"重要思想，指明在推进物质文明的同时，要发展有中国特色的社会主义文化，建设社会主义精神文明。

在这个阶段，群众文化研究作为一个重要方面，进入了群众文化的领域，全国各地进行了许多群众文化的研究活动，对群众文化工作实践总结和科研，国家文化部还举办了多次群众文化科研论文评奖，收到了很好的效果。

（五）第五阶段：2002年党的十六大召开以来到现在，群众文化走向振兴阶段

这个时期，在党中央的正确路线、方针、政策的指引下，各级党委政府加强了群众文化工作的领导，我国群众文化总结了正反两方面的经验，得到了迅速的恢复和发展。到1987年，仅乡镇文化站就从1966年的被压下马的2245个发展到52800多个，增加了49000多个。

2002年，党的十六大召开，党中央在会上提出了全面建设小康社会的目标，并且强调要通过小康社会的建设"使经济更加发展，民主更加健全，科教更加进步，文化更加繁荣，社会更加和谐，人民群众生活更加殷实"。提出要不断开拓促进先进生产力和先进文化发展新途径，科学地揭示了当今世界激烈的综合国力的竞争，不但是经济、政治和军事力量的竞争，而且是文化力量的竞争，突出强调了牢牢把握先进文化前进方向的问题。

党的十七大把"建设覆盖全社会的公共文化服务体系"作为实现全面建设小康社会的重要目标之一。中共中央政治局专门召开会议，胡锦涛主持研究加强公共文化服务体系建设，要求各级党委和政府要深刻认识公共文化服务体系建设的重要意义，把公共文化服务体系建设放在全局工作的重要位置，切实加强领导，建立健全工作机制，加大投入力度，完善投入机制，加强队伍建设，立足当前，着眼长远，有重点分阶段地把公共文化服务体系建设抓紧抓好。

2012年召开的党的十八大，习近平代表党中央提出扎实推进社会主义文化强国建设，强调建设社会主义文化强国必须走中国特色社会主义文化发展道路，就实现文化强国目标提出四项任务及一系列具体要求。

一是要加强社会主义核心价值体系建设。要深入开展社会主义核心价值体系学习教育，用社会主义核心价值体系引领社会思潮、凝聚社会共识。推进马克思主义中国化时代化大众化，坚持不懈用中国特色社会主义理论体系武装全党、教育人民。广泛开展理想信念教育，把广大人民团结凝聚在中国特色社会主义伟大旗帜之下。大力弘扬民族精神和时代精神，深入开展爱国主义、集体主义、社会主义教育。倡导富强、民主、文明、和谐，倡导自由、平等、公正、法治，倡导爱国、敬业、诚信、友善，积极培育社会主义核心价值观。

二是要全面提高公民道德素质。要坚持依法治国和以德治国相结合，加强社会公德、职业道德、家庭美德、个人品德教育，弘扬中华传统美德，弘扬时代新风。推进公民道德建设工程，弘扬真善美、贬斥假恶丑，引导人们自觉履行法定义务、社会责任、家庭责

任，营造劳动光荣、创造伟大的社会氛围，培育知荣辱、讲正气、作奉献、促和谐的良好风尚。深入开展道德领域突出问题专项教育和治理，加强政务诚信、商务诚信、社会诚信和司法公信建设。加强和改进思想政治工作，注重人文关怀和心理疏导。深化群众性精神文明创建活动，广泛开展志愿服务，推动学雷锋活动、学习宣传道德模范常态化。

三是要丰富人民精神文化生活。要坚持以人民为中心的创作导向，提高文化产品质量，为人民提供更好更多精神食粮。坚持面向基层、服务群众，加快推进重点文化惠民工程，加大对农村和欠发达地区文化建设的帮扶力度，继续推动公共文化服务设施向社会免费开放。建设优秀传统文化传承体系，弘扬中华优秀传统文化。推广和规范使用国家通用语言文字。繁荣发展少数民族文化事业。开展群众性文化活动，开展全民阅读活动。加强和改进网络内容建设，唱响网上主旋律。普及科学知识，弘扬科学精神，提高全民科学素养。广泛开展全民健身运动，促进群众体育和竞技体育全面发展。

四是要增强文化整体实力和竞争力。要坚持把社会效益放在首位、社会效益和经济效益相统一，推动文化事业全面繁荣、文化产业快速发展。发展哲学社会科学、新闻出版、广播影视、文学艺术事业。加强重大公共文化工程和文化项目建设，完善公共文化服务体系。促进文化和科技融合，发展新型文化业态，提高文化产业规模化、集约化、专业化水平。构建和发展现代传播体系，提高传播能力。扩大文化领域对外开放，积极吸收借鉴国外优秀文化成果。

中国社会主义初级阶段群众文化的特征

（1）群众文化是社会主义精神文明的重要组成部分。各级政府除了满足人民群众对物质生活的需要，还要满足人民群众对文化生活的需要。群众文化升格为保障人民基本文化权益，为人民提供广阔文化舞台，让一切文化创造源泉充分涌流，开创全民族文化创造活力持续迸发、社会文化生活更加丰富多彩、人民基本文化权益得到更好保障、人民思想道德素质和科学文化素质全面提高。

（2）群众文化突出社会主义性质，重视本体文化，注重自身发展的思想性、民族性与群众性，注重社会主义内容同民族形式的统一，抵制和消除与社会主义属性不相容的反动和淫秽的文化质态，对本国和外国的文化遗产采取批判、继承和批判、吸收的态度，积极汲取人类文明的一切先进的优秀的文化成果。

（3）社会主义初级阶段的群众文化的历史发展尽管有所曲折，但它的总趋势是前进的、发展的。

（4）群众文化研究作为一个重要方面，进入了群众文化的领域，并收到了卓越的成效。

综上所述，我们可以认定，是劳动创造了人，创造了语言，产生了意识和创造工具的能力，并在社会共同交往中产生了艺术。从而说明，劳动创造了人类本身，也创造了社会物质财富，还创造了群众文化。包括群众文化在内的精神生活是社会存在的运动和变革在人们头脑中的反映。我国党和政府高度重视人民群众的精神文化生活，做出了一系列战略决策，可以预示，未来我国的群众文化将进一步发展，将揭开群众文化辉煌的一个更高阶段。

思考题

1. 原始社会和奴隶社会的群众文化的特征区别在哪里?
2. 洪秀全领导的西方文化中国化的民众文化运动是什么组织? 为什么会失败?
3. 在中国最早建立了县农会和苏维埃政权的彭湃如何把对农民做宣传工作与开展文化活动结合起来?
4. 社会主义初级阶段的群众文化分为几个阶段?
5. 中国社会主义初级阶段群众文化的主要特征是什么?

第二章　群众文化的建设与管理

第一章我们讲了群众文化的起源和发展,本章着重了解群众文化的建设和管理。首先要了解什么是群众文化。

一、什么叫群众文化

群众文化这一古老的社会历史现象几乎贯穿了整个人类文化的发展历史,渗透于各个时代世界各地民族的生活、生产运动之中。但是,作为一门科学,有特定含义的概念,却是现代才提出来的。

(一) 群众文化的定义

群众文化是人们职业外自我参与,自我娱乐,自我开发的社会性文化。"职业外"是它的外部形态。

自我参与：群众文化是以自我为主体,自觉自愿并与一定的文化群体发生关系,没有个体自我参与,没有与他人的互动,就不可能发生群众文化这一社会历史现象。

自我娱乐：是人们的一种基本精神需求,也是群众文化的发生的重要原因和基本动力。

自我开发：是人们参与群众文化的目的之一,自我开发贯串了自古至今的群众文化活动之中,使人们在思想素养、文化水平等方面得到不同程度的提高,也是群众文化呈现涌动不息的源泉。

(二) 群众文化的基本构成

"群众文化"是一个集合概念,它的基本构成有如下几个具体概念：
(1) 群众文化活动。
(2) 群众文化事业。
(3) 群众文化工作。
(4) 群众文化理论。

群众文化活动：

人民群众直接参与的各种精神文化活动。群众文化活动源远流长,自古有之,它随着人类劳动、生产和物质生活的产生、发展而产生发展。

群众文化活动是群众文化的核心,是产生群众文化事业,开辟群众文化工作,形成群众文化理论的基础。群众文化活动的范围十分广阔,包括文艺创作、文艺演唱、美术摄影、阅读展览、科技普及、时政宣传等等社会精神生活的各个方面。乡镇、街道基层群众文化活动和县以上群众文化活动的内容有所不同和侧重。

群众文化事业：

为开展群众文化工作，组织、辅导和研究群众文化活动而设置的组织机构和文化设施。其中，组织机构主要指国家办的各级群众文化事业机构；文化设施则是供人民群众进行文化艺术活动的场所。除了国家和集体办的文化设施外，个人办或联合办的文化设施，亦属群众文化事业的范畴，在我国社会主义条件下，群众文化事业带有社会福利性质，同时又兼有第三产业性质。它是开展群众文化工作和群众文化活动的物质条件。

群众文化工作：

群众文化工作是指群众文化有关部门和工作人员，所从事的领导、指导、管理、辅导、研究群众文化活动的工作。由于群众文化组织机构性质、任务不同，其工作内容和性质也不一样。一般来说，群众文化工作的主要职能是推动群众文化活动和群众文化事业的健康发展，以更好地在社会主义精神文明建设中发挥重要作用。

群众文化理论：

群众文化理论是指一门新兴的社会科学，"群众文化学"将对群众文化的各个方面进行系统、科学的研究、总结，并形成完整的理论体系。

群众文化理论包括基础理论和应用理论两个方面。基础理论主要探索群众文化起源和发展以及它在发展中的规律，应用理论主要是探索现阶段群众文化实践中出现的各种新问题。这两个方面是互相联系不可截然分割的，它的目的都是为了指导实践，促进群众文化事业的改革，推动群众文化事业的健康发展。

（三）群众文化的形态类型

群众文化的形态类型可以从多种角度去进行划分。从"块面"的角度可划分出社区、农村、集镇、校园、城市和多民族聚落区群众文化；从"层面"的角度可以划分出企业、校园、家庭、村落、现代军营群众文化。

农村文化：

农村文化是指聚集在农村地域范围内的社会成员在农业生产劳动中形成的一种社会性文化。以村寨为单位进行群众性业余文化活动。其中，农民群众是农村群众文化的主体；政府必须提供聚集场所和文化生活服务设施；建立起文化活动的制度和管理机构；倡导农村群众文化消费。搞好了农村群众文化有三种作用：一是提高农民群众的思想觉悟，使他们进一步摆脱落后愚昧状态；二是提高农业生产社会化的程度，发展农业生产力；三是发挥自娱性文化的优势，活跃和丰富农村群众的文化生活。

社区文化：

社区是由历史、地理及其他诸多因素形成的，以一定的社会关系为基础的特定区域，社区文化是只在一定的区域内生活的人们，长期、逐步形成的共同的（或相近的）文化观念、行为规范、民俗习惯，等等，从而形成有别于其他社区的文化特征。社区文化活动由于人的年龄、性别、爱好、教养等的不同，往往形成若干个活动群体，比较稳固地、经常地开展一定的文化活动。各社区从实际出发，加强区域内各方面的横向联合，充分利用社区内的文化设施，开展社区群众性的文化活动，是我国群众文化工作的重要任务。

校园文化：

校园文化是以学生为主体，以课外文化活动为主要内容，以校园为主要空间，以校园精神为主要特征的一种群体文化。虽然大、中、小学在层次、水平上有较大差异，但是作为一个整体，它具有较强的超前性、群体性、自主性和变异性，容易反映新思潮、新需求、具有鲜明的导向性，体现学生参与的主体性，校园文化能创造和谐、活跃的校园气氛，有助于学生德智体美的全面发展。

企业文化：

企业文化是企业的群体精神、文化素质、文化行为、人际关系等文化现象的综合，是企业生存、发展中所形成的一种社会性文化。企业群众文化，包括企业举办的业余教育、文艺、体育、游艺等群众文化事业和活动，是企业文化的组成部分，积极开展企业群众文化，可以为企业物质文化建设的智力支持与精神动力，培养特有的企业精神具有重要意义。

军营文化：

军营群众文化是指在军队基层连队官兵中形成的融战斗性、形象性、多样性为一体的一种社会性文化。部队群众文化活动在丰富和活跃指战员的精神生活，巩固提高部队战斗力方面，发挥重要作用。军营群众文化的特色是：面向基层、面向连队，突出军事题材，有强烈的战斗性，以干部战士自娱自乐自教为主要活动形式，官兵同乐、军民共乐。是部队思想政治工作的重要组成部分。

老年文化：

凡适合老年人参加的物质文明和精神文明建设；凡适合老年人参加的知识型、娱乐型的文化活动；凡以老年人为主要角色，反映他们生活的各种形式的文化产品；凡以社会、家庭为提高老年人的生命生活质量所做出的一切努力，均属于老年文化。

广场文化：

广场文化是在大的或很大的场地进行群众文化活动或展现民俗事象的过程，是城市广场所呈现的文化现象以及在广场之中所展示出来的文化。它包含有富有文化气息、表现出较高美学趣味的广场建筑、雕塑以及配套设施；在广场上进行的专业或民间的各种艺术性表演或展示；广场中群众性的各种娱乐、体育等休闲活动，等等。广场文化的主要载体是各种含有文化与审美意味的艺术性活动。

（四）群众文化与专业文化

1. 二者有以下联系

（1）群众文化是专业文化的基础和摇篮，群众文化兴旺发达，专业文化才能繁花似锦。

（2）专业文化对群众文化有示范和指导作用，离开这种作用群众文化就难以提高和发展。

2. 二者有如下区别

（1）群众文化是普及性（包括普及基础上的提高）的文化，专业文化是提高性的文化。

（2）群众文化就其整体性质来说是自我需要性的，专业文化就其整体性质来说是他人需要性的。前者是自身需要的产物，后者是他人需要的产物。

（3）群众文化与人类社会同时产生，与人类社会共存亡；专业文化是社会分工发展到一定程度而产生的，将随着体力劳动与脑力劳动差别的消灭、随着社会成员成为全面发展的人而消亡，到那时专业文化已失去了它的原来意义。

二、群众文化的社会地位和社会功能

（一）群众文化的社会地位

群众文化是人民群众社会生活、精神生活和生活宣传教育不可缺少的内容，是人类精神文明发展的重要组成部分，是专业文化衍生和发展的基础，是建设有中国特色社会主义事业的重要组成部分。社会主义群众文化的繁荣和发展，对于满足广大人民群众日益增长的物质生活和文化生活的需求，提高全民族的思想道德素质和科学文化水平，促进生产力发展和社会进步，具有重大意义。

（二）群众文化的社会功能

群众文化在人类社会发展中所产生的作用叫群众文化的社会功能，也称"群众文化的社会作用"。群众文化是社会意识形态的组成部分，它对社会生活的各个方面，包括阶级斗争、生产斗争、科学试验以及人们的思想、劳动、生活等都会产生积极的反作用。其社会功能是多方面的，主要是娱乐休息功能，宣传教育功能，普及知识功能，传承文化功能，生活审美功能，这五个方面相互交织在一起，而以群众的审美——即寓教于乐为媒介来完成的。通过具有形象性、生动性、通俗性的文学艺术和文化娱乐形式，使人民愉悦身心，增长知识，发展智力，在思想上受到潜移默化的影响，提高人们的精神文化素质从而转化成物质的力量。

1. 娱乐休息功能

娱乐休息是群众文化的重要功能，是群众文化区别于政治、法律、哲学等其他社会意识形态的显著标志。人们在业余时间参加各种文化活动，如唱歌、跳舞、看戏、看电影等，可以从中得到娱乐休息，起到消除疲劳、调剂精神的作用。群众文化的其他功能——宣传教育功能、普及知识功能、文化传递功能、生活审美功能等，有些只是在具有娱乐休息的前提下，才能得到发挥。

2. 宣传教育功能

群众文化的宣传教育功能是由群众文化活动的内容决定的。内容健康、催人积极向上的文化活动，能起到鼓舞人、教育人的作用。如果群众文化活动的内容不健康，就会给群众带来消极影响，甚至把人引向歧途。群众文化的宣传教育功能于娱乐休息功能是有机结合在一起的，不能截然分开。"寓教于乐"是群众文化的特性，如果离开了乐，就难以吸引人、感染人，就削弱了教育的效果。群众文化之所以具有宣传教育功能，还与他的通俗化、大众化的形式分不开。如民间戏剧、曲艺、文学、音乐、舞蹈、美术等，都具有通俗易懂、形象生动的特点，为群众所喜闻乐见，在不同的文化活动中，有不同的思想内容和宣传形式，能起到不同的宣传教育作用。思想性、艺术性、娱乐性结合得好，才能起到好的宣传教育作用。

3. 普及知识功能

群众文化是一所"社会大学",担负着普及和传授文化科学知识的任务。群众文化在内容上具有综合性的特点,包含了不少社会科学和自然科学知识,既是传播知识的重要途径,又是社会教育的重要手段。在农村、牧区基层,各种群众文化组织运用图书资料手段,以新的知识技术指导农民、牧民科学种田,科学养畜,发展生产,勤劳致富。

我国有14亿人口,要提高全民族的科学文化素质,不能只靠正规的学校教育,需要发挥群众文化这所"社会大学"的作用。

4. 文化传递功能

对传统文化的内容和形式的传递,是群众文化活动的一个显著特点。中国现时的新文化就是从古代的旧文化发展而来的,许多传统的群众文化活动,自产生以后,便以某种相对固定的格局世代相传,如民族的一些传统文化活动节日,代代传承,相沿成习,这就是承递文化的一种具体体现。同时,在继承自己传统的基础上,又不断衍生着新的活动形式。如许多少数民族的戏剧形式,都是新中国成立以后各民族群众在继承本民族优秀文化传统的基础上起来的。群众文化的传递功能,使民族优秀传统文化得以保留、发展和传播,不仅繁荣了群众文化本身,还为专业文化提供了丰富的养料。

5. 生活审美功能

群众文化活动,本身就是一种审美活动。所谓"愉悦身心"、"陶冶情操"、"美化心灵",都包含着审美的作用,即美育在内。

生活审美功能,是包括自然美、生活美和艺术美在内的全部审美功能,即人们在日常生活中接触到的审美功能。群众文化的生活审美功能往往同其他功能交织在一起,相辅相成,这种审美观念,又往往同民族、民间的社会心理,文化传统和风俗习惯分不开。群众文化在发挥生活审美功能时,应当注意自身的特点,尊重和了解不同的民族的审美心理,才能使人民群众得到美的享受,受到美育教育。

6. 团结凝聚功能

团结凝聚功能是指通过对群众文化的参与,交流了感情,达到对某个问题的谅解和心理认同,聚合或暂时聚合成为一种力量,使某种意志得以实现,某种社会需要得到满足。主要表现在沟通效能、吸引效能、激励效能、负效应效能四个方面。其中,负效应效能是指群众文化的团结凝聚作用有时产生一些对社会不理想的影响(如被李洪志利用的法轮功)。

群众文化的这6个方面的社会功能,相互间有着内在的联系,某一功能的实现,有时得以另一功能存在为前提,是一种群众文化与社会联系的体现。除了这6个社会功能之外,群众文化还有其他功能,如承传作用、消费作用等,也不应忽视。

三、群众文化事业机构的性质和任务

讲这一部分主要是让大家了解现阶段中国政府系统群众文化事业机构的纵向隶属关系和横向联络关系,明确机构的业务范围和工作原则,认识设施、设备的重要性和工作的要求。

(一) 我国各级群众文化事业机构的性质

上面我们讲了群众文化事业是指为了适应群众文化活动的开展而建立的文化设施和组织机构。群众文化设施是各级政府为组织开展群众文化工作和活动专门建设的设施和设备。那么群众文化事业机构，是指国家政府、群众文化团体或集体、个人为专门从事组织、指导、辅导和研究群众文化而设置的综合性的群众文化事业的组织形式。

中国群众文化事业机构最早的文化机构，可以追溯到奴隶社会，汉武帝时，宫廷设立了乐府；唐代天宝九年设广文馆，相当于现代的艺术馆；清光绪二十七年，开始设立面向民众进行通俗教育的结构——宣讲所；民国元年，开始在南京筹建综合性的群众文化教育机构，1915年，江苏省立通俗教育馆正式成立，它是我国近代政府设置的群众文化事业机构。1927年，各省市纷纷设立民众教育馆（原通俗教育馆改名）。

1949年新中国成立以后，在全国逐步形成了完整的群众文化事业机构体系。现阶段的群众文化事业机构，是社会福利性质的服务性的群众文化业务机构。它不仅充当群众文化行政管理机关的业务助手和参谋的机构，而且更重要的是执行领导机关提出的群众文化工作任务的实施机构，政府文化部门设置的群众文化事业机构。其结构如下：

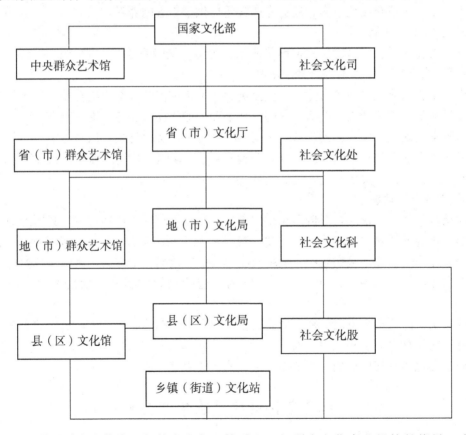

如上图说明群众文化事业机构在业务上接受上一级群众文化事业机构的指导，在行政上接受同级文化行政管理机构的领导，政府系统的群众文化事业机构（简称两馆一站）的服务对象是本辖区内的全体人民群众（也可组织跨辖区的文化活动）。工作任务由国家规

定，它们的工作内容是综合性的，并且越靠近基层则工作内容越广泛。

1. 群众艺术馆

群众艺术馆是国家省、地、市政府设立的专门从事辅导、指导、研究群众文化艺术活动和培训业务骨干为人民群众提供公共文化服务的事业机构。1955年在北京和浙江试办，1956年在各省、自治区、直辖市建立，1958年普及到地、州、市一级。各级群众艺术馆之间，以及各级群众艺术馆和文化馆之间是业务指导关系。

群众艺术馆设在省和地市级，是新中国成立初期苏联专家建议改的名称，改革开放后，因其名称与职能与文化馆相同，而文化馆写进了国家宪法，故许多地方已改回叫文化馆。

群众艺术馆的主要工作任务：

（1）有计划地培训文化馆、站艺术方面的业务干部，指导文化馆、站业务工作。并根据需要与可能培训其他部门的群众文艺干部和业余文艺骨干。

（2）辅导并组织群众性文化艺术活动。辅导业务文艺团、队活动，组织示范性群众文艺创作、演出、展览及讲座等，特别要注意扶持和辅导各民族传统节日的文艺活动。在开展辅导工作的同时要充分利用现有设施搞好馆办活动。

（3）搜集、整理民族民间文化艺术遗产和活动资料、史料，建立群众艺术档案。

（4）编辑对工作有指导作用的群众文化艺术工作通讯和刊物。提供群众文艺学习、延长材料。有条件的艺术馆可编辑出版综合性群众文艺刊物，以满足群众阅读、欣赏的需要，并以此扶持、培养业余作者，为其提供发表作品的园地。

（5）调查研究群众对文艺活动的需求和群众文化艺术事业发展的新情况、新问题、新经验，起到文化行政部门助手的作用。

（6）开展群众文化艺术的理论研究和学术探讨活动。省、地、市群众艺术馆的工作重点可根据实际需要有所侧重。

2. 文化馆

文化馆是指国家县级政府向人民群众进行宣传教育，组织、辅导群众开展文化活动，为人民群众提供公共文化服务而设立的综合性的群众文化事业机构。我国的文化馆的前身是民众教育馆，于1949年建立后，1950年和1951年期间，在原民众教育馆的基础上建立和发展起来的，名称是20世纪40年代末来自苏联（俄文为：DOM、Ky、ybTYPbI）。当时叫"人民文化馆"，1953年更名为文化馆。它主要在县、地辖市和省辖市的区、中央直辖市的区一级建立。有些牧区设立文化工作队，边区集镇和人口众多、区域辽阔的县属镇属建立文化分馆。

文化馆工作主要任务：

（1）通过各种群众文化艺术活动，向广大人民进行爱国主义、社会主义思想教育和共产主义理想、道德教育；宣传马列主义、毛泽东思想，宣传党的路线、方针、政策和国家的法令，宣传国内外形势和社会主义建设的成就；普及科学、技术和文化知识。

（2）组织、辅导群众业余文艺创作和业余文化艺术、娱乐活动。

（3）辅导乡（镇）、街道文化站和各种基层业余文化组织，培训文化站干部和业余文艺骨干。

（4）搜集、整理、研究当地民族、民间的文学与艺术遗产。

（5）受当地政府委托管理社会文化市场和民间职业、半职业、业余文艺团体以及文化个体户。

3. 文化站

文化站是国家设立在最基层的公共文化事业机构，是乡、镇人民政府和城市街道办事处设立的为人民群众提供公共文化服务的群众文化事业单位，是当地群众进行各种文化娱乐活动的场所。文化站的工作行政上受县、区文化局监督、检查和领导；业务上接受文化馆的指导和辅导。近年来，许多地方机构改革，把广播电视、体育的职能划进文化站，形成了综合文化中心。

文化站工作任务：

（1）通过群众性文化艺术、体育活动和文艺手段，向广大群众进行社会主义思想道德教育、科学教育、共产主义理想教育和党的方针政策的宣传教育。

（2）组织和举办群众文化艺术、文娱体育活动，繁荣文艺创作，活跃群众文化生活，并辅导和协助村文化室（俱乐部）的工作。

（3）普及科学技术文化知识，传递科技、经济信息，为群众致富和振兴农村经济服务。

（4）搜集整理民族民间文化艺术遗产，进行文物和非物质文化遗产普查和保护。

（5）受当地乡、镇政府委托，对文化市场、文化个体户和民间艺人进行管理。

4. 公共图书馆

根据国际图联/联合国教科文组织的《公共图书馆宣言》，公共图书馆是指免费或只收轻微费用为一个团体或区域公众服务的图书馆，它们可以为一般群众服务或为专门类别的用户如儿童、工人等服务，它全部或大都接受政府资助。在我国，公共图书馆是面向社会公众开放的图书馆，由国家和群众举办，为广大人民群众服务，按行政区域建立的，它受政府各级文化部门领导，是社会主义教育、科学、文化事业的重要组成部分，是向人民群众提供书刊和知识咨询的服务机构，是省、市、县的藏书中心、馆际协作中心和辅导中心，以"读者至上，服务第一"为宗旨，充分利用书刊资料为建设社会主义物质文明和精神文明服务。国家图书馆，省、市、自治区图书馆，地（市）、州、盟图书馆，县、市图书馆，乡镇图书馆，街道图书馆（室），儿童图书馆，农村基层图书馆（室），都属于公共性质的图书馆。

5. 博物馆

博物馆是征集、典藏、陈列和研究代表自然和人类文化遗产的实物的场所，并对那些有科学性、历史性或者艺术价值的物品进行分类，为公众提供知识、教育和欣赏的文化教育的机构、建筑物、地点或者社会公共机构。博物馆是非营利的永久性机构，对公众开放，为社会发展提供服务，以学习、教育、娱乐为目的。

6. 社会与人民团体的群众文化单位

人民团体、产业部门和军队设置的群众文化事业机构，有工会系统的工人文化宫、俱乐部，共青团系统的青少年宫、青年之家，妇联的妇女儿童活动中心，产业部门的如工业、企业俱乐部、文化中心、教工之家、海员之家等，军队的有连队俱乐部，还有老干局下设的老干部活动中心，等等。

工人文化宫：

工人文化宫是指工会组织为职工举办的文化福利事业单位，是向广大职工及其家属进行社会主义、共产主义教育，普及科学文化与技术知识的学校和活跃职工文化娱乐生活的场所。1950年10月1日，陈毅同志为上海市工人文化宫的题词："工人的学校和乐园"，指明了工人文化宫的性质和任务。我国的工人文化宫大都建立在市或市辖区，它的工作是面向全市或辖区的职工群众，除积极开展自办活动外，还对基层厂矿的群众业余文化活动进行业务辅导。主要工作是向广大职工群众普及科学文化技术知识，提高职工的科学文化技术水平，开展各种业余文化艺术、游艺和体育活动。

青少年宫：

青少年宫是青少年的校外教育机构之一。青少年宫的工作对象，是广大的中学、小学和校外青少年。青少年宫面向广大青少年，其工作内容一般包括：思想教育工作、群众文化工作、科学技术工作、艺术教育工作、体育工作。

青少年宫的主要工作任务是配合学校对青少年进行社会主义、爱国主义、集体主义的思想教育，培养学生具有优良的道德品质，帮助学生巩固和扩大课堂知识，丰富文化生活，发展学生多方面的兴趣和才能，锻炼培训学生的技能、创造精神和熟练技巧。

军人俱乐部：

军人俱乐部是在部队政治部门直接领导下的群众文化组织机构，也是部队对军人进行宣传教育，组织和开展部队群众性的文化体育活动的重要场所。它的主要工作是组织与指导部队群众性的军事、政治、文化学习，图书报刊阅览活动，部队群众性的文艺创作和各种文化娱乐活动，以及部队各种群众性体育活动，组织电影放映与开展电影教育工作，培训部队各项文艺体育活动骨干等，旨在丰富与活跃军人精神文化生活，提高军人的思想政治素质和军事文化教养，增强军人体质，促进部队精神文明建设。在我国改革开放的新形势下，军人俱乐部许多活动场所已向社会开放。

以上这些机构的设置，由主办单位按照需要和条件而定，本系统中不构成完整的群众文化事业机构体系，其服务对象具有定向性，即本机构所指向的辖区内的部分群众，主要职能是组织文化娱乐活动，它们同政府系统的群众文化事业机构之间，一般是横向协作关系。

各种类型的群众文化事业机构共有的一般特点，是通过业务手段体现职能作用。

（1）以组织、辅导、研究、指导群众文化活动作为工作内容。

（2）不再用行政、指令等手段去实现工作目的，而是通过多种多样的文化艺术活动去吸引群众自愿参加，从而在活动中达到工作目的。

（3）它们的业务活动主要是在区域内横向伸展，运用社会化的方式进行。

（二）中国群众文化事业机构的工作原则

所谓工作原则，是指群众文化事业机构工作所依据的法则和标准。作为社会主义国家的中国，在现阶段，群众文化事业机构的工作总方向是"为人民服务，为社会主义服务"，基本方针是"百花齐放，百家争鸣"。

上述具体的政策性原则的内容，是由社会主义中国的群众文化事业机构的本质特征和发展规律的要求所规定的也是群众文化自觉性的体现。

具体地说，其工作原则包括：

（1）方向性原则：即为群众文化事业机构工作确定前进目标的法则，其基本内容就是"二为"方向：即"为人民服务，为社会主义服务"，这是我国社会主义文艺的方向。这是继1942年毛泽东同志《在延安文艺座谈会上的讲话》提出的文艺为工农兵服务的方向之后，根据我国社会主义新时期的总任务和现实情况，党中央在党的十一届三中全会后提出来的，《人民日报》于1980年1月26日发表了题为《文艺为人民服务，为社会主义服务》的社论。"二为"方针是对工农兵方向的丰富和发展，高度概括了我国社会主义新时期文艺的性质、任务和目的，反映了社会主义时代对文艺的历史要求。

（2）目标性原则：即引导群众文化事业机构的工作达到一定客观效果的法则，它以"百花齐放，百家争鸣"方针为基本内容，目标就是努力满足人们的文化生活需要，通过健康有益向上的群众文化活动，陶冶人民群众的思想道德情操，培养下一代"四有"新人。

"百花齐放，百家争鸣"，由毛泽东同志在1956年5月2日召开的最高国务会议上首先提出。毛泽东同志在《关于正确处理人民内部矛盾的问题》中指出："百花齐放，百家争鸣"的方针，是促进艺术发展和科学进步的方针，是促进我国的社会主义文化繁荣的方针。艺术上不同的形式和风格可以自由发展，科学上不同的学派可以自由争论。

（3）政策性原则：即群众文化事业机构工作按一定方向达到目标必须依照规定的行动标准的法则。

现阶段具体的政策性原则：

"古为今用，洋为中用和推陈出新"；以上方针是由毛泽东同志首先提出来的。"古为今用"是社会主义文学对待古代文学艺术遗产的方针，是指继承古代的文学艺术遗产为了创造今天的社会主义新文学，汲取了古代文学艺术的养分为了滋润当代文学艺术。实行古为今用，既要从当前的现实需要出发，使古代的东西为今天、今人服务，又要坚持历史唯物主义，不使古代的变为今天的，古人的变为今人的。

"洋为中用"，是社会主义文学对待外国文学遗产的方针，指借鉴外国文学遗产，汲取外国文学的长处，是为了丰富发展中国文学，创造具有中国特色的新文学。学习外国的东西是为了用来为中国服务，这就首先要熟悉、研究、掌握中国文学的特色和长处，才能学习外国文学的长处，并使之为我所用。

"推陈出新"，是毛泽东同志在1942年给延安评剧研究院的题词中提出来的。推陈出新是对文艺的批判继承和革新创造的发展规律的科学概括，就是批判继承封建主义、资本主义文艺遗产的基础上创造出新的社会主义的作品。

"普及与提高相统一"，普及与提高方针是毛泽东同志1942年在延安文艺座谈会上首次提出的。普及，就是用工农兵目前急需和容易接受的文艺，向工农兵普及；提高，就是沿着无产阶级和工农兵前进的方向去提高，创作为被提高了的工农兵及其干部所需要的比较高级的文艺。这一马克思主义的精辟论断，不仅指导了当时革命根据地的文艺运动，而且对新中国成立以来群众文化工作的开展，起了极大的指导和推动作用。

还有教育性与娱乐性相结合、社会效益作为最高标准并与经济效益相结合和"业余自愿，丰富多样，健康有益，勤俭节约"的群众文化活动原则。

"坚持业余自愿，形式多样，健康有益，勤俭节约的活动原则"是中共中央〔1983〕34号文件中提出的。业余、自愿，是群众文化活动的基本特点。形式多样，是从群文活动的事迹出发，满足广大群众对文化生活的不同要求和爱好，也体现了"百花齐放"的精神。健康有益，是开展一切群众文化活动的基本前提，凡有益于人民群众身心健康的活动，就应该积极组织，反之，就应该抵制和禁止。而在开展一切群众文化活动中，都必须勤俭节约。

（三）群众文化工作的基本内容

群众文化工作是群众文化机构中专职人员从事的领导、指导、管理、辅导、研究等各项工作，如对群众文化活动的组织、研究、辅导以及编辑群众文化刊物，收集、整理、加工、提高民族民间艺术等，在社会上还有许多非专职人员从事的各项群众文化工作。由于群众文化组织机构所面向的群众不同，各群众文化组织的工作内容和侧重点也不一样。

1. 群众文化辅导工作

对群众文化艺术活动进行的具体指导和帮助。其目的在于普及文化艺术知识和技能，提高活动质量和水平。辅导工作的内容是多方面的，重点是辅导创作和辅导表演。辅导工作的方法是多种多样的，如提供辅导材料、进行示范辅导和参加群众文艺创作以及对表演活动进行具体辅导等。

2. 群众文化活动的策划与组织

群众文化活动是群众文化工作的核心，群众文化工作效能必须通过群众文化活动来体现，活动可以产生效益，活动和活力两者并存。要搞好群众文化活动必须重点做好策划和组织。

3. 群众文化示范辅导

示范辅导是群众文化事业单位对群众文艺骨干的一种直观的辅导方法。它包括事业单位举办的阵地活动的示范、先进群众文化组织的现场示范、辅导人员进行艺术实践的示范，等等。通过组织观摩、现场参观和参与各种文化艺术活动，以扩大眼界、丰富知识、增长才干，提高业务水平和工作能力。

4. 群众文化培训工作

群众文化培训工作是群众文化工作中一项经常的重要的内容。培训对象主要是专职群众文化干部和业余文艺骨干。培训内容根据革命化、专业化、知识化的要求和干部的实际情况而定。培训采取分级实施的办法，主要形式是开办短期培训班。

5. 群众文化调查研究工作

群众文化调查研究工作是群众文化部门工作任务之一。省、市群众艺术馆并设有专门的调研部、室。调查研究是辩证唯物主义认识论在实际工作中的具体运用，是党和一切工作部门一贯坚持的科学的、根本的工作方法之一，也是群众文化工作必须坚持的根本工作方法。群众文化调查研究的课题甚多，尤其是群众文化事业的不断发展，涌现了许多新的事物、新的经验，也提出了许多新的问题。通过有计划的认真地调查研究，总结经验，制定对策，就能够使党和政府关于群众文化工作的方针、政策，更好地贯彻落实，使群众文化事业随着新的形势更加健康地发展。

6. 群众文化报刊书籍编辑工作

报刊书籍编辑是群众文化工作重要内容之一。包括：文艺刊物、各类演唱材料、指导和辅导性刊物、群众文化理论刊物、信息报刊，以及各类知识性的文化书籍和专著等。报刊书籍编辑工作的基本要求：

（1）稿件的整理加工。要求稿件符合书写规格，文字工整，字迹清晰，用词确切，时间表述和数字书写以及度量衡用法都规范化。

（2）排版格式。要求标题字排列、标点符号的排版、页码、书眉的形式、辅文的安排、版面的一般规格都要符合编辑工作的统一要求。

（3）校对工作。校对是出版工作的重要环节。印刷厂打出清样之后，一般要进行初校、二校、三校，最后进行"对红"（核红）。校对基本方法有：对校、折校、读校三种。校对中采用编辑出版统一使用的校对符号。

7. 群众文化艺术档案工作

群众艺术档案是传递和储存业务信息的主要手段，它不仅有助于提高群众文化事业单位的工作效率和业务人员的业务水平，而且可以真实记载群众文化事业单位业务活动情况，为进行科学研究和编写历史积累资料。群众文化档案内容、范围，一般分为：

文字资料：

（1）档案资料。它主要包括：上级领导机关和文化主管部门有关群众文化业务方面的文件、资料，有关群众文化事业单位业务活动方面的资料，有关群众文化组织机构发展变化方面的资料，有关群众文化活动和主要活动骨干、民间艺人业务档案资料，有关各种业务工作会议方面的资料，有关大型群众文化艺术活动方面的资料等。

（2）业务学习资料。它主要包括：上级领导机关有关业务指导性的文件，上级业务指导机关印发的各种群众文化专业学习资料，有关文学、音乐、戏剧、舞蹈、曲艺、美术、摄影等方面的业务学习资料，各种专业、业务培训教材、讲稿资料等。

（3）文艺演唱资料。

（4）群众文化史料、资料。

（5）民族、民间艺术资料。

（6）其他文字资料等。

音响资料：

（1）群众歌曲、民间歌曲演唱录音。

（2）各种群众文艺汇演、调演节目录音。

（3）各种民间艺术活动录音。

（4）各种民间小戏戏曲唱腔录音。

（5）民间音乐曲牌录音等。

声像资料：

（1）各种会议录像。

（2）各种群众文艺汇演、调演录像。

（3）大型群众文化活动现场录像。

（4）有关群众文化活动录像等。

图片资料：

（1）各种群众文化活动图片。

（2）有关群众文艺演出剧照。

（3）民间名老艺人活动照片。

（4）各种群众文化会议照片。
（5）有关民间艺术介绍照片。
（6）有关群众文化历史文物照片等。

实物资料：
（1）有关群众文化艺术的出土文物。
（2）民族民间工艺美术作品。
（3）非物质文化遗产实物等。

8. 馆、站指导工作

馆、站指导工作是指上一级群众文化管理部门或上一级群众文化业务单位指导群众艺术馆、文化馆、文化站建设和开展各项业务活动的工作。它包括有关方针、政策、法律、法规的贯彻执行，馆、站建设发展规划的制定，馆、站工作的计划安排、总结、经验交流，信息传播，宣传表彰，以及探讨解决馆、站建设中的各种问题等。

9. 抓好群众业余文艺团队

抓好群众业余文艺团队是群众文化工作的重要内容之一。群众业余文艺团队，以自编自演为主，创作和表演戏剧、音乐、舞蹈、曲艺等多种艺术。有的地方称业余剧团或业余文工团或社区文艺队，它的组织形式大致有政府群众文化事业机构直接组织的；有各社会团体和机关组织的；有群众文艺爱好者自发组成的三大类型。

10. 文化信息资源共享工程

全国文化信息资源共享工程（简称文化共享工程）是2002年由国家文化部和财政部组织实施的、旨在繁荣社会主义先进文化的创新工程，它采用现代信息技术手段对中华优秀文化信息资源进行数字化加工和整合，利用覆盖全国的网络化管理和服务体系，实现文化信息资源在全国范围内的共建共享，是新形势下构建我国公共文化服务体系、惠及千家万户的一项重要文化基础工程。文化共享工程对于丰富广大人民群众特别是经济欠发达地区人民群众的精神文化生活，实现广大人民群众的基本文化权利，促进经济社会协调发展具有十分积极的现实作用。

11. 保护非物质文化遗产

非物质文化遗产是指各族人民世代相承的、与群众生活密切相关的各种传统文化表现形式（如民俗活动、表演艺术、传统知识和技能，以及与之相关的器具、实物、手工制品等）和文化空间（即定期举行传统文化活动或集中展现传统文化表现形式的场所，兼具空间性和时间性）。

非物质文化遗产的范围：
（1）口头传授，包括作为文化载体的语言。
（2）传统表演艺术。
（3）民俗活动、礼仪、节庆。
（4）有关自然界和宇宙的民间传统知识和实践。
（5）传统手工艺技能。
（6）与上述表现形式相关的文化空间。

为什么要对非物质文化遗产进行保护：
在经济全球化和现代化的冲击下，我国的非物质文化遗产正面临着历史上前所未有的急剧变迁。加之外来文化的影响等等，给一向主要靠口传心授方式传承的非物质文化遗产以及文化传统带来了巨大的影响，大批有历史、文化和科学价值的非物质文化遗产遭到不同程度的破坏，甚至由于传承人的逝去而濒于消亡，大量有历史、文化价值的珍贵实物与资料遭到毁弃，或因非法走私而流失境外，以往保护非物质文化遗产的理念、手段、范围与力度，也已远远不能适应今天的客观现实。因此，加快非物质文化遗产的保护工作已迫在眉睫。

非物质文化遗产保护的方针和原则：

非物质文化遗产保护工作的指导方针是：保护为主、抢救第一、合理利用、传承发展。正确处理保护和利用的关系，坚持非物质文化遗产保护的真实性和整体性，在有效保护的前提下合理利用，防止对非物质文化遗产的误解、歪曲或滥用。在科学认定的基础上，采取有力措施，使非物质文化遗产在社会中得到确认、尊重和弘扬。

非物质文化遗产保护的工作原则是：政府主导、社会参与、明确职责、形成合力；长远规划、分步实施、点面结合、讲求实效。

非物质文化遗产保护方式：

（1）对全国各省（区、市）的各种形态的非物质文化遗产，在试点的基础上，有组织、有步骤地进行一次全面的普查。普查是对现在还在流行的各类非物质文化遗产形态、各类非物质文化遗产作品、优秀的非物质文化遗产传承人，进行调查、登记、采录、建档工作，并按照全国统一编码进行登记并分级建档。

（2）对本地区普查中所获科学的真实的采录文本、录音影像、民俗实物等，组织有关专家学者进行整理、研究，并有计划地编辑出版。普查记录整理稿和调查报告等研究著作的出版物，其内容的审定权在各省（区、市），其出版物规格，由国家指定机构统一规划、设计，全国编为一套大型丛书。

在普查中搜集的非物质文化遗产实物资料，如民间艺术品、工艺品、民俗物品、手抄本等，所有权归国家，由各级政府授权的有关保护机构保管。也可交由指定的博物馆以妥善方式保存、保管和展示，并通过一定途径提供研究者和社会共享。同时，可通过规定的渠道交由"国家非物质文化遗产数据库"编录入库。

（3）对普查中发现的承载丰厚的非物质文化遗产传承人或传承家庭、传承单位，要进行深入的调查和研究，弄清传承脉络、传承范围和代表人物，并在调查研究的基础上予以认定，写出调查报告，采取一定方式加以保护、资助和扶持，鼓励其传承和传播。

（4）在非物质文化遗产具有可持续发展条件的地区，有选择地建立非物质文化遗产生态保护区，命名民间传统文化之乡。通过采取积极而适当的措施，对选定的地区或选定的可持续发展非物质文化遗产项目，进行较为完整的、动态的和持续性的保护。

四、群众文化的管理

（一）群众文化管理的主要内容

群众文化管理是管理者为了使群众文化事业机构、设施、工作和群众文化活动能够高效地进行而有意识采取的管辖、控制活动。主要内容包括：

群众文化活动的管理；
群众文化事业的管理；
群众文化队伍的管理；
群众文化的目标管理。

1. 群众文化活动的管理

群众文化活动是群众文化工作的核心，有最宽广的领域，因为它参与人数多，情况复杂多变，采取科学办法，搞好管理工作，对发展群众文化事业至关重要。从目前中国群众文化活动的实际出发，群众文化活动的管理内容有如下几个方面：一是节日群众文化活动管理，二是庙会群众文化活动管理，三是群体性群众文化活动管理，四是群众文化活动组织管理，五是家庭文化活动管理。管理群众文化活动，除了明确意义、内容、原则以外，还必须注意其管理方法，方法对头就可以事半功倍，反之就达不到预期效果。群众文化活动管理方法主要有五种：一是组织的方法，二是业务的方法，三是教育的方法，四是激励的方法，五是限制的方法。

管理方法是组织开展群众文化活动好坏的关键因素，一切要从实际出发，进行调查研究，注重协作，互相配合，抓好典型，以点带面等也是从群众文化活动的实践中总结出来的好方法。

当前，我国正处在一个由计划经济转向社会主义市场经济的时期，经济结构、劳动组织、生产方式以及人们的生活节奏、生活方式都在发生巨大的变化。作为上层建筑的文化（艺术）馆、站，以及整个群众文化工作体系也在这种改革大潮推动下发生变化。群众文化活动的管理应该转变文化意识，从经济体制改革和文化工作的联系中认识新特点。例如：

（1）随着城乡群众物质生活的改善，群众文化的宏观指导需要重新明确规划和目标。

（2）群众文化活动已经成为人民生活追求的热点，并渗透到社会生活的每个角落，但是文化活动的基础设施条件较差，内容和形式还不够丰富。

（3）群众文化与科学普及、成人教育、健身体育交叉结合成为发展趋势，而群众文化部门却认识不足，与有关方面合作不够。

以上几点往往使我们的群众文化发展失去很多机遇。

面对新形势，我们要解放思想，实事求是，大胆探索，勇于实践，搞好群众文化网络建设，把过去我国群众文化那种由供给型和自娱型文化的结构，改变成市场文化、自娱文化、供给文化的三元结构，使农村文化与城市文化联系起来组成开放性的群众文化网络；把传统文化与现代文化联系起来，促使群众文化在继承优秀文化的基础上向现代化发展；把文化的生产与消费联系起来，使人民群众文化生活有更大的选择余地；把有偿服务和无偿服务联系起来，扩大群众文化的活动领域，加速群众文化事业的发展。

2. 群众文化事业的管理

群众文化事业管理主要在群众文化事业机构和活动队伍方面：

群众文化事业机构的管理要沿着三条线来开展，一是思想政治工作管理，把每一位群众文化专业人员的积极性、创造性调动起来；二是业务工作管理，搞好阵地的文化宣传、活动的组织领导、队伍的辅导培训和对外服务等工作；三是后勤工作管理，把设施设备、财物、环境用好，为各项群众文化工作的正常开展提供有力保障。群众文化事业的管理还要注意各事业机构必需严格履行自己的工作职责，充分发挥各自的业务功能；把工作目标集中到能体现自身优势、特色和价值效应的业务活动上，同时必须明确岗位责任，健全行为规范，每个岗位都要尽到自己的责任，发挥创造性，才能推动事业机构的有效运转。

3. 群众文化队伍的管理

群众文化队伍是群众文化活动的主体，抓好队伍的管理等于抓住了群众文化业务的关键。主要手段：

一是通过资料推荐供应、节目（作品）评比、观摩交流等途径，从活动方向上积极地正面引导。

二是通过业务培训、示范交流、分类指导等途径，从业务技能上帮助提高。

三是把活动成果及时向社会展示，以从群众的参与中感受集体力量的可贵，从而增强队伍的向心力和凝聚力。

4. 群众文化的目标管理

群众文化是以目标作为管理活动的指南和计划任务，评价效果的依据，通过目标的实施，激励和控制每个员工的行动，调动人的积极性，促进工作的发展。作为精神生产的群众文化，同物质生产比有其不同的特点，但也有很多方面的共同性，在实施目标管理的过程中，必须把计划目标和岗位目标联系起来，把岗位目标效果与个人奖惩联系起来，使目标、管理、效果三者有机地结合，达到目标推动预期效果的目的。目标管理的核心，是强调成果和重视成果的评定。

（二）群众文化管理的层次模型

我国群众文化管理的层次模型有三个层次：

一是最高决策层次，是中央和省市的党政领导机构中的文化主管部门。

二是中间层调控次，是地县（市）级党政领导机构中的文化主管部门。

三是基层执行层次，是群艺馆、文化馆、文化站等群众文化事业单位。

上述三个层次的管理任务各有侧重，但是又是一个相互依存、相互补充的整体。

群众文化的管理是促进群众文化生产力发展的必然要求，是中国目前群众文化体制改革的要求，是现代科学技术与群众文化相结合的迫切需要，它也是中国群众文化事业迅速发展的必然要求。我们要充分认识群众文化管理的重要性，使群众文化事业机构、工作和活动高效运转，为建设文化强国作出自己的贡献！

思考题

1. 什么是群众文化？
2. 群众文化由哪几部分构成？
3. 群众文化的有哪几种形态类型？
4. 什么是群众文化事业机构？
5. 简述群众文化工作的基本内容。
6. 群众文化管理有哪些重要内容？

第三章 构建公共文化服务体系、保障人民基本文化权益

当今，我国政府把群众文化作为建设有中国特色社会主义的一项公益性文化事业，党中央把"建设覆盖全社会的公共文化服务体系"作为建设文化强国、实现全面建设小康社会的重要目标之一。

从群众文化到公共文化，这是一种飞跃，公共文化上升为人民基本权益，是社会的巨大进步。作为文化事业未来管理者，我们有必要了解群众文化到公共文化的发展过程及公共文化服务体系建设的要求。对于指导我们的工作实践会有启发和帮助。

一、什么是公共文化服务体系

1. 什么是公共文化

公共文化是指由政府主导、社会参与形成的普及文化知识、传播先进文化、提供精神食粮、满足人民群众文化需求、保障人民群众基本文化权益的各种公益性文化机构和服务的总和。

2. 什么是公共文化服务体系

公共文化服务体系是近年政府为加强公共服务职能的背景下提出来的，是指以政府组成部门为主的公共部门以提供、保障公民的基本文化权益为目的、向公民提供公共文化产品与服务的制度和系统的总称，包括公共文化服务设施、资源和服务内容以及人才、资金、技术和政策保障机制等方面内容。

3. 什么是文化权益

文化权益是公民的政治权利、经济权利相平等的基本权益之一。包括了公民享受文化成果、参与文化活动、开展文化创造和文化创作成果得到保护等权利。

4. 联合国对文化权利作出的界定

1948年12月10日，联合国通过并颁布了《世界人权宣言》，明确规定："人人有权自由参加社会的文化生活，享受艺术，并分享科学进步及其产生的福利"，"人人对由于他所创作的任何科学、文学或美术作品而产生的精神的和物质的利益，有享受保护的权利"。这是人类第一次以宣言的形式对人的文化权利作出的界定。

二、从群众文化到公共文化的发展历程

自从人猿相揖别,人类产生了对客观世界反映的意识,群众文化便开始了永不止息的生命运动。群众文化的产生、孕育、萌发、逐步发展,其演变历程是与人类观念文化的历史、物质文化的历史交织在一起的。古代的群众文化从部族集体创造、集体享受到原始宗教作为一种观念形态出现之后,几乎所有的群众文化活动的形式与内容都体现着一定的原始宗教意识,成为向人民群众进行政治伦理教育的重要手段。

我国近代随着资本主义萌芽,新的生产力、生产关系的植入、生长,西方文化的冲击,群众文化也在中华传统文化与西方异质文化的碰撞中发生了较大变化。蔡元培这位我国的思想家、教育家和革命民主主义者,曾经留学德国,他认为我国社会之不公平,乃是教育之不公平,所以极力提倡群众文化活动中强调要注意教育的对象与效果。

五四运动推动了群众文化革命性的变化。中国共产党将群众文化导向真理、导向革命,对群众文化的社会、文化性质总的认识是作为解救平民和唤醒民众。我国最早公布的比较完备的指导群众文化工作的文件,是中央苏区工农民主政府人民教育委员会的《俱乐部纲要》,指出群众文化工作"必须深入群众,……一定要尽量利用最通俗的广大群众所了解的旧形式而革新了的内容",这个纲要重视到群众对文化的需求,被实践证明在人民群众中的可行性。

1942年,毛泽东发表了《在延安文艺座谈会上的讲话》,指出"我们的文化艺术都是为人民大众的,首先是为工农兵的,为工农兵而创作,为工农兵所利用",最全面地论述了文化艺术一定要为群众和如何为群众这个问题。

1949年新中国成立后,党和政府将群众文化回归群众,让群众文化真正成为广大人民群众自己的文化。新中国成立初期就完善群众文化组织机构,建立了规章制度,出台了一系列文件,提出了群众文化工作的目标是要努力满足人民群众不断产生的精神文化需求。

2002年,党的十六大召开,党中央在会上提出了全面建设小康社会的目标,并且强调要通过小康社会的建设"使经济更加发展,民主更加健全,科教更加进步,文化更加繁荣,社会更加和谐,人民群众生活更加殷实"。提出要不断开拓促进先进生产力和先进文化发展新途径,科学地揭示了当今世界激烈的综合国力的竞争,不但是经济、政治和军事力量的竞争,而且是文化力量的竞争,突出强调了牢牢把握先进文化的前进方向的问题。

为了适应社会主义市场经济的要求,解放和发展文化生产力,中央部署文化体制改革,把文化事业和文化产业区分开来,并在战略上形成"两手抓,两加强"的思路,即一手抓文化公益性事业,"增加投入、转换机制、增强活力、改善服务",完善公共文化服务体系。一手抓文化产业,以"创新体制,转换机制,面向市场,增强活力"为重点,发挥市场机制对文化资源配置的重要作用。文化事业和文化产业的分离,目的是促进文化事业的全面繁荣和文化产业的跨越式发展。

按照把社会效益放在首位,把文化发展的着力点放在满足人民群众精神文化需求和促进人的全面发展上的原则,根据文化行业的特点,国家把图书馆、博物馆、文化馆(站)等列为公益性文化事业,明确要加大公益性文化事业的扶持和投入。

党的十七大把"建设覆盖全社会的公共文化服务体系"作为实现全面建设小康社会的

重要目标之一。中共中央政治局专门召开会议研究加强公共文化服务体系建设，要求各级党委和政府要深刻认识公共文化服务体系建设的重要意义，把公共文化服务体系建设放在全局工作的重要位置，切实加强领导，建立健全工作机制，加大投入力度，完善投入机制，加强队伍建设，立足当前，着眼长远，有重点分阶段地把公共文化服务体系建设抓紧抓好。

2012年召开的党的十八大，提出扎实推进社会主义文化强国的要求。十八大报告指出：建设社会主义文化强国，关键是增强全民族文化创造活力。要深化文化体制改革，解放和发展文化生产力，发扬学术民主、艺术民主，为人民提供广阔文化舞台，让一切文化创造源泉充分涌流，开创全民族文化创造活力持续迸发、社会文化生活更加丰富多彩、人民基本文化权益得到更好保障、人民思想道德素质和科学文化素质全面提高、中华文化国际影响力不断增强的新局面。

以上是从群众文化到公共文化的发展大致过程。如果说，我们党中央过去对群众文化工作提出的要求，是要满足人民精神文化需求，这还带有柔性的特点，现在提出建设公共文化服务体系要保障人民的基本文化权益，这就带有了明显的刚性。这是从权益的观点看待人民的精神文化需求，使满足人民文化需求的行为具有法律的意义。因为权益就是受法律保护的，保障文化权益的行为受法律的规范。明确提出保障人民的基本文化权益，才能更好地调动人民参与文化创造的积极性，加快推动我国文化事业的大繁荣大发展。

保障人民文化权益是时代的要求，凡是文化发展较好的国家，都很重视国民文化权益的保障。近年来，不仅一些发达国家进一步完善了保障民众文化权益的政策措施，修订或新规定了有关的法律条文，就是一些发展中国家，也开始重视这方面的工作。

中国正日益融入国际社会。认同人类的共同价值观念、借鉴人类社会发展的有效方式，一直是改革开放以来我们所努力的。因为社会主义社会应当是经济、政治、文化、社会事业全面发展的社会。人的自由、全面发展包括人的精神发展。人民的幸福不是仅仅依据享有的物质财富多少来评价的。幸福评价指数中的一个重要指数是精神和心理评价指数，也就是说，生活的文化质量如何是评价幸福的一个重要方面。

建立完善的公共文化服务体系，对于提高党的执政能力、巩固党的执政基础，建设服务型政府，提高全民族的思想道德水平和科学文化素质，实现好、维护好、发展好广大群众基本文化权益，促进人的全面发展，具有十分重要的意义。

三、公共文化服务体系建设目标

"公共文化服务"包括了"公民基本文化权利"以及由此产生的"公共文化需求"和满足公共文化需求的"公共文化产品与服务"；必须在服务设施、服务供给、服务队伍和保障方面建立专门体系，制定必要的建设目标。

（一）公共文化服务体系

1. 设施体系

建立起比较齐全的公共文化设施体系，省、市、县、镇、村五级公共文化设施体系基本完善，公共文化设施覆盖到全省所有乡镇、街道和社区，人均拥有量等主要指标达到全国领先水平。

我省公共文化设施体系建设目标是实现市有图书馆、文化馆、博物馆，县有图书馆、文化馆，镇（街道）有文化站，行政村（社区）有文化室，广播电视和文化信息共享工程村村通。

按常住人口计算，全省每万人要拥有公共文化设施面积（不含室外文化活动设施）800平方米以上，珠江三角洲地区每万人拥有公共文化设施面积（不含室外文化活动设施）1000平方米以上。其中，珠江三角洲地区城市建成"十分钟文化圈"，农村建成"十里文化圈"，成为全国性的公共文化建设示范区；其他地区城市建成"十五分钟文化圈"，农村建成"十公里文化圈"。

2. 服务供给体系

建立起比较充足的公共文化产品与服务供给体系，公共文化产品供给能力大幅提升，公益性文化事业单位在管理水平和综合服务能力上有较大增强，服务范围明显扩大，在提供公共文化产品和服务中的主导作用日益突出。基本满足城乡居民就近选择享受文化服务，参与文化创造的需求。

3. 服务队伍体系

建立起比较合理的公共文化服务队伍体系，公共文化服务机构进一步健全，队伍不断壮大，人员素质明显提高，服务水平质量显著提升，公共文化服务的运行体制和机制进一步理顺。

4. 保障体系

建立起比较完善的公共文化保障体系，政府投入经费不断增加，基本能满足公共文化服务体系建设的需要，逐步形成政府主导、社会广泛参与的公共文化服务体系建设格局，公共文化法规体系逐步建立。

（二）各级政府在保障人民的基本文化权益中负有重要责任

（1）加强公民权利意识的培育。保障人民的文化权益，前提是在全社会形成良好的公民权利意识。多年来，我国民众权利意识一直较弱。要像当年开展全民识字扫盲运动和全民普法教育那样，在全社会开展公民权利意识的教育。只有全体公民的权利意识提高了，人民基本文化权益的保障才有坚实的社会基础。

（2）主导公益性文化事业的发展、提高公共文化服务水平。党的十七大报告明确指出，要"坚持把发展公益性文化事业作为保障人民基本文化权益的主渠道"，这就明确了公益性文化事业的任务和责任。

（3）发展文化产业，扩大文化产品供给。发展文化产业、扩大文化产品供给也是保障人民基本文化权益的重要渠道之一。

（4）营造有利于保障人民基本文化权益的法制环境和道德环境。保障人民基本的文化权益既要借助法律手段，又要借助道德手段。建立、健全保护人民文化权益的法律机制，目的在于通过法律形式，确立一种可操作性原则，使对人民基本文化权益的保护有一个刚性的约定范围和清晰的操作规范。

(三) 各级文化部门应负的职责

（1）按照公益性、基本性、均等性、便利性的原则，加大公益性文化产品的生产，加强公共文化资源建设和服务供给，为群众提供丰富多样的公益文化产品和服务。

（2）增加公共文化产品生产和供给的资源总量，提高公共文化事业单位和文艺团体的生产能力。各级公共文化单位、专业艺术团体、广播电影电视及图书出版机构和作协、文联等文化团体要贴近群众、贴近生活，为人民群众创作更多更好的文艺影视节目、图书、电子音像制品、美术、书画、公益讲座、文化培训等公益文化产品。

(四) 公共文化产品的类型

1. 纯公共文化产品

纯公共文化产品是指内容意义的"公共性"特别高，即直接关系到国家文化主权、文化信息安全或社会稳定，或与国家和民族文化创新、传承直接相关的文化产品，如中央电视台、电台的新闻频道（频率）、国家信息网络，重要文物和历史文化遗产的保护研究和开发利用，基础类或直接面向中央决策的重大理论研究课题，文化原创性出版物等。这类文化产品由于具有消费的非竞争性和非排他性，市场无法提供，只能由政府进行干预和政府提供。

2. 准公共文化产品

准公共文化产品是指其内容意义的"公共性"较高，但与国家文化主权、文化信息安全不直接相关的文化产品。绝大多数公共文化产品可以归入这一类，如广播电视和出版业中的科技、财经、农业、生活类文化产品，代表国家水准的艺术院团和节目创作，各类图书馆、博物馆、文化馆、美术馆、纪念馆、少年宫及其提供的文化产品和服务等。必须由政府进行干预，并采取由政府和市场混合提供的模式来向公众提供这类文化产品。

3. 私人文化产品

私人文化产品是指其内容意义的"公共性"较低，并且与国家文化主权、文化信息安全关联不大的文化产品。如娱乐、电影、音像复制、展览、旅游、美容、健身、艺术品收藏、一般性的文艺演出等文化产品和服务。这类文化产品和服务既具有私人消费产品的竞争性，同时在技术手段上可以实现排他性消费的服务和收费，因而可以采取市场化的竞争方式来向公众提供这类文化产品。

四、如何建设我省公共文化服务体系

为实现党的十八大提出的文化强国建设目标，中共广东省委出台了未来十年广东文化建设的纲领性文件——《广东省建设文化强省规划纲要（2011—2020年）》。

(一) 广东文化强省建设的定位

确立重点"三强一好"发展目标：即"文化事业强，文化产业强，文化辐射力和影响力强，文化形象好"。力争用10年左右时间，形成与广东经济社会发展相适应或适度超前的文化发展水平，把广东建设成为在全国具有重要影响力的区域文化中心、发展社会主义先进文化的"排头兵"、提升我国文化软实力的主力省、中国文化"走出去"的生力军及率先探索中国特色社会主义文化发展道路的示范区。

(二) 广东文化强省公共文化服务体系建设目标

建设惠及全民的公共文化服务体系，到2015年，实现全省公共文化设施全覆盖，其中，珠江三角洲地区基层文化设施建设和公共文化服务达到全国一流水平；到2020年，全省城市建成"十分钟文化圈，"农村建成"十公里文化圈"，人民群众文化权益得到充分保障，成为全国公共文化建设示范区。

广东省委还提出具体落实措施：实施基础文化设施全覆盖工程，出台《公共文化服务体系建设规划》，逐步完善省、市、县（区）、乡镇（街道）、村（社区）五级公共文化设施网络，到2013年，尚未建成乡镇（街道）综合文化站和行政村（社区）文化室的要如期完成。

到2015年，全省市、县图书馆、文化馆、博物馆、乡镇综合文化站，行政村（社区）文化设施全部达标，珠三角地区文化设施达到全国一流水平；每个县（市、区）至少有1座多功能厅数字电影院，每个乡镇至少有1套以上数字电影放映机，20户以下已通电自然村通广播电视，广播电视综合人口覆盖率达到99%以上；到2020年，全省市县（市、区）图书馆、文化馆达到国家二级馆以上标准，乡镇（街道）文化站达到国家一级站以上标准。

(三) 广东公共文化服务体系建设重点要求

1. 重视基层、经济欠发达地区和农村

广东省委要求要抓紧抓好公共文化服务体系，最需要重视的是基层、经济欠发达地区和农村三个薄弱环节。因为城市里的公共文化服务体系虽然还存在不全、不大和水平不高的问题，但总体上还是能满足基本需求。目前，欠缺的主要就在农村、粤东西北地区和基层。要求各级政府多做雪中送炭的事，要让那些没享受到公共文化体系服务的地方尽快享受到，而且是政府应该拿钱出来落实的。

2. 改善公共文化服务

基础设施体系有了，并不意味着服务就跟上好了。特别是公共文化服务与市场文化服务不一样。市场文化服务是等价交换的原则，你付出多少钱就能享受什么样的服务。在有了公共文化服务设施之后，如何改善公共文化服务，需要在体制上怎样进行改革、在服务方式上怎样创新，还要有具体措施，这样才能够使人民群众享受到有质量、高水平的公共文化服务。

3. 广泛开展群众性文化活动

打造范围更大的活动平台，以各种各样的方式调动群众的积极性，让广大群众真正成为文化强省建设的主体。这样才能实现文化民生，才能让更多的人不但成为文化的收益者，更成为文化的参与者。使更多的人成为受益者和参与者，就要考虑把社区文化、农村文化、企业文化、机关文化搞得更加活跃。

广东省委提出的以上建设文化强省要求，树立了新的文化发展理念探索文化发展方式，即坚持两手抓：一手抓公益性文化事业，维护和保障好广大人民群众的基本文化权

益；一手抓经营性文化产业，最大限度地满足人民群众多样化、多层次、多方面的文化需求。

五、广东公共文化服务体系建设现状

广东公共文化服务体系建设近年来取得了显著的成果，各级党政领导逐年加大了投入，广大基层文化部门把弘扬和培育民族精神作为文化建设的一项极为重要的任务。全省城乡群众文化设施大大改善，群众文化队伍得以加强，群众文化活动丰富多彩，群众文艺作品硕果累累，我省群众文化事业的迅速发展对提高全民素质发挥了重要作用。

目前，全省文化系统建有县级以上公共图书馆130个，群众艺术馆、文化馆139个，乡镇（街道）文化站1589个，行政村（社区）文化室8575个。还有高校图书馆110个，科研图书馆49个，工人文化宫96个；青年宫、少年宫、青少年活动中心、妇女儿童活动中心、青少年素质教育基地、少年科技站、科技馆等156家。

东莞市落实政府管理职能，从2004年开始实行镇（街）、社区（村）、企业、学校、医院五个类别的基层文化建设考评，以市委市政府名义挂牌表彰。东莞市图书馆、群艺馆和长安、常平、厚街、凤岗等文化站设施面积为全省之冠，公共文化设施的现代化大大提升了全市公共文化服务水平。

2012年东莞市又制定"文化惠民"工程村（社区）"五个有"项目建设基本标准，即每个社区（每千户以上的居民小区）要建有一个文化室，文化室面积不低于200平方米，配备投影仪、卡拉OK等多种器材的多功能活动室；有一个面积不少于60平方米的图书阅览室，图书室藏书2000册、期刊30种、报纸20种；有一个建筑面积不少于1000平方米的文体广场，配有200平方米带灯光、音响设备和飘蓬的舞台和灯光球场，有一个面积不少于40平方米的文化信息共享工程服务网点，并有一定数量的文体健身活动设备、器材。通过逐个社区逐项抓落实。东莞市于2013年被评为全国公共文化服务示范区。

深圳市福田区用三年时间，投入13亿元资金建设文体设施建设"一公里文化圈"，让居民出户一公里内就能享受到公益性文化设施体系的服务，全区规划建设7个文化馆、8个街道文化站、16个文化广场、54个图书馆（室）；此外，还建设了3处集健身、休闲、娱乐为一体的文体公园。区政府每年给每个街道文化站文化事业费50万~60万元，给每个社区图书室8万~12万元的工作经费。

中山市24个镇区文化站全部被评为省特级文化站，成为全省首个文化站全部达省特级的地级市。该市用三年时间，实现了全市村（社区）文化室全覆盖，2008年起市、镇区、村三级共同投入6255万元（不含基本建设），平均每个文化室22.5万元。到2010年已全部完成278个行政村文化室建设。

但是，有些地区的公共文化服务体系建设还存在"四个不相适应"：一是对公共文化建设重要性的认识与当今国内外文化发展的趋势和要求不相适应；二是公共文化发展步伐与我省经济社会发展水平不相适应；三是公共文化产品供给水平与人民群众的精神文化需求不相适应；四是公共文化服务体制机制与文化创新的要求不相适应。

有些文化馆站在馆舍开放、为公众提供公共文化服务等方面和公共图书馆相比，仍有一定的差距。有些地方的群艺馆，文化馆、站为公众开放的时间不足，或开放时间没有与当地公众工作学习时间错开；工作人员作息时间机关化，造成节假日馆门紧闭；有的馆站办公用房严重超标，挤占了向公众开放的用房面积；有的馆缺乏群众参与的活动项目等，影响了公共文化服务功能的发挥，今后还需继续努力。

六、建设公共文化服务体系的几条措施

1. 管好用好公共文化设施

公共文化设施是开展公共文化服务的重要载体和思想文化建设的重要阵地，是公共文化服务体系建设的基础，包括公共图书馆、文化馆（站、室）、博物馆（纪念馆）、美术馆、科学馆（科学中心）、体育馆、影剧院、音乐厅、文化广场、文物保护单位（面向公众开放的）、青少年活动中心、老年活动中心、广播电视网络、互联网公共信息服务点和卫星接收设施公共服务管理系统等。

为促进基层落实建设公共文化设施，2006年国家文化部制定的《文化馆管理办法》中增加"城市街道办事处、农村乡镇必须设立建筑面积500平方米以上的街道（乡镇）文化站"。根据文化部要求：全国要实现县有文化馆、图书馆，乡镇有综合文化站，行政村有文化室，争取达到"一乡一站、一村一室、一人一册"的目标。

有了公共文化设施，关键要管好用好发挥效益。国家文化部为促进各地管好用好文化设施，制定了《文化馆评估定级标准》专门规定馆内常设项目开放时间（不含培训）每天不能低于4小时。业务人员深入社区和农村培训、辅导、调研每年不低于36天。文化馆要公示文化服务内容，馆内活动公众参与人次受益率不能低于15%，馆外活动则不低于20%。

广东省文化厅曾经就群艺馆、文化馆盘活资源，管好用好现有设施，加强公共文化服务提出五点要求：比如要减少办公用房面积，按文化体育设施条例，办公用房不得超过馆舍总建筑面积的10%，完善馆舍阵地的功能布局，必须有全国文化信息资源共享工程投影室、展览厅、老年活动室、未成年人活动室四个必设项目及各艺术门类的活动场所。

要求将馆舍内部功能设置、活动项目、服务内容和开放时间向社会公开、公示。合理安排好工作时间。馆舍每周面向群众开放时间不得低于48小时。国家法定节假日和学校寒暑假期间，要适当延长开放时间。因维修等原因需要暂时停止开放的，应当提前7天向公众公示等。

国家文化部和省文化厅作出以上规定，从活动项目设置到开放时间都提出了具体要求，目的就是要促进各地充分利用好现有公共文化设施，避免闲置，使公共文化设施发挥它的功能效益。

2. 建立健全基层文化队伍

要构建公共文化服务体系，保障人民文化权益，必须使全省每个乡村（社区）的文化都活跃起来。搞好群众文化活动必须有人有队伍。这就要下功夫建设好群众文化基本队伍。每个社区要依托文化站、文化室，建有专职的公益性文化服务工作队伍、兼职的社区文化辅导和各机关、企业和居民自治的群众业余文艺团队三个层次的骨干队伍。

组建社区文化活动队伍时，要结合当地居民的爱好，每个社区要组建如戏剧、曲艺、音乐、舞蹈、文学、美术、书法、摄影、棋类、球类、读书、集邮、插花等文艺团队、文

体协会、读书小组、兴趣小组等不少于 4 个，才能推动社区文艺创作和文化活动的全面开展。

3. 创新手段丰富群众文化活动

群众文化活动是构成公共文化服务的核心和基础。要实现人民群众文化权益，必须通过丰富的群众文化活动来体现。

在群众文化活动中人民兼有文化创造者和享有者的双重身份。广泛开展群众文化活动，文化成果才能得到更广泛的推广，文化价值才有可能被全社会所接受，文化意识才能得以普及。

随着时代的前进和群众文化需求的日益增长，要保障人民群众文化权益，必须要运用丰富多样的载体和生动活泼的形式开展社区文化活动，现在我省有不少群众，尤其是离退休的老年人，自发地在公园里唱歌、跳舞，那种热情简直令人感动。

不少基层组织搞起了合唱团，舞蹈团，有的还聘请了专业指挥去训练。很多大专院校、中小学都组织了各类乐队与合唱团，很多幼儿园积极培养孩子从小就具备良好的艺术基础。政府文化部门应该多支持这些群众文化组织，给他们搭建平台，提供机会展示艺术才华，吸引群众在广泛参与文化活动的过程中提升精神境界。

4. 抓好群众文艺创作，发动群众参与文化创造

抓好群众文艺创作是建设公共文化供给体系提供文化产品的重要生产环节。

一个时期文化的积淀，最终的成果是凝聚在文化的精品和传世之作上，社会主义文化的大发展、大繁荣的重要标志之一就是文艺作品不断涌现。

群众的精神文化需求是不断变化增长的，如果我们开展这样那样的活动，演来演去就那么几个节目，没有新作品，没有新演员，群众就会不满足，所以，群众文艺创作要常抓不懈。公共文化单位要加强与文艺爱好者的联系，下功夫发动群众参与创作，与时俱进，不断推出新的文艺作品。

5. 文化工作者要提高开展公共文化服务工作素质能力

文化的繁荣发展是一代又一代文化工作者辛勤努力、默默耕耘的结果。全省文化事业单位的干部职工一定要从战略高度深刻认识建设公共文化服务体系，保障人民群众文化权益的重要性，深刻认识肩负的光荣使命，树立良好的精神状态，不断提高开展公共文化服务工作的素质。打造一支特别能吃苦、特别能战斗、特别能为保障人民群众文化权益做奉献的文化队伍。

文化工作者要大力弘扬四种精神

一是大力弘扬主动进取的精神。文化强省建设给文化发展带来了难得的历史机遇，给文化工作者提供了大显身手的广阔舞台。文化工作者要抓住机遇，积极向各级党委政府主动请缨、出谋划策、争取任务、勇挑重担，把公共文化服务工作推上新水平。

二是大力弘扬开拓创新的精神。要敢于打破陈规陋习，突破条条框框，在文化发展的各个领域大胆创新，探索推动公共文化服务体系建设的新思路新举措，不断破解制约公共文化服务发展的难题。

三是大力弘扬争先创优的精神。文化事业单位作为党委宣传系统的重要组成部分，作为政府的一个重要工作部门，要以争创一流的精神，扛起文化强省建设的大旗，发挥公共文化服务体系建设生力军和突击队作用。

四是大力弘扬真抓实干的精神。文化工作者要大兴求真务实之风，力戒浮躁，凝神聚气，沉下心来，执着追求，当好人民的公仆。争取在公共文化服务体系建设中有所突破、有所建树，为保障人民群众文化权益作出更大的贡献。

思考题

1. 什么是公共文化服务体系？
2. 什么是公民文化权益？
3. 构建公共文化服务体系要建好哪几个子体系？
4. 建设公共文化服务体系有几条主要措施？

第四章 文化事业管理干部应具备的素质和能力

一、文化事业管理的含义

(一) 什么叫管理

"管理"一词，从字面上讲，就是"管辖"、"处理"的意思，管理学中所讲的管理是指人们为了达到某一共同目标，有意识、有组织、不断地进行的协调活动，管理是产生于共同劳动之中，是社会分工与生产专业化发展的产物。

管理问题，举世瞩目。它是社会活动中非常重要的理论和实践问题。随着科学技术和生产力的发展，人民清楚地看到，人类的生存与交往、社会的发展与进步、国家的繁荣与昌盛、企业的前途与命运、军队战斗力的巩固与提高，凡此等等，无一不与管理问题息息相关。

一个国家管理水平的高低，能够反映这个国家的生产力和科学技术发展水平，并直接影响其经济建设的速度。国外，有人把科学、技术和管理称为现代文明的三鼎足，把科学技术和科学管理看作是推动经济高速发展不可缺少的两个车轮。主张三分靠技术，七分靠管理，这些见解是有一定道理的。

(二) 什么是文化管理

我国的文化管理是改革开放后根据社会发展形成的，大致分为文化事业管理、文化市场管理和文化产业管理。

1. 文化市场管理

所谓文化市场，是指按价值规律进行文化艺术产品交换和提供有偿文化服务活动的场所，是社会主义文化艺术产品生产和消费的中介。文化市场管理，是指国家文化行政部门，在有关行政主管部门（公安、工商、税务、物价、城管等）支持配合下，对文化产品的生产、经营、销售以及劳务服务等活动和经营性文化单位，进行引导、规划、组织、调控、激励、监督的行为。

2. 文化产业管理

文化产业是指从事文化生产和提供文化服务的经营性行业。文化产业的范围是以"文化创意"为核心，通过技术的介入和产业化的方式制造、营销不同形态的文化产品的行业。

国家统计局将以下8类列为"文化产业"的范围：①新闻服务；②出版发行和版权服务；③广播、电视、电影服务；④文化艺术服务；⑤网络文化服务；⑥文化休闲娱乐服务；⑦其他文化服务；⑧文化用品、设备及相关文化产品的服务。文化产业的管理以"创新体制，转换机制，面向市场，增强活力"为重点，发挥市场机制对文化资源配置的重要作用。

3. 文化事业管理

党的十六大把文化领域明确区分为文化事业和文化产业，指出大力发展文化事业和文化产业。我国进行的文化体制改革，把文化事业和文化产业区分开来，并在战略上形成"两手抓，两加强"的思路，即一手抓文化公益性事业，一手抓文化产业，抓文化事业重点放在："增加投入、转换机制、增强活力、改善服务"，完善公共文化服务体系。

其实，文化事业和文化产业是两个不同的概念。

文化事业是指以继承和弘扬优秀传统文化，吸收和同化优秀域外文化，丰富和提高人们的审美水平、思想觉悟、道德素养和才智能力，纯化和优化社会风气、生产秩序、行为规范与价值取向，并能给人的全面发展和社会的全面进步提供精神动力与智力支持为目的的文化建设。

文化产业则主要是指按照经济法则和价值规律，采取规模化生产和市场化运作的方式，以赚取利润和发展经济为目的的文化生产与文化消费活动。

按照把社会效益放在首位，实现社会效益和经济效益的统一，把文化发展的着力点放在满足人民群众精神文化需求和促进人的全面发展上的原则，根据文化行业的特点，国家近年来进行的文化体制改革把图书馆、博物馆、美术馆、文化馆（站）等列为公益性文化事业，明确要加大公益性文化事业的扶持和投入。

作为社会宏观综合管理活动组成部分的文化事业管理，特别是社会文化事业的管理，它包括了文化活动管理、工作管理和事业管理。

文化事业的管理是为了使文化事业机构、设施、工作和文化活动能够合理、高效的运行而有意识采取的管辖、控制活动。群众文化管理是一个过程，它表现为：在一定的时间、空间内，根据管理的目标，通过一定的方式把人力、物力、财力、时间、设施等管理基本要素组成一个有机的系统，在对这个系统内部的信息进行传递、交换、协调和控制的同时，保持与外部条件的相对平衡，以获得最佳的社会效益，从而达到实现管理目标的目的。

二、文化事业管理干部的作用和条件

文化事业管理干部在文化事业管理中的作用是十分重要的。文化事业管理干部的思想水平、政治觉悟、专业业务能力等，直接影响着整个文化事业的管理水平。

文化事业管理人员作为一种社会职业，有的是在党政部门，群众团体，社会文化工作机关单位担任公职，代表党和国家运用所赋予的权力，从事社会文化管理活动。有的虽然不在党政文化工作机关和单位供职，但受雇于相关文化工作部门和单位，进行社会文化管理活动。均身负社会主义文化事业管理的重任，是群众文化活动、群众文化工作、群众文化生活的组织者、领导者、指导者。随着我国人民群众物质生活的不断提高，科学技术的进步和发展，社会文化管理的任务也日益复杂、艰巨。社会文化管理人员的责任也越来越大，越来越重，要求也越来越高。

社会文化事业管理人员的作用，决定了社会文化管理人员必须具备一定的条件。首先，由于社会文化管理是一门专业，因此，作为社会文化管理人员必须要有一定的管理知识。社会文化管理专业，它领域广，内容庞杂，管理项目繁多，相比之下，管理人员却是比较少的，根据分工的不同，有的是工作管理，有的是业务管理，这就决定了对管理人员的要求和条件也不同。如在编的国家群众文化工作人员，尤其是那些担任社会文化工作的领导干部，对他们的要求则更严一些，条件更高一些。

我们党在新的历史时期以及现代化建设的需要，对国家工作人员提出实现革命化、年轻化、知识化和专业化的要求，这一要求同样适用于从事社会文化事业工作的人员。

党中央提出的干部队伍"四化"的要求，是一个完整的要求，具体到文化战线，就是要建立一支又红又专的社会文化管理队伍。这支队伍应该是革命化、年轻化、知识化和专业化的精壮大军。

革命化：是指文化事业管理干部要坚信马列主义、具有高尚的共产主义道德品质，旺盛的革命精神和正派的作风，能坚持社会主义道路，服从党的正确领导，坚持实事求是的思想路线，坚决贯彻执行党和政府制定的大政方针和有关社会文化的指示、规定、方针、政策等。

年轻化：更有特殊意义，一方面社会文化工作本身具有生气勃勃、生动活泼的特征，另一方面是社会文化工作和管理的对象主要是青年人和儿童。年轻化的管理队伍将发挥更有利的作用。

知识化：管理干部队伍的知识化，对社会文化管理人员来说更是不可缺少，很难设想，没有一定文化知识的人能够管理好社会文化。

专业化：社会文化管理人员的专业化，就是要求各级社会文化工作和管理人员，都必须是工作和管理的内行，根据不同层级的要求，至少应该是称职和胜任本身所担负的工作。起码也应当要具备如下主要条件：如相应的学历和学力，能够总结社会文化专业知识和实践经验，并能用观察、分析、解决工作中所遇到的各种复杂的专门问题等。

三、文化事业管理干部应具备的素质

大至国家、民族，小到行业、单位，都需要有尽可能多的能够担当重任的人，带动、号召和团结其他群众为共同目标奋斗，每一位领导管理者，必须首先是一个能够担当重任的人，文化管理干部也一样，要独当一面。

为什么这样说呢？

邓小平同志曾经指出："现在我们国家面临的一个严重问题，不是四个现代化的路线、方针对不对，而是缺少一大批实现这个路线方针的人才，道理很简单，任何事情都是人干的，没有大批人才，我们的事业就不能成功。"

文化事业干部是我国文化事业机构中必须独当一面的管理人员，他们应当是既懂得艺术规律、经济规律、思想政治工作规律，又具有现代科学知识和群众文化管理技能的通才。要当好一位合格的文化事业管理者，必须具备如下的素质。

1. 政治素质

一个文化事业管理干部，必须拥护党的路线、方针，热爱社会主义，能够和党中央保持政治上的一致，坚持实事求是的思想路线，坚持发扬党的优良传统和作风，敢于和善于同各种错误倾向作斗争，坚决贯彻执行党的文化工作方针、政策。忠实地执行包括有关文化法规在内的党和国家的法律、法规，对人民负责，做人民的公仆，全心全意为人民服务。

党的十六大指出："当今世界，文化与经济和政治相互交融，在综合国力竞争中的地位越来越突出。文化的力量，深深熔铸在民族的生命力、创造力和凝聚力之中。"我国建设的有中国特色的社会主义先进文化是以马克思主义为指导，以培育有理想、有道德、有文化、有纪律的公民为目标，发展面向现代化、面向世界、面向未来的，民族的科学的大众的社会主义文化。根本任务是在全社会形成共同理想和精神支柱。

文化事业管理干部要能贯彻执行党中央的精神，把握好先进文化建设的前进方向。

文化事业管理人员，比起其他事业单位的工作人员来，有自己的特殊要求，这就是既要有组织协调能力，又要有一定的文化艺术业务专长，还要会搞经营管理。尤其是文化馆长、站长是具体的组织者和领导者，他要负责贯彻执行党的文艺方针政策，坚持"两为"方向，"双百"方针，做好馆（站）的思想政治工作，负责制定计划，安排工作，布置和检查各项活动，努力完成上级交给的任务，定期向党委和文化主管部门汇报工作；负责建立和监督实施各项规章制度，管好馆（站）内人、财、物，组织辅导基层群众文化组织，不断提高活动质量，发挥文化馆（站）在社会主义精神文明建设中的作用。

这么多的工作职责，要求我们的文化事业管理干部必须对文化事业有强烈的事业心、责任感。根据多年来的实践，凡是办得好的文化事业单位，他们的管理干部共同特点是：

（1）有艰苦创业思想。为了工作不怕苦、不怕累、不怕牺牲个人的利益，有献身精神。能正视困难，在条件不好、经费不足、阻力较大的情况下，努力拼搏，变被动为主动，工作搞得有声有色。

（2）有强烈的事业心。努力学习文化艺术、科学知识，认真钻研业务，不断提高自己的业务技能和工作本领。

（3）有高度的责任感，强烈的进取心、凝聚力，他们像一团火，到哪里开展工作，哪里就会热气腾腾。

（4）有紧密依靠领导和群众的好作风，当好党委、政府的参谋，取得群众的支持和信任。

2. 业务素质

文化事业管理，具有很强的专业性。它要求其管理干部应是文化专业的内行。作为一个文化事业管理干部，必须面对全局，贯串上下左右，进行综合性和科学性的领导和管理。要做到这一点，就要求管理者具有丰富的科学文化知识，社会文化专业知识和管理知识。管理干部应该要渴求知识、尊重知识，并努力把知识转化变成发展社会文化事业的力量。

社会文化工作的业务是综合的，而一个干部不可能样样都精通。因此，对社会文化管理干部的业务要求，应是一专多能。

一专：就是要求每一个文化管理干部，根据工作需要和分工，在某一项业务上要有较高的水平，能够独立地担负起开展这一项群众文化业务活动的任务。

多能：就是要懂得基本的文艺理论；懂得开展群众文化活动的基本方式方法；对群众文化工作的各项业务都具有一点基本知识。这样，"一门精、门门懂"，就能成为既能全面开展工作，又对某项业务具有一定专长的管理干部。

在业务建设中，社会文化事业要培养自己的专家。群众文化作为一项事业，应该有自己的专家。国家文化部制定的群众文化职称评选办法明确群众文化干部经过考核、评议，授予以下职称：高级研究员（相当于教授），副高级研究员（相当于副教授），中级馆员（相当于讲师），初级馆员和辅导员。

给予文化管理人员评定职称，这不仅有利于增强群众文化干部的信心，调动积极性，也有利于提高群众文化工作的地位，促进群众文化事业的发展。

为了提高业务素质，文化事业管理干部要加强业务知识的学习和提高，主要包括：

（1）党对文艺工作的方针政策和文学艺术的基本理论知识的学习。

（2）各种文化艺术活动，如戏剧（曲）、曲艺、音乐、舞蹈、美术、摄影、文化宣传等的基本知识和技能的学习。

（3）群众文化艺术活动的方式方法和活动规律的学习和研究。

3. 精神素质

作为一个文化事业管理干部来说，具有什么样的精神素质对于文化事业的发展非常重要。

新时期的文化事业管理干部应当具备实事求是，解放思想，敢于改革，勇于创新，在开拓中前进，在艰难中攀登，勇敢地带领广大文化工作者去开创社会文化工作新局面。

精神素质好的文化事业管理者，应该是宽宏大量，胸怀坦荡。善于听取各方面意见，并且真正做到对于逆耳忠言能"容"；对于确实能干的人能够"唯才是举"；团结大多数，搞"五湖四海"，不拉山头，不搞团伙，不轻易伤害人。

精神素质好包括要有很强的群众观点，因为社会文化工作是一种服务性很强的工作，工作面比较宽，工作项目比较繁杂，相对来说，工作难度也比较大，工作中求人的时候多。文化事业管理干部比起有权有钱的单位来说，更加需要不怕牺牲，勇于献身的精神，有时候甚至要不惜忍辱负重，委曲求全，只有这样，才能有威信，受拥护，才能对社会文化事业的发展做出更大的贡献。

4. 作风素质

作风素质对于文化事业管理干部来说，直接关乎管理工作的成败。在社会主义国家，包括党政领导、管理干部及文化单位工作人员，都是人民的公仆，其职能就是为人民服务，而服务就要和人民群众保持最密切的联系。

社会文化工作、社会文化管理就是群众工作的一部分。如何通过工作不断满足人民群众精神文化需求，保障人民群众基本文化权益，是文化工作所特有的内容。我们的管理干部就更需要发扬民主作风，处理好与人民群众的关系。处理好上下级的关系，注意调查研究，了解真实情况，掌握第一手资料，作出正确结论。

每一位文化事业管理者，还必须是一个能够担当重任，身先士卒，处处以身作则的人，要人家做到的，你自己先做到，能够体谅下属，包容别人，在单位中创造和谐干事的氛围，引领大家共同应对各种挑战，共同创造美好未来。

四、文化事业管理干部应掌握的能力

文化事业要充分发挥功能效率，就要有一批合格、有能力的文化管理干部。

什么是能力？能力是指人们能够顺利地完成某种活动的心理特征。能力是顺利完成某种活动的条件，并且表现在掌握活动所必需的知识、技能和熟练程度的差别。能力有先天的素质，有些是无法培养的（如歌唱），有后天的开发。但是，后天的不断学习和开发是最重要的。

那么，要当好文化管理干部应具备哪些能力呢？

1. 专业能力

文化事业单位是专门从事群众文化工作的专门机构。其管理干部必须掌握（精通）一门或多门群众文化专业知识，群众文化专业指的是群众文化的领导、组织、辅导、理论研究知识，文化事业管理干部应当熟悉分管的专业业务知识。成为熟知业务的专家，除了必须学习已有的群众文化理论外，还要掌握马列主义的基本原理，有一定的历史知识，懂一点文化学、文艺学、教育学、管理心理学和法学知识等。

2. 决策能力

决策能力是指从事群众文化领导工作的管理人员，能够从许多个为达到同一目标的行动方案中选定最优方案，并作出决策。这种决策能力是需要诸如综合分析能力，逻辑判断能力以及创造能力等多种能力组成的。因为，如果你缺少综合分析能力，就分不清主次，抓不住关键，权衡不了得失；若缺少逻辑思考能力，就很难判断事物的因果关系，尤其是遇到无法从容协商的紧急问题的时候，就会无所适从。

3. 管理能力

管理能力也是一种多种能力的综合体。它包括计划、组织、用人、控制、激励、协调等多种能力。

文化事业的管理能力体现在管理方法中，没有科学的方法，就不可能有科学的管理。社会文化的管理方法，是指一定的社会文化组织或个人在文化管理中所采取的措施或办法，这种措施或办法，具有一定的策略性、技术性和艺术性。

如果把管理比作为战略的话，那么，管理方法就是为完成文化事业管理任务所采取的措施或方法，措施是否得力，方法是否对头，对于一个单位或个人来说，就是一种工作能力的标志。

近年来我省恢复的醒狮会、庙会、风筝会、灯会、民间艺术节等带有比赛性质，内容涉及文化、宗教、商业、旅游等方面的文化活动，对这些活动的管理，有的人显得有点"怵"，这是因为心里没底。因此，基于形势发展和业务需要，我们就必须丰富中、外文艺知识；进一步深入研究民族民间的文艺活动，强化训练，以提高和完善自身应变能力，其中，尤其要在继承、发展、积极弘扬我省优秀民族民间艺术方面做出应有的贡献。

为了提高新时期的文化事业的管理能力。需要文化管理干部努力学习可供借鉴和应用的"行为科学"、"领导科学"、"管理心理学"、"文化社会学"等科学管理知识，因为这些科学都是考察和开发人力资源的科学，研究人们在实现特定目标和群众活动中的规律，强调重视人的因素，尽快掌握专业知识和现代科学管理知识、方针和手段，进而具有现代科学管理能力。这与新形势下的管理职能需要有极大的相通之处。融会贯通之后，会获得事半功倍的效果。

4. 预见开发能力

文化事业管理干部的预见能力是建立在善于根据所掌握的信息，全面系统地考虑问题，善于进行推理和反证，特别是具有从宏观角度把握微观问题的趋势，从综合的角度分析各方面问题的能力，能够看得远，看得准。

文化事业管理干部的开发能力主要就是具有创造性，善于根据党和国家的群众文化方针，从实际出发，设计自己所领导的部门、单位工作、管理、发展的方案，善于不断提出新的奋斗目标，使自己所领导的下属人员经常面临具有挑战性的任务。

这种预见、开发能力，在日常组织、策划、管理大型群众文化活动和构建公共文化服务体系工作中尤其重要。它能使文化事业管理在人力、物力、财力各方面都能够在经济节约的情况下圆满完成任务，减少各种事故的发生和违反社会公德等破坏现象的发生，使文化事业管理渠道畅通。

5. 公共关系、应变能力

从发展的眼光看，文化事业管理今后将越来越多的需要协同各部门来组织各项活动。因为文化事业管理本身是一种主观行为表现，要完成特定的管理目标，必须依靠他人的配合，这就急需我们要掌握一定的公共关系知识，具备公共关系能力。

公共关系，对外下的定义是："争取对你有用的朋友"，"评价群众的态度，使个人或机构的政策和工作程序与群众的利益相符合。以及采取某种计划，以争取群众的了解和接受的功能"。

公共关系是一种管理的职能，它通过有计划的调查、沟通、传播等工作，目的在于取得社会公众的了解、信任和支持，运用它可以树立文化事业单位的良好形象。

文化事业管理干部掌握了公关知识，就可以与工作相连的纵横系统，建立思想的"协调关系"。特别是协调好与上级的（尤其是当地"块块"领导）关系，使各级领导了解文化工作性质的重要性和可行性，取得帮助和支持，为达到预定的管理目标减少不必要的阻力，在目前我国还没有文化立法的状况下，可以获得事半功倍的效益。这种效益已被实践所证明，那些办得出色的文化馆（站），其管理干部一定具有较强的协调能力，他们能运用比较有效的方式方法，使上级、同级理解和支持自己正在做的事情，争取领导，依靠群众办好文化馆（站）。

6. 获取信息和反馈能力

文化事业单位的工作目标是要提高人民群众的文化素质和精神境界。这就要根据不同层次的群众的不同要求，采用形象和逻辑的、单一的与综合的内容形式，不断更新活动项目，以满足群众的需要。这种不同层次和不同需求，必然要求文化管理干部要掌握大量的信息，经常对此进行分析，作出判断，以便采取措施，组织活动。

信息是管理的基础。就文化事业的全部管理工作来说，其本质也就是信息的收集、整理、制造和传输的过程。由于社会的不断运行，未来的局势和趋势是世界面临一场新的科技革命，因此，信息在今后的文化管理工作中必将会越来越重要。

不断更新知识，输入和传播信息是做好文化管理工作的前提。我们的社会以日新月异的速度在前进，信息是有"寿命"的。如果文化管理干部长期处于封闭状态，对群众有什么新需求，周边地区的群众文化活动、设施、项目、文艺创作有什么新变化，反馈比较迟钝，老是与形势"慢半拍"的话，就很难谈得上有创造性地开展社会文化工作了。所以，增强信息意识，追求信息知识，充分获取、处理、利用信息，有助于提高和完善自己的管理能力、探索能力和科学应变能力。

管理，是社会分工与生产专业化发展的产物。作为社会宏观综合管理活动组成部分的文化事业管理，在科学技术飞跃发展的当今，生活水平的迅速提高，激发了人民群众文化创造的热情，促使群众文化产品的社会需求不断增长，这就要求群众文化生产力要有相应的提高，才能满足人们的物质生活和精神生活的需求。而群众文化生产力的增长，决不仅仅是增加资金投入，同时也需要管理水平有相应的提高，需要新的管理手段加以统摄。加强文化事业的管理是我国文化事业迅速发展的必然要求。我们期望有更多的高素质人才走进文化事业管理的行列，促进文化事业的更大的发展，更大的繁荣！

思考题

1. 什么是文化事业管理？
2. 文化事业管理干部有什么作用？
3. 文化事业管理干部应具备哪几种素质？
4. 文化事业管理干部应掌握哪 6 种能力？

第五章 文艺创作常用知识

随着改革开放的深入发展,群众文化工作已经成为整个文化工作的基础性工作。群众文艺创作作为一个涉及多种艺术门类综合性的创作,是群众文化工作的一项重要手段。广东要实现文化强省的建设目标,必须要出一流的文化精品,拔尖的文化人才,就要把群众文艺创作作为文化强省建设中的一项主要业务,列入工作日程认真抓好。

抓好群众文艺创作同时是建设公共文化供给体系提供文化产品的重要生产环节。作为文化事业单位,要发挥艺术创作的旗帜、表率、引领作用,把创作和演出作为核心功能。努力创作出人民群众喜爱的思想性、艺术性、观赏性俱佳的精品力作。

抓好群众文艺创作是文化事业管理的重要内容。作为文化事业管理者,必须先了解文艺创作的常识,把握文艺创作的规律,练好基本功,才能把群众文艺创作搞好。本章专门介绍文艺创作常用知识如下。

一、文 学 类

1. 文学

文学是以艺术语言为手段,形象地反映社会生活、表达思想感情的一种社会意识形态,又称"语言艺术"。它通过形象的美感作用对读者产生潜移默化的影响,并反作用于社会生活。在阶级社会里,文学带有一定的阶级性。

文学的分类,一般有三分法和四分法两种,即分为叙事文学、抒情文学和戏剧文学三种,或分为诗歌、散文、小说、戏剧四种体裁。前者是以作品的性质不同来区分,后者是以作品的形成不同来区分。我国比较普遍采用的是四分法。

2. 小说

小说是以刻画人物为中心,通过完整的故事情节和具体的环境描写来反映社会生活的一种文学体裁。小说有三个要素:人物、故事情节、环境(自然环境和社会环境)。小说反映社会生活的主要手段是塑造人物形象。小说中的人物,我们称为典型人物;这个人物是作者根据现实生活创作出来的,他不同于真人真事,"杂取种种,合成一个",通过这样典型的人物形象反映生活,更集中、更有普遍的代表性。小说塑造人物的手段可以是概括介绍,可以是具体的描写,可以写人物的外貌,也可以刻画人物的心理活动;既可以人物的行动对话,也可以适当插入作者的议论;既可以正面起笔,也可以侧面烘托。小说主要是通过故事情节来展现人物性格、表现中心的。故事来源于生活,但它通过整理、提炼和安排,就比现时生活中发生的真事更集中,更完整,更具有代表性。

小说以篇幅长短和容量大小分为长篇、中篇和短篇三种样式。中国古典小说的四大名著是：《三国演义》（罗贯中）、《水浒传》（施耐庵）、《西游记》（吴承恩）、《红楼梦》（曹雪芹）（据传是20世纪50年代人民文学出版社出版这四部名著的时候定名为四大名著，从此定名）。这四部著作历久不衰，是汉语文学中不可多得的作品。其中的故事、场景，已经深深地影响了中国人的思想观念、价值取向。四部著作都有很高的艺术水平，细致的刻画和所蕴含的思想都为历代读者所称颂。

3. 散文

散文是与诗歌、小说、戏剧并称的一种文学体裁，指不讲究韵律的散体文章，可以抒情，可以叙事，可以夹叙夹议，或者以物论事，以事系人，托人言志。根据内容性质不同，散文可分为抒情散文、叙事散文和论说散文；根据表现形式不同，又可分为杂文、小品文、游记、随笔、回忆录等多种样式。

现代散文形散而神不散，有一个明确的主旨贯串全文，如以写人记事为主的散文。这类散文对人和事的叙述和描绘较为具体、突出，同时表现作者的认识和感受，也带有厚的抒情成分，字里行间充满饱满的感情。叙事散文侧重于从叙述人物和事件的发展变化过程中反映事物的本质，具有时间、地点、人物、事件等因素，从一个角度选取题材，表现作者的思想感情。例如：鲁迅的《藤野先生》、吴伯萧的《记一辆纺车》、朱德的《母亲的回忆》。根据该类散文内容的侧重点不同，又可将它区分为记事散文和写人散文。偏重于记事的散文以事件发展为线索，偏重对事件的叙述。它可以是一个有头有尾的故事，如许地山的《落花生》，也可以是几个片断的剪辑，如鲁迅的《从百草园到三味书屋》。在叙事中倾注作者真挚的感情，这是与小说叙事最显著的区别。偏重于记人的散文，全篇以人物为中心。它往往抓住人物的性格特征作粗线条勾勒，偏重表现人物的基本气质、性格和精神面貌，如鲁迅《藤野先生》。人物形象是否真实是它与小说的区别。

4. 诗歌

诗歌是文学体裁的一种。它要求以高度凝练的语言，形象地表达作者丰富的思想和感情，集中地反映社会生活，并有一定的节奏韵律。它要求高度集中地概括、反映社会生活，饱含着作者丰富的思想感情和想象，语言精练而形象性强，并具有一定的节奏韵律，一般分行排列。它在各种文学体裁中出现最早。中国古代，讲不合乐的称为诗，合乐的叫作歌，现在一般统称为诗歌。诗歌的分类，以表现形式分，可分为格律诗、自由诗、散文诗等；以叙述内容的方式分，可分为抒情诗和叙事诗。从格律上看，大致可分为近体诗和古体诗两类。近体诗又叫今体诗，它有一定的格律。古体诗一般又叫古风，这是依照古诗的做法写的，形式比较自由，不受格律的束缚。从诗句的字数看，有所谓四言诗、五言诗和七言诗。四言是四个字一句，五言是五个字一句，七言是七个字一句。唐代以后，四言诗很少见了，所以通常只分为五言、七言两类。五言古体诗简称五古；七言古体诗简称七古；三五七言兼用者，一般也算七古。五言律诗简称五律，限定八句四十字；七言律诗简称七律，限定八句五十六字。超过八句的叫长律，又叫排律。长律一般都是五言诗。只有四句的叫绝句；五绝共二十个字，七绝共二十八个字。绝句可分为律绝和古绝两种。律绝要受平仄格律的限制，古绝不受平仄格律的限制。古绝一般只限于五绝。"现代诗"名称，开始使用于1953年纪弦创立"现代诗社"时确立。现代诗的含义：

（1）形式是自由的。
（2）内涵是开放的。

（3）意象经营重于修辞。

5. 报告文学

报告文学，又称为"文学报告"或者"文学新闻"，是一种以文学手法及时反映和评论现实生活中真人真事的新闻文体。作为一种介于通讯和小说之间的文体，它的特点是新闻性、文学性和政论性。

19世纪的晚清，报纸登陆中国，散文与新闻相结合的产物——报告文学才开始孕育。鸦片战争之后，出现了第一批初具报告文学雏形的作品，但只是到了梁启超的《戊戌政变记》才明显具备了报告文学的基本特征。梁启超之后，报告文学作品慢慢多了起来。

五四运动为中国的思想、文化带来深刻的变革，报告文学在题材和思想内容上取得了巨大突破。冰心、瞿秋白、梁启超、鲁迅、柔石、谢冰莹和文学研究会的诸作家都积极写作报告文学。除坚持一贯的爱国主义精神的宣扬外，同情人民生活疾苦、揭露帝国主义和封建军阀罪恶、寻求中国出路、赞扬苏俄革命、表现北伐革命等思想内容更多地表现在他们的作品中。作者们多以亲身经历的事件为素材，作品的抒情性大为增强。到这时，作者们尚没有文体的自觉性，"报告文学"这一名词直到1930年才正式被引进。

1932年阿英选编的《上海事变与报告文学》是第一部以"报告文学"命名的作品集，对"报告文学"这一新兴体裁的发展起到了积极的推动作用。

6. 民间文学

民间文学是指群众集体口头创作、口头流传，并不断地集体修改、加工的文学，是与作家文学相区别的劳动人民的语言艺术。它是文学艺术的一个重要组成部分，而且是最古老、最具群众性的文学。它直接反映了劳动人民的愿望、要求和理想，表达了劳动人民的思想感情和意志，有的亦受到统治阶级的思想影响。健康、优秀的民间文学对各个时代文学的发展往往起到推动和促进作用。民间文学作品按体裁分，可归结为三大类：

（1）民间故事。包括神话、传说、生活故事、寓言、童话、笑话等散文作品。
（2）民间诗歌。包括民歌民谣、谚语、民间长诗、绕口令、谜语等韵文作品。
（3）民间曲艺和戏曲。民间曲艺又包括评书、鼓词、弹词、快板、相声、快书等多种说唱文学形式。

民间文学具有集体性、口头性、传统性和变异性等四个主要特征。

所谓集体性，是指民间文学多为集体创作，但并不是你一句我一句凑起来，而是先由个人创作，然后逐渐流传，流传过程就是一个集体创作过程。它是集体智慧的结晶，集体性是民间文学在创作方式上的本质特征。

口头性是传统民间文学最显著的外部特征。长久以来，下层社会的群众多不识字，不能进行书面创作，只能口头创作，口头流传。现在，民间文学的口头性发生了一定的变化，但它并未消失，而且仍然起着重要的作用。

传统性主要是指民间文学在创作原则和体裁、艺术特色等方面具有很大的稳固性。

变异性是指民间文学的变异是有规律的，它只能在传统特色的基础上发生渐变，它在内容上可能发生巨变，但在艺术形式上则不会有突然的巨变。变异是在流传过程中发生的。它使民间文学推陈出新，在传统的基础上发展，适应时代要求，跟随历史前进，它是民间文学创作最具有积极意义的重要特征之一。

二、戏　剧　类

戏剧是集文学、音乐、美术、导演、表演及舞蹈等多种艺术成分为一体，以塑造舞台形象为目的的综合艺术。由编剧艺术、导演艺术、表演艺术和舞台美术构成。戏剧分类如下：

1. 话剧

话剧是以动作和对话为主要表现手段，以反映社会生活为主要内容的新型戏剧艺术。中国的早期话剧于1907年在日本新派剧的影响下产生，当时叫新剧式文明戏。五四运动之后，欧洲戏剧传入中国，兴起了现代话剧，当时称为爱美剧或白话剧，1928年由洪深提议定名为话剧。目前我国大部分省、市都有话剧团。一些地方还出现了方言话剧（如广州话的《七十二家房客》、《外来媳妇本地郎》）、形体话剧、广场话剧等话剧式样。我国优秀话剧剧本甚多，如《雷雨》、《日出》、《家》、《蔡文姬》、《茶馆》等。我国著名的戏剧家有欧阳予倩、曹禺、黄佐临、老舍、洪深、朱琳、于是之、李默然，等等。

2. 歌剧

歌剧是综合音乐、诗歌和舞蹈等艺术，又以歌唱为主的一种戏剧形式。西洋歌剧产生于16世纪的意大利，后逐渐流行于欧洲。其类型有正歌剧、喜歌剧、大歌剧、轻歌剧、乐剧等。我国宋、元以后形成的戏曲也具有歌剧性质。五四运动以后，我国在继承与发展民族音乐的基础上，借鉴西洋歌剧，开始了民族新歌剧的探索。

歌剧的主要特点是运用诗一般的语言，以演员唱歌来表现剧情。通常由序曲、独唱、重唱、合唱、奏曲、舞曲以及念白所组成。世界上第一部抒情歌剧是《欧律狄斯》，剧本是17世纪意大利作家奥塔维奥·里努奇尼根据希腊神话悲剧《俄尔甫斯和欧律狄斯》创作的。我国第一部有影响的新歌剧是《白毛女》，它是在继承民族歌舞和古典戏曲的基础上，又借鉴了西洋歌剧的长处，成功地塑造了杨白劳、喜儿、黄世仁等人物形象，为创造富有民族特色的新歌剧开辟了道路。此后有《洪湖赤卫队》、《江姐》、《党的女儿》等优秀歌剧出现。我国著名的歌剧演员有王昆、郭兰英、王玉珍，等等。

3. 舞剧

舞剧是一种以舞蹈为主要表现手段，并充分发挥音乐、舞台美术（布景、灯光、服装、道具等）的艺术表现能力，具有一定戏剧文学内容的舞蹈作品。由于舞蹈艺术特性的制约，要求在舞剧的选材和舞剧的结构方面，比其他戏剧形式更要具有高度凝练、概括、集中以及强烈、浓郁的抒情色彩。在戏剧情节的发展中，着重于对人物思想感情、精神世界的细致、深刻的描绘。抒发人的思想感情是舞蹈艺术的特长；而舞剧所要表现的戏剧文学内容本身则要求舞蹈的表现手段必须是具有叙事的能力。如著名芭蕾舞剧俄罗斯的《天鹅湖》、我国的《红色娘子军》等，舞剧以抒情和叙事的完美结合和高度统一，形成了舞剧艺术结构的基本特征，也可以说是舞剧的基本创作原则。

4. 音乐剧

音乐剧（英语：Musicaltheater，简称 Musicals），又称为歌舞剧，是音乐、歌曲、舞蹈和对白结合的一种戏剧表演，剧中的幽默、讽刺、感伤、爱情、愤怒作为动人的组成部分，与剧情本身通过演员的语言，音乐和动作以及固定的演绎传达给观众。音乐剧融戏剧、音乐、歌舞等熔于一炉，富于幽默情趣和喜剧色彩。它的音乐通俗易懂，因此很受大众的欢迎。

音乐剧是20世纪出现的一门新兴的综合舞台艺术，集歌、舞、剧为一体，广泛地采用了高科技的舞美技术，不断追求视觉效果和听觉效果的完美结合。同时，西方的音乐剧在百年多的商业表演经验中总结出了一套成功的市场运作手段，并且创作出一系列老少皆宜的优秀剧目，使这一艺术形式突破年龄、阶层等客观因素的局限，广受观众的喜爱。一些著名的音乐剧包括：《奥克拉荷马》、《音乐之声》、《西区故事》、《悲惨世界》、《猫》以及《歌剧魅影》等。

音乐剧在全世界各地都有上演，但演出最频密的地方是美国纽约市的百老汇和英国的伦敦西区。因此"百老汇音乐剧"这个称谓可以指在百老汇地区上演的音乐剧，又往往是泛指所有近似百老汇风格的音乐剧。

随着我国经济的健康快速发展，人民群众对文化娱乐的需求也出现了多元变化，音乐剧这种新的艺术样式很快以其视听兼备、雅俗共赏的特质吸引了一批固定的并且正在不断扩大的受众人群。

5. 京剧

京剧是我国戏曲中最有代表性的一个剧种，有近200年的历史。清代乾隆年间，原在南方演出的三庆、四喜、春台、和春四个徽班相继被调进京城演出，同来自湖北的汉调艺人合作，以徽调的二黄和汉调的西皮为基础，并吸收了昆曲、秦腔、民间小戏的部分剧目、曲调和表演方法，逐步经过演变、发展，至道光年间才正式形成京剧。19世纪末和20世纪初是京剧发展的重要阶段，逐渐发展成流行全国的主要剧种。现在我国大部分省、市均有京剧团（院）。

京剧的音乐属板腔体，主要唱腔有二黄、西皮两个系统。二黄曲调苍凉深沉，长于抒发悲郁激愤之情；西皮曲调活泼明劲，长于表现昂扬欢快之情。京剧的伴奏和配乐分为文场和武场。文场为管弦乐器，武场为打击乐器。

京剧的传统剧目有1000多个，代表作有《群英会》、《贵妃醉酒》、《将相和》等几十个。京剧的表演简练、鲜明、夸张，唱、念、做、打（舞）都形成了一套规范化的程式和严格的训练方法。京剧已涌现出一大批优秀演员和各种艺术流派。如梅兰芳的梅派、程砚秋的程派、尚小云的尚派、荀慧生的荀派、周信芳的麒派、盖叫天的盖派、马连良的马派、余叔岩的余派、谭鑫培的谭派、裘盛戎的裘派、言菊朋的言派等。梅兰芳是京剧艺术最卓越的表演艺术大师。以梅兰芳为首的中国戏曲表演体系，已被列为世界公认的三大表演体系之一。

6. 昆剧

昆剧又称昆腔、昆曲，是我国传统戏曲中最古老的剧种之一。它源于江苏昆山一带的民间曲调，元末顾坚进行了加工整理；明嘉靖、隆庆年间戏曲音乐家魏良辅、过云时等人，又吸收了海盐、弋阳等南曲的长处，从而形成昆山腔。唱腔委婉、细腻，人称水磨腔。此后，梁辰鱼创作了第一部昆腔传奇剧《浣纱记》。明万历之后，昆腔以苏州为中心扩展到大江南北，对我国许多地方剧种都产生了深远影响，逐渐出现了北昆、南昆、川昆、湘昆、徽昆、桂昆、婺昆等许多支派。

昆曲的音乐属于联曲体结构，简称曲牌体。伴奏乐器以曲笛为主，辅以笙、箫、唢呐、三弦、琵琶等，曲声悠扬艳异。昆曲的表演特点是抒情性强，动作细腻，歌唱和舞蹈紧密结合，优美和谐。昆曲的代表作有《思凡》、《夜奔》、《牡丹亭》、《长生殿》、《十五贯》、《活捉罗根元》等。新中国成立后改编整理的《十五贯》和创作的现代戏《活捉罗根元》使昆曲艺术放出了新的光彩，为全国各戏曲剧种在传统剧目的整理改编方面，提供了宝贵的经验。昆曲艺术家有俞振飞，周传瑛、王传淞、张继青等，他们的表演都达到了炉火纯青的地步。

7. 越剧

越剧是全国影响较大的戏曲剧种之一。1906年源于浙江绍兴地区嵊县一带的农村。它以嵊县一带落地唱书和民谣山歌为基础，并吸收了余姚秧歌和湖州滩簧的曲调形式。当时用笃鼓和檀板伴奏，故称为笃班。1916年进入上海，又吸收了绍剧唱腔和京剧舞蹈，当时也称之为绍兴文戏。

越剧初期全部由男演员演出，1923年后才出现了全部由女演员组成的文武女班。1938年绍兴文戏改称越剧。越剧的代表性剧目有《祥林嫂》、《追鱼》、《红楼梦》、《盘夫索夫》等。由于越剧善于吸收其他艺术门类的长处，不断进行革新，因而发展很快，流传很广，除盛行于华东地区外，华北、中南、西北等地的许多城市都有越剧团。越剧曲调婉转清悠，长于抒情，表演真切柔媚。花旦中有袁雪芬、傅全香、戚雅仙、王文娟等流派（简称袁派、傅派、戚派、王派）。小生中有范瑞娟、徐玉兰，尹桂芳等流派（简称范派、徐派、尹派）。她们的唱腔各有特色。此外，竺水招、金采凤、吕瑞英、赵子刚等也较有影响。

8. 评剧

评剧是中国北方有较大影响的地方剧种，原名平腔梆子戏，俗称唐山落子、蹦蹦戏，流行于天津、北京、华北和东北等地。评剧前身是河北省东郊滦州一带的对口莲花落，而后吸收了河北梆子、京剧、皮影、大鼓等音乐和表演艺术发展而成的。评剧曲调活泼明快，擅长表现现代生活。代表作有《花为媒》、《茶瓶记》、《杨三姐告状》、《野火春风斗古城》等。著名的剧作家有成兆才等，著名的演员有白玉霜、喜彩莲、小白玉霜、新凤霞、魏荣元、马泰、韩少云、花淑兰、赵丽蓉等。

9. 秦腔

秦腔是流行于陕西、甘肃、宁夏、青海、新疆等地的古老剧种。它源于陕甘一带民间曲调和宋、金、元的铙鼓杂剧，形成于明代中期。流派很多，在陕西有东路梆子、西路秦腔、南路秦腔、中路秦腔等。秦腔音乐有6种板腔体结构，还有用假声演唱的采腔。行当有13门，表演朴实、粗犷、夸张、吐火、吹火、扑跌、踩跷等特技都属秦腔的特色。著名秦腔艺术家有魏长生、王湘云、陈良宫、润润子、刘箴俗、王天民、任哲中、孟遏云等。

10. 川剧

川剧流行于四川、云南、贵州一带，历史悠久，传统深厚。川剧声腔是由高腔、昆腔、胡琴腔、弹戏和四川的灯戏五种声腔系统组成。其中高腔不用乐器伴奏，只用拍板调整节奏，必要时贯以打击乐器的套打，演唱时一唱众和，使帮、打、唱三者紧密结合。胡琴腔、弹戏属于板腔体，与皮黄、梆子同类。灯戏属于民间小调形式。川剧中使用的昆曲基本上保持了苏昆的特点。川剧特技颇负盛名，如托举、变脸、藏刀的表演都十分精彩。

川剧的传统剧目非常丰富，代表作有《柳萌记》、《玉簪记》、《新楼记》、《秋江》、《金山寺》、《评雪辨踪》等。著名表演艺术家有：周慕莲、阳友鹤、琼莲芳、陈书舫、高凤莲、筱丹廷等。改革开放之后，戏剧家魏明伦创作的新戏《易大胆》、《巴山秀才》、《潘金莲》演出后影响很大，被戏剧界誉为"魏明伦现象"。

11. 黄梅戏

黄梅戏原称黄梅调，又叫采茶调，发源于安徽省安庆市怀宁县黄梅山或湖北省黄梅县。是安徽省汉族主要地方戏剧种，发源于以安徽省安庆市为中心的皖江流域（上至皖鄂交界的大别山地区，下至安徽安庆宿松、岳西、太湖、望江、潜山、怀宁、安庆市区、枞阳、桐城以及安徽池州在内的广大皖江流域），并最终以完整的独立剧种的形式诞生于安庆地区、成长于安庆地区、兴盛于安庆地区。黄梅戏原名黄梅调、怀腔或府调等，现主要流布于安徽省安庆市及其周边地区。

黄梅戏的最早源头可能是来自安徽与湖北交界的大别山地区（此观点较为普遍）。传说清朝乾隆时期，大别山采茶调传入毗邻的安徽省怀宁县等地区，与当地民间艺术结合，并用安庆方言歌唱和念白，逐渐发展为一个新的戏曲剧种，当时称为怀腔或怀调，这就是早期的黄梅戏。其后黄梅戏又借鉴吸收了青阳腔和徽调的音乐、表演和剧目，开始演出"本戏"。后以安庆为中心，经过一百多年（19世纪初至新中国成立前）的发展，黄梅戏成为安徽主要的地方戏曲剧种和全国知名的大剧种

黄梅戏的角色行当体制是在"二小戏"、"三小戏"的基础上发展起来的，包括正旦、正生、小旦、小生、花旦、小丑、老旦、老生、花脸、刀马旦、武二花等行。虽有分工，但并无严格限制，演员常可兼扮他行。黄梅戏的表演载歌载舞，质朴细致，真实活泼，富有生活气息，以崇尚情感体验著称，具有清新自然、优美流畅的艺术风格。黄梅戏中有许多为人熟知的优秀剧目，而以《天仙配》、《女驸马》、《牛郎织女》、《夫妻观灯》、《打猪草》、《纺棉纱》等最具代表性。

三、曲 艺 类

曲艺是中国说唱艺术的总称。以说和唱为主要艺术手段，辅以动作、表情、口技等来叙述故事，描绘人物、情景，表达思想感情。一般以第三人称的叙述为主，第一人称的代言为辅，分说的、唱的、有说有唱的三种类型。演出时多为一人或二三人，歌唱时常由演员自弹（奏、击）自唱。表演形式有坐唱、站唱、走唱、彩唱等，音乐曲式有联曲体、板腔体和单曲体。唐代已成为独立的表演艺术形式。现代曲艺，按历史源流和形式特点，可分为评话、弹词、大鼓、琴书、道情、相声、牌子曲、快板、时调小曲以及少数民族曲艺等类别，有300余种。

1. 相声

相声属曲艺的一种。起源于北京，流行于全国各地，是深受广大群众喜爱的艺术形式。一般认为，相声是清同治年间由民间笑话演变而成的。用北京话演讲，现各地也有用方言讲的"方言相声"。相声以说、学、逗、唱为主要艺术手段，以引人发笑为艺术特色。擅长讽刺，新中国成立后出现歌颂新人新事的作品。表演形式有单口（一人）、对口（二人）、群口（三人以上）三种。

代表人物有：相声创始人之一的张三禄，流派传人最多的朱绍文，第三代相声名家"八德"中的佼佼者焦德海、李德锡，承上启下的一代大师张寿臣，艺术风格独特的马三立，爱国艺术家常宝堃，举世闻名的杰出相声大师侯宝林，以创作和演出歌颂相声而出名的马季、夏雨田，善于推陈出新的苏文茂，善于讽刺批判的常宝华、常贵田、姜昆、李文华，勇于探索新生活的牛群和李培森，还有相声作家何迟、王鸣录、王存立，等等。

2. 评弹

评弹是苏州地区曲种评话和弹词的总称，用苏州方音演唱。它流传在吴语区，主要包括上海市及江苏、浙江的部分地区，评话只说不唱，俗称"大书"；弹词有说有唱，俗称"小书"。

"档"，是评弹术语，兼指演出单位和节目，运用相当广泛。

评话是单档的，即由一个人表演。双档较为少见。

弹词则可分为单档、双档、三个档，个别也有四个档的。

单档，一个人表演，二三弦伴奏，自弹自唱。

双档，两个人表演，分为上手和下手。上手弹三弦，下手弹琵琶，表演以上手为主，评弹术语叫作"掌舵"。进入角色摹拟，叫作"起角色"。上手、下手也有分工，上手多用男角，评弹术语叫作"阳面"；下手多用女角，评弹术语叫作"阴面"。

三个档，由三个人表演，除上手、下手以外，中间增加一人，评弹术语叫作"插边花"。一般由新手担任。

3. 说书

说书，是指用口头讲述历史或传说故事的曲艺形式。这种形式源远流长，宋代叫"讲史"，元代叫"平话"，现代叫"评书"，江南一带叫"说书"，说书始于周朝，正规的说法叫评书。

4. 大鼓

大鼓，藏、壮、瑶、苗、侗、彝、水、土家、汉等族棰击膜鸣乐器。藏族称额阿，壮语称种劳，苗语称嗯铎，侗语称工，彝族称额格子媖。流行于全国各地，尤以广西、云南、贵州、湖南、湖北等省（区）最为盛行。

古往今来，大鼓一直成为各族人民喜爱的民间乐器。因流行地域、使用对象的不同而形制也有区别。多用于报时、祭祀、宫廷仪仗、军事、宗教、器乐、舞蹈、戏曲、婚丧、节日和民间娱乐等场合中。

5. 快板书

快板书是集说唱、表演、伴奏于一身的曲艺形式。一个演员要扮演各种不同的人物角色，模仿不同人物的声音、形体和表情，要随着故事情节发展的跌宕起伏和人物思想感情的变化，来掌控演唱的节奏、速度和声音的强弱，举手投足大方潇洒，各种动作恰到好处，手、眼、身、法、步，处处到位。真是"说书一股劲，唱曲一段情，警动人心时，听者自动容"。

6. 数来宝

数来宝又名顺口溜、溜口辙、练子嘴，流行于中国南北各地。最初是艺人用以走街串巷、在店铺门前演唱索钱的方式表演。在其漫长的历史发展过程中，经历了"串街走唱"和"撂地演唱"的过程。由于艺人把商店经营的货品夸赞得丰富精美，"数"得仿佛

"来"（增添）了"宝"，因而得名。数来宝艺人凭借广泛的生活知识，见景生情，即兴编唱，有的还能讲今比古，引经据典，夹叙夹议，积累了一些固定的套子词。后来吸收了对口相声的表现手法，形成对口数来宝．进一步提高了艺术表现力，出现了一些针砭时弊的新唱段。诙谐风趣是数来宝的艺术特色之一。

7. 莲花落

莲花落流行于京津冀地区。莲花落也叫莲花乐，源于唐、五代时的散花落，原系僧侣所用以宣传佛教教义的警世歌曲。宋代始流行于民间，多以善恶因果为内容。元、明以来，始有写景、叙事之作。清乾隆以后，出现了专职艺人并在旗人中流行，与民间流行的十不闲合流。民间还组织了花会性质的"天平会"。

其内容多为写景抒情或演述民间故事的俗曲。演出时先由全体人员敲击十不闲的打击乐器，做舞蹈动作，唱四喜、八掌、架子曲等曲调为序曲。然后演出莲花落节目。

演出分单曲（一人唱叙故事）、彩唱（由二三人分扮旦、丑，分色赶角）两种。八旗子弟票友演唱的组织称"清门"，职业班社称"浑门"。两门又统称"小口莲花落"，与乞儿所唱之"大口落子"（或叫"大板落子"）相区别。

莲花落曲调简单，只有上下句。常用板眼有跺板、散板、漫三眼等。腔调有平调、悲调之分。另外，又有哭柳、云里翻、海底捞月等特定曲调。通常在一段唱腔开始时必先有一"摔斗"，也叫喊落。

清末著名艺人有抓髻赵、奎星坦、徐狗子、于瑞风、赵翠卿、贾玉山、贾玉珍等。传统曲目单曲有《摔镜架》、《秋景天凉》、《百虫名》《大西厢》等。彩唱曲目有《十里亭》、《小化缘》、《夜宿花亭》、《赴善会》等。另外，有小曲《打花鼓》、《刮地风》、《捕蚂蚱》等。

8. 唱道情

唱道情是陕北的地方剧种之一，是以清涧道情为主体，融合了部分三边道情和神府道情之精。具有浓厚的地方特色，也是曲艺的一个类别。

道情始源于唐代道教（古代的神仙信仰和方仙之术）的道曲，它以道教故事为题材，大力宣传出世思想。到了南宋时期，开始用渔鼓和简板为伴奏乐器。时长日久人们都听烦了，道士们为了招来听众，用它演唱些民间和历史题材的故事，这样果然见效，听众逐渐增加，明清以来流传更为甚广，社会上的一些听众也慢慢地学着唱，题材也逐渐扩大，在各地与民间歌谣相结合，发展成许许多多的曲种，有的故称谓"道情"，陕北道情就是其中之一。它们的共同特点都是以唱为主，以说为辅，也有时只唱不说。

9. 丝弦

丝弦，又名弦索腔、弦子腔，流行于河北省中南部，是全国稀有剧种之一。剧种起源于明末，其声腔为元、明流行于燕赵的小令。丝弦于清嘉庆年间（1796—1820）曾遭禁演，1840年鸦片战争后在民间日渐发展，并形成了东、西、南、北、中五路流派，流行于石家庄地区一带的为中路丝弦。

早在清咸丰年间（1851—1861），中路丝弦便与老调戏同台，使老调戏的剧目、音乐传入丝弦。丝弦戏的主要伴奏乐器也由弦索（月琴）、三弦改为板胡、曲笛、笙。清末民初，出现了既唱丝弦又唱老调、河北梆子的三合班。打击乐器也由"京家伙"改用"苏家伙"。后又从昆曲、京剧吸收大量营养充实自己，"京家伙"、"苏家伙"并用。丝弦戏音乐有官、越两个腔调,全部音乐分弦索腔曲牌、板式变化系统、无过门曲牌、器乐曲和打击乐五部分。

丝弦表演追求热烈、火爆,各行当都有不同于其他剧种的程式动作。除甩发、水袖和各种台步外,还有一些特殊技巧,如耍髯、耍帽翅、耍手帕、耍牙、耍鞭、耍碗等。各行当表演均富有浓郁的乡土气息;生、旦崇尚技巧,表演细致;花脸动作夸张,粗犷豪放;丑角幽默诙谐。

历史上丝弦有名的戏班很多,曾涌现出刘魁显(正定红)、何凤祥(赵州红)、王振全(获鹿红)、封广亭(平山红)等一批著名演员。丝弦传统剧目约有500项,常演的剧目有《赶女婿》、《白罗衫》、《花烛恨》、《审姚达》等。

四、音 乐 类

音乐是指用有组织的乐音来表达人们思想情感、反映现实生活的一种艺术。它最基本的要素是节奏和旋律,分为声乐和器乐两大门类。

1. 古典音乐

古典音乐是一个含义广泛的术语。广义的西洋古典音乐是指那些从西方中世纪开始至今、并在欧洲主流文化背景下创作的音乐,或者指植根于西方传统礼拜式音乐和世俗音乐,其范围涵盖了约公元9世纪至今的全部时期。主要因其复杂多样的创作技术和所能承载的厚重内涵而有别于通俗音乐和民间音乐。在地理上,这些音乐主要创作于欧洲和美洲,这是相对于非西方音乐而言的。另外,西洋古典音乐主要以乐谱记录和传播,和大多数民间音乐口传心授的模式不同。

狭义的古典乐派是指以海顿、莫扎特、贝多芬为代表的"维也纳古典乐派"。从这个狭义的古典音乐概念出发,我们可以向前追溯到巴赫、亨德尔,乃至更早的宗教音乐(含天主教即罗马公教、东正教、基督新教),向后延伸到浪漫主义、民族乐派,以及20世纪西方的现代音乐。这些都是广义的古典音乐,也就是基于这个传统的,无论是继承和发扬这个传统,还是试图以创新来突破这个传统的音乐创作尝试,都可以归入古典音乐之内。而在这个传统外独立发展的音乐,虽然有借鉴和影响古典音乐创作的,但是一般也不归入古典音乐之内,比如爵士乐、摇滚乐,以及东方一些民族的音乐。

海顿(1732—1809),18世纪奥地利著名作曲家,维也纳古典乐派音乐大师。他在音乐上最大的贡献是创作了104首交响曲。他把交响乐固定为四乐章形式,并在乐队乐器的使用上形成一套完整的交响乐队编制,为近、现代交响乐的发展奠定了基础,所以后人有称他为"交响乐之父"。其作品以清唱剧《创世纪》、《四季》和交响曲《告别》、《惊愕》、《时钟》最为著名。

莫扎特(1756—1791),奥地利伟大作曲家,维也纳古典乐派音乐大师。它在短促的一生中共创作了50部交响乐、28部室内乐、21部钢琴协奏曲、17部钢琴奏鸣曲和17部歌剧。其中比较著名的歌剧有《魔笛》、《费加罗的婚礼》、《唐簧》、《后宫诱逃》等。

贝多芬(1770—1827),德国伟大作曲家,维也纳古典乐派音乐大师,是古典乐派与浪漫乐派之间承先启后的伟大作曲家,在音乐史上达到了空前的成就。主要作品有交响乐9部,其中以《英雄交响曲》、《命运交响曲》、《田园交响曲》、《合唱交响曲》最为著名;

管弦乐曲几十首,其中以《哀格蒙特序曲》最为著名;钢琴奏鸣曲 32 首,其中以《热情奏鸣曲》、《月光奏鸣曲》、《悲怆奏鸣曲》、《暴风雨奏鸣曲》等最为著名。其他还有钢琴协奏曲 5 首、小提琴协奏曲 1 首、钢琴独奏曲百余首、室内乐几十首、歌剧 1 部、神剧 1 部、弥撒曲 2 首以及其他独唱、合唱曲等几十首。

2. 交响乐

交响乐就是为整个管弦乐队所作的奏鸣曲。

文艺复兴时期就有了交响乐这个说法,但当时的含义和现在完全不一样,当时的交响乐泛指的是一切多声部的音乐。其中包括了声乐和器乐。

到了 16～17 世纪,交响乐被用来称呼歌剧和清唱剧中的序曲和间奏曲,这时声乐已经被排除在了交响乐的概念以外,"交响乐"从此成为一种纯粹的器乐曲。

18 世纪初,序曲和间奏曲开始脱离歌剧开始在音乐会上单独演奏。这对交响乐的发展起了重要的作用,意大利那不勒斯的作曲家斯卡拉蒂在自己的作品中为序曲奠定了"快板—慢板—快板(舞曲风格)"这样一种三段体式,给后来的交响乐的乐章格式建立了最基本的格式。

18 世纪下半叶,德国的曼海姆乐派在序曲的创作中开创了主调音乐的手法,提高了乐器的表现能力和音乐的戏剧性。并在三段式序曲的基础上增加了快板的终曲。这样,就形成了四乐章器乐套曲的雏形。

后来的三位音乐大师把古典交响乐发展到了最成熟的阶段,他们是海顿、莫扎特和贝多芬。这三位大师把维也纳乐派和古典主义发展到了巅峰的状态。也使得交响乐进入了自己的黄金时期,贝多芬更是把交响乐的内涵和思想性发展到了一个新的境界,现代意义上的交响乐概念就在这个时期形成了。

之后欧洲的浪漫主义作曲家们在继承了古典主义的精华后,将交响乐的内容、形、乐队编制,乃至于标题,都进行了不同程度的创新。在这个时期,交响乐的形式更为自由,色彩更加丰富,表现手法也更多种多样。

进入 20 世纪后,交响乐仍然在不停地发展,越来越多的新元素被添加到交响乐中。气势恢弘,感情细腻,表现力无限丰富的交响乐仍然拥有大量坚定的爱好者。

经典交响曲结构如下:

(1) 第一乐章:奏鸣曲式。
(2) 快板。
(3) 第二乐章。
(4) 复。
(5) 三部曲式或变奏曲。
(6) 慢板。
(7) 第三乐章:小步舞曲或者谐谑曲。
(8) 中、快板。
(9) 第四乐章:奏鸣曲或回旋曲式。
(10) 快板。

演奏交响乐的乐队是交响乐队,每个国家乃至每个城市都以拥有一支水平精湛的交响乐队而感到骄傲。

3. 合唱

合唱是声乐演唱形式之一。由两组或两组以上的歌唱者，同时演唱多声部（二声部以上）的歌曲，称合唱。合唱可以分为两大类：相同声音的合唱和混合声音的合唱。

相同声音的合唱即同声合唱，泛指童声合唱、女声合唱和男声合唱。

混合声音的合唱泛指男、女声或加入童声的合唱，简称混声合唱。

两种类型的合唱可根据声部的多寡再分为二部、三部、四部或更多声部的合唱。

合唱一般都用乐器或乐队伴奏，也有一种专门写作的不用乐器或乐队伴奏的合唱，叫无伴奏合唱。

一个好的合唱至少应具备以下几点：

（1）整齐，这是合唱的集体性本质和基础，要求达到融为一体并以相同的速度、力度进行演唱。

（2）音准，对于合唱具有决定意义，要求每个声部的每个人都能唱准不跑调。

（3）和谐，要求各个声部要和谐统一，声大声小，轻重缓急要一致。

（4）吐字，是演唱表现力的基本功，要求达到吐字清晰、准确，使听众能理解所唱歌曲的内容。

4. 民歌

民歌是一种既古老又新颖的在民间身授口传源远流长的声乐演唱形式。中国民歌在世界上是以其表现丰富、特色鲜明著称的。

我国最早的民歌是《诗经》，包括"风、雅、颂"三部分。风，是地方乐调即民歌，所谓十五国风，就是周代十五个国家和地区的民歌。雅，是秦声、周乐，即周朝的正统音乐。颂，是舞乐，即边歌边舞的乐歌。接着是汉乐府，它对后来歌词的发展，产生了巨大的影响。《诗经》和《乐府》都是可以入乐的歌词，但是传至今天只有歌词没有曲调。

我国的民歌丰富多彩，各民族均有自己的民歌。如蒙古族的"牧歌"、回族的"花儿"、赫哲族的"船歌"、藏族的"堆埘"、维吾尔族的"十二木卡姆"，等等。其中汉族的民歌数量最多、分布最广，主要可归结为号子、山歌、小调三类。

号子是在劳动过程中创作并演唱的，直接与生产劳动相结合的民歌，如四川的"船夫号子"、东北的"林区吆喝号子"，等等。

山歌是在山野劳动生活场合中演唱的、声调高亢、节奏自由的民歌，如陕北的"信天游"、广东的"客家山歌"，等等。

小调是在劳动之余休息、娱乐、节庆等场合演唱的民歌。如全国流行的《茉莉花》、《孟姜女》，各地的《绣荷包》、《五更调》，北方的《秧歌》，南方的《采茶调》，等等。汉族民歌的演唱，北方以粗犷豪放见长，南方以委婉秀美著称，全国约可分为8个色彩大区。

5. 原生态唱法

原生态民歌，顾名思义，就是我国各族人民在生产生活实践中创造的、在民间广泛流传的"原汁原味"的民间歌唱音乐形式，它们是中华民族"口头非物质文化遗产"的重要部分。据专家介绍，"原生态唱法"这个词是从自然科学上借鉴而来的。生态是生物和环境之间相互影响的一种生存发展状态，原生态是一切在自然状况下生存下来的东西。原生态民歌是老百姓很自然地表达出的东西，而把很多民歌进行改编等则是原生态状况的变异，属于非原生态。

6. 美声唱法

美声唱法产生于17世纪意大利佛罗伦萨，已有300多年历史。美声唱法是将人声当作一支管乐一样进行有素的训练，充分发展人的嗓音潜力，扩展音城。它要求歌手用半分力量来演唱，当唱高音时不用强力的气息来冲击，而是用非常柔美自然的发声方法，从小腹部的位置发出气息，通顺地将声音送到头的上部自由地放送出来。它是非常科学的演唱方法。其特点是讲究声音连贯，音色优美，音量变化自如，音域宽广，要求相对稳定喉头和典鸣腔的运用，并科学地将男声、女声分成六个声部，是声乐艺术中极宝贵的演唱方法，对全世界声乐艺术发展的影响有着深远的意义。

7. 民族唱法

民族唱法是指我国劳动人民在劳动和生活中长期积累流传的民歌演唱方法。新中国成立后由音乐工作者们加以归纳、提炼而成。从广义上讲，它是民歌唱法、曲艺说唱唱法、戏曲唱法和民族新唱法的总称。我们在歌唱领域中经常讲的民族唱法，实际上是指第四种民族新唱法。其演唱特点是：讲究民族风格和韵味，声情并茂；以字带声，字正腔圆，音色明亮纯正。它有独特的技巧和艺术表现力，是世界声坛上的一枝奇葩。

8. 通俗唱法

通俗唱法是我国在20世纪80年代初上海音乐界率先提出的，也就是流行唱法。主要是指以自然发音为主的演唱方法。它的特点是以情带声，不过分地追求声音的共振，发声近似于说话的自然位置，给人以真实、亲切朴素之感。像电视连续剧《渴望》中的主题歌《渴望》和《好人一生平安》。柔情的时候近似自语，激动时几乎是喊叫，但柔情也好激情也好，都是为了表达自己的真情实感。

五、舞 蹈 类

舞蹈是人类文化史上最早产生的艺术形式之一。

舞蹈是以人的身体为表现工具，以经过提炼、组织和艺术加工的人体动作为主要表现手段，表达人们的思想感情，反映社会生活的一种艺术。

舞蹈依其目的与作用的不同，可分为自娱性舞蹈与表演性舞蹈。

1. 古典舞

古典舞蹈是一种历史悠久、程式严谨、技术性强，并且有经典意义古典风格的传统舞蹈。世界各国大都有各自的古典舞蹈。如西欧的芭蕾舞、波兰的玛祖卡舞、捷克的波尔卡舞、匈牙利的瓶舞、朝鲜的道拉基舞、印度的卡达克舞以及我国的剑舞、雅舞、巫舞。通常中国的古典舞蹈大多保存在戏曲艺术中，在表演上，注意手、眼、身、法、步的紧密配合，形成中国古典舞蹈的传统特色。

2. 民间舞

民间舞蹈是一种在人民群众中广泛流传，具有鲜明的民族风格和地方特色的传统舞蹈形式。民间舞蹈是专业舞蹈创作的基础，各国封建社会的宫廷舞蹈和各民族的古典舞蹈都和民间舞蹈有不可分割的联系。中国各民族的民间舞蹈历史悠久，具有歌舞结合、善用道具的特点。如汉族的"秧歌"、"腰鼓"、"花灯"、"龙舞"、"狮子舞"，蒙古族的"安代"、藏族的"锅庄"、"弦子"，苗族的"芦笙舞"，傣族的"孔雀舞"，维吾尔族的"赛乃姆"，等等。

3. 芭蕾舞

芭蕾是法文 Ballet 的音译，欧洲古典舞剧的统称。起源于意大利，形成于 17 世纪的法国。到 19 世纪初期，已发展成为一门独立的艺术，创造了足尖舞技巧，并有一套完整的训练方法，逐步形成了不同风格的意大利学派和法国学派。18 世纪传入俄国，形成了俄罗斯学派。20 世纪初，出现了现代芭蕾学派，并派生出许多流派，风行欧美。

我国的芭蕾艺术是在新中国成立后发展起来的，并结合我国古典戏曲、舞蹈、音乐、美术的特点，创作演出了我国自己的芭蕾舞剧《白毛女》、《红色娘子军》等。

4. 现代舞

现代舞蹈是本世纪初由美国舞蹈家邓肯创作的一种舞蹈。其特征是摆脱古典芭蕾的程式和束缚，以自然的舞蹈动作，自由地表现思想感情和生活。

中国现代舞蹈的开拓者是吴晓邦、戴爱莲。他们都曾在国外学习过芭蕾舞和现代舞。早在 20 世纪 30 年代，吴晓邦就用现代舞形式创作了《义勇军进行曲》、《饥火》、《守财奴》、《游击队员之歌》等进步作品，表现当时的现实生活。戴爱莲在 40 年代也创作演出了《空袭》、《东江舞》、《游击队的故事》等进步舞蹈，并发掘整理了祖国许多民族的舞蹈遗产。新中国成立后，吴晓邦又整理和创作了《北国风光》、《梅花三弄》、《平沙落雁》、《一枝春》等舞蹈。戴爱莲则创作演出了在国际比赛中获奖的《荷花舞》、《春游》、《长绸舞》（飞天）等佳作，推动了现代舞蹈同中国传统舞蹈的结合，创立了中国现代舞蹈。

5. 当代舞

中国"当代舞"，作为中国舞蹈的重要舞种，是"荷花奖"舞蹈比赛第一次提出并确立的（原曾建议叫"新舞蹈"），这在中国舞蹈分类和发展史上，具有极为重大的意义，涉及中国舞蹈发展全局性问题。

"当代舞"，主要是对"五四"新文化舞蹈运动至今发展的总体认定。它即是老一代舞蹈家近代舞蹈创作实践活动，更涵盖新中国成立后巨大的新舞蹈创作运动实践，总体概括为中国"当代舞蹈"。

中国"当代舞"在舞蹈形态、表现方法与风格等方面，存在有"多界面"、多层面的丰富体系，有如现代舞一样，其中流派风格倾向繁多，但并不妨碍它们共有的、共同遵循的美学原则，形成自己舞种的"临界面"的当代艺术风范。这些不同的艺术方法，却在探索一个共同的主题——表现现实生活的主题。这一主题构成了"当代舞"重要的艺术特征，这对于中国舞蹈向着更高层次发展，有着深远的意义。

6. 国标舞

国际标准交谊舞（简称"国标舞"），分为摩登舞、拉丁舞两大系列的十个舞种。目前，世界各国将国际标准舞易名为"体育舞蹈"，将舞蹈运动纳入体育运动项目，2000 年成为悉尼奥运会表演项目，2008 年将成为正式比赛项目。

国标舞中的拉丁舞包括：桑巴、伦巴、斗牛、恰恰、牛仔。一般是两个人一起跳，一个男士和一个女士。持握姿势各有不同，这些舞中的姿势都已经标准化和分类成各种不同的级别以便于教学，有国际上统一的用语、技术、节奏、拍子。国标舞另一种为摩登舞，分为华尔兹、探戈、狐步、快步以及维也纳华尔兹五种步伐。

7. 健身舞

健身舞，如迪斯科和扭秧歌，是我国城乡广大群众所喜爱的文体娱乐活动。健身舞多是传统健身术、民间舞蹈、日常生活动作与音乐相结合的产物。自古以来，"舞"就是一种健身活动，而音乐又是表达思想感情的特殊方式。两者融为一体会使人产生欢乐而振奋的情绪，同时产生了对健身舞练习的跃跃欲试。因此，健身舞广泛地吸引着民众的参与，成为男女老幼皆喜爱的健身活动。

8. 迪斯科

迪斯科是继20世纪初的"华尔兹"、"探戈"、"伦巴"等交谊舞之后，又一种新发展起来的群众社交舞蹈。其音乐和舞蹈源于美洲、拉丁美洲的民间舞蹈，20世纪40年代传入美国，与黑人的"摇摆舞"、"扭摆舞"互相吸收、渗透，成为一种动作夸大、节奏强烈明快、风格粗犷奔放的舞蹈。在世界风行以后，许多国家的舞蹈家们对迪斯科进行过编创，出现了规范化的舞步，除踏、滑、点、转、招、踵等单一步法外，还有各种舞步组合。其风格以持续、柔和、细腻美感、特技为主，以自由发挥为其特色。现在迪斯科已成为我国广为流行的一种群众性舞蹈，有的地方列为体育锻炼的项目，并使舞曲向民族化发展，极受群众欢迎。目前，老年迪斯科更加引人瞩目。

六、美术、书法类

1. 美术

美术是艺术的种类之一，它和人类社会有着密切的关系，美术创造是人类文明发展的重要而鲜明的标志之一。在现代社会，美术更是渗透到日常生活的方方面面，满足着人们日益提高的物质生活和精神生活的需要。

美术要利用各种物质材料创造立体的或平面的视觉形象，作为人们之间交流审美信息的手段，所以美术又称为"造型艺术"，一般来说它包括绘画、雕塑、工艺美术和建筑艺术等四大门类。但是从本质上来看，美术是一种精神意识创造的产品。

美术还是一种人类审美认识和审美创造的产物，它体现着社会的和个人的审美观念和理想。

2. 书法

书法是中国传统艺术之一。是以汉字为表现对象，以毛笔为表现工具的一种线条造型艺术。主要讲执笔、用笔、点画、结构、分布（行次、章法）等方法。

我国书法艺术历史悠久。从古以来的书体，大体可分为篆书（大篆、小篆）、隶书、楷书、行书、草书（章草、今草）。

篆书中的大篆，指秦以前的甲骨文、金文、籀文，后人也有称"古文"的。小篆是秦统一中国后，实行"书同文"，废除六国异体，由宰相李斯整理、简化的统一字体。代表作品有李斯的《泰山石刻》，唐李阳冰的《三坟记》、《谦卦》，清邓石如篆书墨迹等。

隶书相传为秦末程邈在狱中所整理，省改小篆，去繁就简，字形变圆为方，笔画改曲为直，改"连笔"为"断笔"，从线条化走向笔画化，便于书写。因先流行于"徒隶"（书吏）制中，故称为"隶书"。代表作品有《史晨碑》、《礼器碑》、《曹全碑》、《乙瑛碑》、《张迁碑》和《石门颂》等。

楷书又称为"正书"、"真书",从隶书演变而来,更趋简化,横平竖直,规矩整齐,称为楷法,作为"楷模"通行的书体,沿用至今。代表作品有颜体的《颜勤礼碑》、《大麻姑仙坛记》,柳体的《玄秘塔》、《神策军碑》,欧体的《九成宫醴泉铭》、《化度寺塔铭》,赵孟頫的《胆巴碑》、《妙严寺碑》等。

行书是楷书的快写,相传始于汉末。代表作最著名的是东晋王羲之的《兰亭序》,前人赞为"天下第一行书"。唐颜真卿的《祭侄稿》,古人评为"天下第二行书"。行楷中代表作品有唐李邕的《麓山寺碑》。

草书是按一定规律将字的点画连写、结构简省、偏旁假借而成的一种字体,其艺术欣赏价值超过实用价值。一般分章草和今草两种。今草的代表作品是王羲之的《十七帖》和唐代孙过庭的《书谱》。章草的代表作是东汉史游的《急就章》。狂草的代表作是张旭的《古诗四帖》和怀素的《自序帖》等。

3. 摄影

摄影是光与影的结合,是光的绘画,是技术和视觉观察力的结合,是技术与艺术的结合。摄影是有意识、有思想、经过思考和提炼的艺术作品。摄影是把自己对客观事物的了解、理解凝固在某一个瞬间,感染他人。

摄影是应用科学、想象与设计、专业技巧和组织能力构成一体的艺术表现方法,是各种各样的技艺和多方面的才能展示。它涉及物理、化学、光学、色彩学、构成、电子技术、生理学、心理学等多门学科。从器材和思想构成了摄影的两个主要因素。

4. 中国画

中国画是具有悠久历史和优良传统的中国民族绘画。它在世界美术领域中自成独特体系。按题材可分为人物、山水、界画、花卉、翎毛、走兽、虫鱼等画科;按风格与技法,有工笔、写意、钩勒、没骨、设色、水墨等形式;按表现手法有钩皴点染、浓淡干湿、阴阳向背、虚实疏密和留白等技巧;按实用需要,有壁画、屏障、卷轴、册页、扇面等画幅形式,并以特有的装裱工艺装潢画幅。

中国画强调传神写意,"外师造化,中得心源",要求"意存笔先,画尽意在",做到"以形写神,形神兼备"。由于书画同源,两者在达意抒情上均与线条的运用密切相关,所以中国画经常以诗入画,以文入画,以印入画,以书法入画,金石书画融为一体,形成了中国画显著的艺术特征。

中国画史上著名画家和流派有称为"四家四祖"的顾恺之(东晋)、陆探微(南朝宋)、张僧繇(南朝梁)、吴道子(唐);以唐王维为始祖,董源、巨然、米芾、米友仁为代表的山水画"南宗";以唐李思训父子为代表,传之宋赵干、伯骕、马远、夏珪的山水画"北宗";元代黄公望、王蒙、倪瓒、吴镇等"元四家",明初以戴进为首的"浙派";徐渭和推崇"南宗"为文人画正宗的董其昌;称为"明四家"的"吴派"画家沈周、文徵明、唐寅(伯虎)、仇英;清有宫廷画派的"四王":王时敏、王鉴、王翚、王原祁,在野画派的四僧:朱耷(八大山人)、石涛、髡残、弘仁,以郑燮(板桥)为代表的主张自由抒发灵性的"扬州八怪":汪士慎、黄慎、金农、高翔、李鲜、郑燮、李方膺、罗聘等。现代有高剑父、高奇峰兄弟在中国画法基础上,融合日本和西洋画法,自创一格,着重写生,多画中国南方景物和风光,学习者甚众,称"岭南派"。曾任中华全国美协主席的徐悲鸿，中国画、油画兼长，尤以画马驰誉中外。曾任中国美协主席的齐白石，重视创造，融合传统写意画和民间绘画表现技法，形成独特风格，对当代画坛影响颇大。

5. 油画

油画是西洋绘画中主要的一个画种，用快干油调和颜料而成。文艺复兴时期，由尼德兰画家凡·爱克兄弟改进革新后，被广泛采用。一般多画在布、木板或厚纸板上。其特点是：颜料有较强的遮盖力，能较充分地表现出物体的真实感和丰富的色彩效果。

凡·爱克兄弟合作的《根特祭坛画》，体现了尼德兰画派的人文主义思想，被认为是欧洲油画史上第一件重要作品。

佛罗伦萨画派的达·芬奇的肖像画《蒙娜·丽莎》，拉斐尔的圣母像《西斯廷圣木》，西班牙画家委拉斯开兹的肖像画《教皇英诺森十世》，英国画家康斯太布尔的风景画《干草车》，法国浪漫主义画家欧仁·德拉克洛瓦的《但丁的小舟》、《自由引导人民》，巴比松画派代表人物米勒的《拾穗者》，俄国巡回展览画派代表人物列宾的《伏尔加河纤夫》，历史画家苏里科夫的《女贵族莫洛卓娃》等，是各种油画画派的传世之作。

因法国画家莫奈的油画《日出·印象》而得名的印象画派，以俄国人康定斯基为代表的抽象绘画，以法国画家马蒂斯为始祖的野兽派绘画，以西班牙画家毕加索为创始人的立体主义画派的出现，表明了油画技法及风格的新的发展。

6. 宣传画

宣传画是指出现在街头、公众场所和交通要道上的招贴画。它以宣传鼓动和制造某种气氛为目的，旁边一般配以简短的号召文字。宣传画要求内容生动、造型醒目、构图简练、主题突出、色彩鲜明、表现力强，使过往行人在较远的地方和较短的时间内就能被生动有力的画面所吸引。

7. 版画

版画是艺术家经过应用有关不同媒体材料制版和印刷而成的复数性作品。

版画作品的印刷通常由艺术家本人操作或艺术家与工人合作，在印刷出来的作品上要由艺术家本人签名，并标出作品的编号。

版画的分类：①木版；②铜版。可分为：干刻腐蚀版。③石版；④丝网。

版画的特点：

复制性是版画最大的优势，而油画是独幅画只能被个人收藏，人们只能通过印刷品以及临摹来间接欣赏和收藏自己喜欢的画，这就会影响艺术的社会共赏性，版画的可复制性则解决这一矛盾。

价格优势。目前在中国艺术品市场上版画的价格是非常适合的，而且复制张数不多，每张都是原作，它满足了大多数热爱美术人士购买欣赏的愿望，又不至于带来沉重的经济负担。

时代感强。从版画的表现、制作、发行的形式来看版画是最有现代特点，版画是平面的，而当今在现代设计中都大量地应用版画形式，例如招贴画就是将版画的绘画语言、表现形式、手段及技法综合运用，书籍装帧、插图等都是在版画的基础上无限扩张的结果，这也表现出纯版画艺术在画面表现方面更容易被现代人接受。

8. 雕塑

雕塑是造型艺术之一，是雕、刻、塑三种制作方法的总称。以各种可塑的（如粘土等）或可雕可刻的（如金属、石、木等）材料，制作出各种具有实在体积的形象。主要体裁是肖像、动物像、风俗、历史、花纹图案等。根据目的和用途可分为架上雕塑、实用装饰雕塑、纪念性雕塑和纪念性装饰雕塑等。按照造型的形式，有圆雕和浮雕的区别。

最著名的雕塑作品是1820年年初，在地中海米罗岛挖掘出来的公元前4世纪的古希腊大理石雕像——高达2.04米的断臂维纳斯；文艺复兴时期意大利米开朗琪罗雕塑的高达5米的大理石雕像《大卫》；近代法国雕塑家罗丹雕塑的《青铜时代》、《思想者》。

9. 篆刻

篆刻是镌刻印章的通称。是书法、绘画、镌刻三结合的一种艺术，是中国传统艺术之一。我们的祖先在远古就已在龟甲兽骨上刻画文字，在陶器、青铜器上刻铸铭文。殷墟出土的3700多年前的三方类似印章的实物，可说是刻印技术的开端。先秦汉魏以来，书家篆印，刻工镌刻，艺术成就颇高。宋代米芾篆刻自用印，元代王冕开始用花乳石刻印，因镌印方便，遂改变了篆、刻分工的历史。刻印者自篆自刻，促成明清以来篆刻艺术和流派的发展。著名的有"徽派"，以明代何震为始祖，有梁峡、吴忠、程原、程朴等继之；皖派，以清程邃为代表，邓石如另辟蹊径；浙派，以清丁敬为始祖，著名者是黄易、蒋仁等"西泠八家"；清末大家为赵之谦、吴昌硕、黄士陵等。吴昌硕对篆刻草书贡献巨大，曾为同道推为"西泠印社"第一任社长，流风开了后来的陈师曾、齐白石的格调，影响远及日本。吴派继承者有毌涵、潘天寿等。

现代齐白石、赵叔孺、王福厂、邓散木、方去疾、吴朴堂、陈巨望等，都有印谱流传。

10. 美术字

美术字是经过一定艺术加工的一种字体，具有整齐、美观、醒目、有力等特点。它比一般书写体更具有装饰性。

美术字的应用范围很广，如黑板报、墙报、橱窗陈列、会场布置等都不可缺少它，是一种很好的宣传工具。

美术字种类繁多，总括起来可分为三类：即宋体、黑体和自由体。美术字的运用，要根据内容和场合选用适当的字体，才能取得好的效果。如写大幅标语，宜用黑体字，取其庄重、大方、有力；写文艺晚会的海报，则用自由体更能显出生动活泼、优美的效果。

11. 农民画

农民画是中国农村特定历史和社会条件下产生的一个特殊画种。其源头可以上溯到早期农耕社会里出现的与人们的生产生活息息相关的于工艺品，如剪纸、而塑、泥人、皮影、窗花、板画、年画等。它以丰富的生活为源泉，从全新的角度，以独到的感知和饱满的热情，讴歌现代生活，描绘民间习俗。它那拙朴的人物造型、丰满充实的构图形式、高亢激越的色彩效果，既源于民间艺术传统，又蕴含着强烈的现代意识；既与现代艺术观念合拍，又是对传统审美意识的承袭，闪烁着新型的、现代的、民族民间的艺术光彩。

七、我国的重大文艺创作评奖项目

1. "五个一工程"奖

中共中央宣传部于1991年起组织的精神文明建设"五个一工程"评选活动。每年进行一次，评选上一年度各省、自治区、直辖市和中央部分部委，以及解放军总政治部等单位组织生产、推荐申报的精神产品中五个方面的精品佳作。这五个方面是：一部好的戏剧作品，一部好的电视剧作品，一部好的图书（限社会科学方面），一部好的理论文章（限社会科学方面），一部好电影。同时，对组织这些精神产品生产成绩突出的省、自治区、直辖市党委宣传部和部队有关部门，授予组织工作奖。对获奖单位与入选作品，颁发获奖证书与奖金。从1995年度起，将一首好歌和一部好的广播剧列入评选范围，"五个一工程"的名称不变。"五个一工程"实施以来，对各地、各单位精神文明产品生产的发展与提高，产生了积极的促进作用，体现了中央提出的精神文明重在建设的方针，把以科学的理论武装人、以正确的舆论引导人、以高尚的精神塑造人、以优秀的作品鼓舞人的号召落实到实际工作中。"五个一工程"中文艺项目的评选，贯彻了文艺为人民服务、为社会主义服务的方向和百花齐放、百家争鸣的方针，弘扬主旋律，提倡多样化，对繁荣社会主义文艺创作，催促富有鲜明时代精神和浓郁生活气息、思想性与艺术性完美结合、为广大人民群众喜闻乐见的文艺精品的问世，起到了有力的推动作用。

2. 文华奖

文华奖是中华人民共和国文化部主办的专业舞台艺术政府最高奖。设立于1991年，最初为一年一届，1998年起改为两年一届，2004年第11届文华奖起改为三年一届，与"中国艺术节奖"两奖合一，放在艺术节上评选。多年来，文华奖评奖坚持为人民服务、为社会主义服务的方向和百花齐放、百家争鸣的方针；坚持弘扬主旋律，提倡多样化；坚持导向性、权威性、公正性的原则。对于调动广大文艺工作者的积极性，增强艺术院团凝聚力，促进全国艺术创作，繁荣社会主义文艺事业，发挥着十分重要的积极作用。

3. 群星奖

群星奖是中华人民共和国文化部为繁荣群众文艺创作，促进社会文化事业的繁荣与发展而设立的全国社会文化艺术政府奖。国家文化部从1991年开始设立，至2002年期间为每年举办一届，每届评选一至两个门类。从2004年开始纳入中国艺术节中评奖，每三年举办一届，分7个门类和3个组别，7个门类分别是美术、书法、摄影、音乐、舞蹈、戏剧和曲艺，每个门类分为成人、少儿、老年三个组别。每门类设15个奖，每组各设5个奖，获奖作品授予"中华人民共和国文化部群星奖"荣誉称号并颁发证书、奖牌。群星奖的奖励对象是由群众文化工作者和业余文艺爱好者辅导并创作的美术、书法、摄影作品；由群众文化工作者和业余文艺爱好者创作、编导、辅导并表演的音乐、舞蹈、戏剧、曲艺作品。"群星奖"自设立以来，先后在浙江、江苏、重庆、广东、山东、湖北等地举办，共推出了3000多件获奖作品，为广大人民群众展示艺术才华、实现艺术理想，搭建了一个平台，调动了基层群众文艺创作和演出的积极性，促进了群众文化艺术的发展。在海内外产生了很大的影响，其权威性、艺术性和广泛性得到各级政府、文化部门、专家评委和广大群众的充分肯定和认可。群星奖的设立对于推动社会文化建设健康发展，推出优秀作品，培养优秀人才，具有重要的意义和作用。

4. 广东鲁迅文艺奖

广东鲁迅文艺奖是经中共广东省委、广东省人民政府批准设立，由广东省文联主办的广东文艺最高奖。该奖于1981年创立，对改革开放以来广东文艺百花园的繁荣起到了重大的推动作用，在全国也具有一定知名度和影响力。从2006年第七届评奖开始，广东鲁迅文艺奖分为"艺术"、"文学"两个系列，分别由广东省文联、广东省作协主办。

思考题

1. 为什么要抓好群众文艺创作？
2. 民间文学有哪四个主要特征？
3. 声乐有哪四种唱法？
4. 我国有哪几类重大文艺创作评奖项目？其中"五个一"工程包含哪五个评奖项目？

第六章　广东民间艺术

广东是古代海上丝绸之路的发祥地，是中国近现代革命史的策源地，又是当代中国改革开放的前沿地。岭南文化历史悠久，绚丽多彩，是中华文化根基的主要组成部分，是承载中华民族精神与情感的主要载体，也是维系国家统一、民族团结的基础和联系世界的桥梁。

保护和弘扬民族民间文化是建设有中国特色社会主义先进文化的基础和源流，是保持对祖先的记忆和历史延续性的独特展现，发挥文化资源、人文环境、民族素质等经济和社会可持续发展重要因素的功能，可以为广东省经济和社会发展提供精神动力、智力支持和必要条件。因此，我们必须了解和熟悉广东民间艺术。

一、民间戏剧

1. 粤剧

粤剧，又称广府戏、广东大戏，是广东及广西粤方言地区最大的剧种。粤剧"本地班"于明末清初吸纳"外江班"的昆、弋、梆、黄诸腔，在清末民初由唱官话改唱粤语方言，演唱由假嗓改真嗓，并吸收了当地木鱼、南音、龙舟、粤讴等广东民间说唱音乐。戏班男、女分班改为男女合班。行当出现独特的"文武生"，形成具有鲜明岭南特色的地方戏曲剧种，属皮黄系统。剧目总量超过11360个，分别来自弋皮黄系统的流行剧目，及从演义小说、本地传说掌故取材的改编剧目和反映现实生活的创作剧目。

早期粤剧演出大量的提纲戏，多为口传身授，用固定的"排场"串演，多用大锣大鼓伴奏。传统粤剧的表演风格粗犷火爆，也不乏缠绵悱恻。运用"南派武功"注重实用与表演统一，艺人身怀绝技，格调古朴，反映了一方人文特性与地方风情。

早期粤剧流行于广州、佛山及珠江三角洲一带，同时也以红船循水域演出。清咸丰年间，因粤剧净角李文茂率梨园子弟起义反清，为避官府的迫害，粤剧艺人流落海外，使粤剧开始流传于东南亚及美洲各地。20世纪30年代，省港大班薛、马争雄，众多著名演员各自创立唱腔流派。粤剧（广府班）因侧重唱功生旦戏而逐渐取代其他剧目，使一些传统剧目、行当表演艺术以及表演的程式逐渐消失。而在下四府（粤西地区），则基本保留了粤剧的传统技艺及南派武功戏的风貌特点。粤剧经历了几个重大变更阶段——清初佛山琼花会馆从兴盛到遭禁，清末广州八和会馆倡导粤剧的中兴，20世纪30年代走向都市化，当代走向发展提高。

2. 潮剧

潮剧是宋元南戏的一支，是广东地方剧种之一，用潮州方言演唱，有430多年的历史。分布于广东东部、包括汕头、潮阳区、澄海区、潮州市、揭阳市、普宁市等地及国内外的潮人、华侨聚居地区。

潮剧传统剧目由宋元南戏、明清传奇、文明戏和新编历史剧构成，有剧目2000多个。传统剧目是潮剧艺术的载体，其传统锦出戏《扫窗会》、《杨令婆辩十本》、《闹钗》被誉为"百花潮中的三块宝石"。

潮剧的生、旦、丑三个行当表演最具地方特色。生旦戏《扫窗会》具有中国戏曲以歌舞演故事的显著特征。潮剧丑角行当有十类丑，其中以项衫丑的扇子功蜚声南北。在《闹钗》一剧中扇子功表演法式有30多种，堪称一绝；在《柴房会》中丑角表演的溜梯功为潮剧所独有。

潮剧唱腔曲调优美，为曲牌联缀体制，唱南北曲，本宋元词而益以里巷歌谣，清代中叶以后，吸收板腔体制。潮剧有传统曲牌200多支、乐曲1000多首，是研究中国戏曲声腔的重要资料。

潮剧演唱用真声，唱念用古谱"二四谱"，古腔韵味浓郁。曲调多姿多彩——轻三六调，优美柔媚；重三六调，庄穆端正；活三五调，休戚凄怨；反线调，轻松诙谐。打击乐器均有定音，伴奏有复调和声之美，是中国古典戏曲存活舞台的例证，具有文化历史意义和较高的审美价值。

潮剧早年随潮人迁居海外而流播东南亚一带，1970年以后又传播到美国、法国、加拿大和澳洲、台湾、香港等国家和地区，是联结世界潮人的纽带。现在海外潮剧班社近30个，泰国还用泰语演唱潮剧。

3. 广东汉剧

广东汉剧原称"外江戏"，于清乾隆年间进入粤东客家地区。广东汉剧以西皮、二黄为主要声腔，舞台语言为"中州韵"、"湖广音"、普通话。1933年改称为汉剧，因其艺术风格有别于湖北汉剧，中华人民共和国成立以后，称为广东汉剧。

广东汉剧有传统剧目872个，题材广泛，多取材于各朝代历史故事、民间传说、演义、传奇、神话和元明杂剧；其唱腔丰富多彩，除皮黄外，还有"昆曲"、"吹牌"、"大板"等，保持了比较古朴典雅的艺术风格；唱腔的曲词结构以七字句和十字句为基本格式，沿用"中州音韵"；最有特色的乐器是头弦、大锣、号头，构成了广东汉剧的音乐特色。

广东汉剧是客家文化的重要组成内容，对研究客家地区的社会、历史、语言、伦理、民俗等都有宝贵的价值。著名戏剧家田汉认为"广东汉剧保持了很多古腔古调，又带有广东的地方色彩"。周恩来总理赞誉它为"南国牡丹"。

4. 正字戏

正字戏，本名正音戏，用"中州官话"（正音）唱念，是一个多声腔、古老稀有的剧种。明初流入粤东，后扎根海陆丰。

正字戏有传统剧目2600多个，分为文戏和武戏。文戏有唱腔，以曲牌体的正音曲（大板曲）、唱牌子（也称昆腔）为主，杂以乱弹、小调等。正音曲以"奚琴"领奏，唱牌子以笛子、大小唢呐伴奏；武戏（即提纲戏）没有或少有唱腔，用吹打牌子伴奏，渲染气氛。正字戏传统有红面、乌面、白面、正生、武生、白扇、正旦、花旦、帅主、公、婆、丑等十二行当。脸谱有毛面、水龟目、鹰咀、虎目等200多种图案。有"四大喜戏"

《三元记》《五桂记》《满床笏》《月华缘》;"四大苦戏"《荆钗记》《葵花记》《琵琶记》《白兔记》和"四大弓马戏"《义忠烈》《千里驹》《铁弓缘》《马陵道》,统称十二真本戏。

正字戏表演风格古朴、气派宏大,尤其擅演"三国"连台本戏。

5. 白字戏

白字戏,元末明初从闽南流入海丰,与当地方言、民间艺术结合形成海丰白字戏,潮人为区别潮州白字(潮剧)而称之为"南下白子"。分为生、旦、丑、净、公、婆、贴7个行当,以演文戏见长,亦从正字戏中吸收部分提纲武戏;一般在上半夜演正字(讲官话),至下半夜才唱白字(讲方言),俗称"半夜反"。唱腔委婉深情,表演温柔细腻。

白字戏共有剧目1000多个,其中传统剧目200多个,多为传奇故事。全连戏(整本戏)较多,折子戏较少。有固定的脸谱、服饰、道具、曲牌等。音乐属曲牌连缀体,唱曲衬词多用"啊衣嗳"。分为小锣戏、大锣戏两大类,小锣戏又分为正板小锣戏、反线戏和民歌小调戏三种。小锣戏唱腔活泼明快,富有生活气息和地方色彩。大锣戏音乐庄重典雅,具有高腔音乐特点。

6. 西秦戏

西秦戏系明代西秦腔(即琴腔、甘肃调)流入海陆丰,又与地方民间艺术结合,至清初逐渐游离本腔而自立门户,形成了别具风格的西秦戏剧种(属乱弹系统)。音乐唱腔为齐言对偶句的板式变化体,有老生、武生、文生、正旦、花旦、红面、乌面、公末、丑、婆等十个行当,主要声腔有正线、西皮、二黄,还有少量昆腔、杂调。正线为本腔,唱、白沿用中州音韵,男女异声同调,男唱真嗓,女唱假嗓。乐队分为"文畔"(管弦乐)、"武畔(打击乐)。传统剧目有1000多个,表演风格粗犷豪放,雄浑激昂,长于武打。西秦戏与台湾北管戏(又称乱弹)有着密切的血缘关系。

7. 雷剧

雷剧原名雷州歌剧。是在雷州半岛民歌雷州歌的基础上,吸收粤剧的艺术,加上说白、小曲等形成。清末以来,流行于广东湛江地区和海南岛部分地区。唱腔分为"高台"和"雷讴"两大类。伴奏乐器有雷胡、笙、琵琶、扬琴、笛子、二胡、唢呐等,以雷胡为主奏乐器。常演的传统剧目有《李三娘》、《兰芳草》、《千里缘》、《反狀元》等。

8. 粤西白戏

粤西白戏原名安铺白戏,俗称"白戏仔",1973年改称"粤西白戏"。原是人偶同台的木偶戏。1974年开始尝试用真人扮演角色的舞台剧。流行于广东湛江市的廉江、遂溪及广西河浦等地。清雍正末年由当地的民歌、民间说唱,吸收木偶戏、昆曲的艺术因素而形成。音乐曲调有长腔、变体板腔、小曲和罗古经等,伴奏乐器有胡琴(又名簌笛头胡)、月琴,笛子,交边锣等。传统剧目主要取材于民间传统和历史小说,单出本戏有《金环记》、《周氏反嫁》等;小说套本戏有《水浒传》、《三国演义》等。

9. 粤北采茶戏

粤北采茶戏旧称唱花灯、唱花鼓、采花戏或三脚班。流行于广东韶关地区和梅县、湛江一带。是赣南、湖南采茶戏流入粤北后同当地的民间艺术结合而形成,具有浓郁的地方特色。唱腔音乐主要来源于当地山歌、小调、民间说唱等,唱腔分为"采茶调"、"灯调"、"小调杂曲"三种。以曲调联缀的曲牌体音乐结构。后来也有散板、中板、原板、快板等板式变化手法。行当分为生、旦、丑、净等。表演具有载歌载舞、生动诙谐的特点。传统剧目有 300 多个，著名的有《九龙举灯》、《补皮鞋》、《卖杂货》、《装画眉》等。

10. 乐昌花鼓戏

乐昌花鼓戏流行于乐昌县和流经粤北、湘南的武水中、上游地区。源越乐昌县内圈地作场（即做法事）表演的民间歌舞踩矮台。清初，湖南花鼓戏传入粤北，同当地的民间小调、山歌、渔鼓相结合而形成，由于表演时跳花鼓唱小调，俗称唱花鼓或调子戏。唱腔音乐来源于民歌、小调、民间说唱及师道音乐等，分为"正调"、"小调"、"杂调"三大类。属联曲体的音乐结构。表演、行当近似采茶戏。脚色行当分为小生、小旦、正旦、彩旦、婆旦、花面、小丑、老生等。代表性传统剧目有《打鸟》、《球莲砍柴》、《小换包》等。

11. 山歌剧

山歌剧亦称"客家戏"。流行于广东梅县、兴宁、惠阳地区的客家方言区。是 20 世纪 50 年代在客家山歌基础上发展起来的新型剧种。唱腔主要是各种原腔山歌和民间小调，还有少量的佛曲和古人吟咏诗词的"诗板"等。语言生动，音韵和谐，旋律优美，抒情叙事兼长。大多数剧目都反映现代生活，较有影响的剧目有《彩虹》、《挽水西流》等。近年来又出现了《等郎妹》、《山魂》、《桃花雨》等优秀剧目。《虹桥风流案》还被珠江电影制片厂拍为电影。

12. 紫金花朝戏

紫金花朝戏流行于广东紫金、五华、龙川、惠阳等县。是在朝拜、祭祀天后的民间歌舞"神朝"的基础上逐步发展而成。清朝末年形成的民间小戏剧种，有 100 多年历史。唱腔音乐由庙堂音乐和民间小调组成，属多段联曲体的唱腔机构。用客家方言演唱。伴奏以小唢呐为主，有帮腔。行当分为生、旦和鼻上涂一白色"半"字的丑。有丰福的舞蹈，如丁字步、穿心手、穿花、扇花等动作。脸谱、服饰颇富客家地方特色，主要剧目有传统戏《卖杂货》、《三看亲》和现代剧《苏丹》等。

13. 贵儿戏

贵儿戏又名"春色"。戏曲剧种。属娱乐兼拜年性质的活动。约萌芽于 1899 年。流行于广东省怀集县桥头乡（古称宁洞）等地。早期形式为狮舞、麒麟舞、马舞、寿星公与龟鹿鹤、八仙贺寿、采茶等。1908 年出现有人物、有故事情节的节目，称"舞人"或"演古人"。1937 年以后仅剩"舞人"一种。新中国成立前后曾演过《狸猫换太子》、《穆桂英挂帅》、《白毛女》等。其剧本不分场次，舞台不用布幕及景，只挂"横采"，道具极简单。角色登场左出右入。仅用打击乐伴奏，唱腔只有一种，男女同唱一调。词为七言偶句，以当地方言声韵平仄分上下句，音域低平，近乎说话声调。

14. 广东木偶戏

广东木偶戏流行于广东各地，香港、澳门以及美洲、东南亚也常有演出。广东木偶戏历史悠久，元代已从中原传入。木偶戏品种繁多，有杖头、铁枝、圆身、竹窗纸影、提线、布袋等形式，用各种方言和粤、潮、琼、汉、邑、黎歌白字、山歌、土调以及傀儡腔等不同的语言和唱腔曲调演出。木偶的造型各具特点，潮汕的木偶纤秀、兴梅和东江的木偶精细、五华县的木偶粗放。剧作表演方法也各有不同，有操纵者和木偶同时出现在观众面前，甚至是人偶同演。粤中是"楂颈"的，粤西则是"楂竹"的。木偶戏剧目丰富，影响较大的有《孙悟空三调芭蕉扇》、《芙蓉仙子》、《花子进城》、《追车》等。著名演员有郑寿山等。

15. 大棚戏

大棚戏是木偶戏剧种。流行于珠江三角洲的顺德、南海、中山、新会等地。当地称之为"扯线公仔戏",又因唱曲对台上台下一起帮唱,当地俗称"大家"、"众人"或"人棚",故又名"大棚戏"。相传有两百多年历史。音乐曲调有平调、广调、正线等三种板腔。亦间有昆曲中的牌子曲,统用26条线,行腔高亢缓慢。伴奏乐器以竹提琴、二弦、三弦琴为主。打击乐以檀板为主,加上单竹、馒头鼓、高边锣等。主要剧目有《苦凤莺怜》、《龟山起祸》等。

16. 提线木偶戏

提线木偶戏俗称吊线戏或"傀儡戏",流传于广东茂名、湛江、梅县、大埔县、五华县。相传明代万历年间,由闽南传入广东,至今已有400年历史。

提线木偶的线分为软、硬两种。一般有十多条线,多的达二三十条,表演难度较大。梅县地区的木偶精细,角色分为生、旦、丑、公、婆、净等六大行当。音乐除汉曲外,还吸收民间小调、现代歌曲、客家山歌等。曲调、板式多样,念白全用客家话。梅县已故著名木偶艺术家谢发独创的"傀儡腔",用客家方言演唱,别具一格,至今流传不衰。广东提线木偶的表演,以提线为主,博采杖头、布袋、皮影及杂耍等各家之长,糅合融化创作出新的表演艺术技巧。

17. 潮州纸影戏

潮州纸影戏又名皮影戏、皮猴戏,近称"铁线木偶"。原来的纸影、皮影,是用纸板戏皮革剪纸人像或物像,背后连结竹箸,由演者在遮有白竹纸或玻璃板的屏幕后面抽动、用灯光在后面照射,使影像映在屏幕上而演成的影戏。清代,潮州纸影、皮影相当盛行,与河北滦州齐名。清末民初,潮州纸影、皮影吸收了提线木偶、举箸傀儡(布袋戏)的艺术形式,将平面的纸影模型改为立体,人物高不过一尺,背后和双手连结铁箸,艺人提箸表演,将影灯放于幕前,一如真人演出的缩影。潮州木偶装制精巧,头像可随时更换。持箸艺人常包唱生、旦、丑、净多个角色,乐手也兼唱或操作多件乐器。其唱腔和剧本与潮剧同。

二、民间曲艺

1. 白字曲

白字曲是流行于海丰、陆丰、惠东一带的古老曲种。它是由闽南流行的"畲歌"以及唐宋"变文"衍化而来的,曾称为"南管"、"南音"。入明,戏曲兴盛,福建竹马戏传入粤东,形成当地的白字戏,以这种曲调为声腔,才逐步统称之"白字曲"。明清时期白字曲也相当流行,当地"曲斋""闲间"(曲馆)遍布,均唱白字曲,有唱故事的,也有颂神祈福的,内容十分丰富。曲式分为弦仔曲、吹仔曲、平板曲几种,弦仔曲、吹仔曲曲目大致相同,常演曲目有《劝善记》、《琵琶记》、《珍珠记》等;平板曲常演曲目有《蒋兴哥连》、《杜十娘连》和《王双福连》等。

2. 采茶调

采茶调是汉族的民歌,在我国西南的一些少数民族中,也演化产生了不少诸如"打茶调"、"敬茶调"、"献茶调"等曲调。居住在滇西北的藏胞，劳动、生活时唱不同的民族，如挤牛奶时，唱"格格调"，结婚时会唱"结婚调"，宴会时会唱"敬酒调"，青年男女相会说会唱"打茶调"、"爱情调"。居住在金沙江西岸彝族支系白依人，旧时结婚第三天祭过门神开始正式宴请宾客时，吹唢呐的人，按照待客顺序，依次吹"迎宾调"、"敬茶调"、"上菜调"，说明我国有些兄弟民族，和汉族一样不仅有茶歌，也形成了若干有关茶事的固定乐曲。

3. 花灯

花灯又名彩灯，是我国传统的综合性节庆民俗工艺品。

"盛世办灯会"源于汉，盛于唐。古往今来，举办灯会均与国泰民安的政局和风调雨顺的年景紧密相连。经过千百年的发展，形成了火树银花、歌舞百戏，举国同欢的盛大场景和独具一格的、富有民族风情和民间特色的彩灯文化。

4. 春牛

明代，信宜县已盛行春牛舞，后流传到茂名等地。信宜县的春牛舞，根据《大字通书》的春牛图仿制一头牛，由2人表演，另有男女3人做伴，边唱边舞。唱词以牛为中心，即兴编成，多为三、七、十字偶句，下句按方言押韵。唱腔仅有"牛娘调"一种。后逐渐演变成"牛娘剧"，流行于径口、安莪、朱砂、洪冠等地，多在春节、元宵期间表演。

5. 雷州姑娘歌

雷州姑娘歌源自雷州半岛的民歌，原称雷州歌，因歌者多数是姑娘，并有歌班组织，经常三五成群到市井街头卖唱，又经常搭台"斗歌"，影响甚众；后又利用歌唱劝说人们改恶从善，寓教于乐，故被人们称之为"姑娘歌"和"劝世歌"。清嘉庆年间，姑娘歌班艺人不但出现了一批很受群众欢迎的职业艺人，而且赢得不少社会名流、文人墨士的支持，纷纷为她们撰写歌本，如陈昌齐（海康县人，清乾隆三十六年进士）、黄清雅、丁宗阁（均是海康县人，清嘉庆年间举人）等，陈昌齐的《断机教子》一直流传至今。

6. 粤曲

粤曲是流行于广东省的广州方言地区和香港、澳门及海外广东籍华侨聚居地区的一个曲艺曲种。约于清道光年间由戏曲清唱的"八音班"发展而成。早期为盲艺人"师娘"（俗称"盲妹"）穿户卖唱，后渐有在茶楼登台演唱的。1918年出现非盲人的"女伶"，此后队伍迅速扩大，并发展了音乐唱腔，形成多种流派。1939年后进入专营曲艺的茶座，受黄色音乐的影响而趋向衰落。新中国成立后进行改革，发扬了曲种的原有特色，并发展为多种演唱形式。表演上分十大行当，一个演员可兼数种行当的声腔。以梆子（相当于西皮）、二黄为基本唱腔，另外有多种曲牌。根据角色，又分为大喉、平喉、子喉三大类。大喉、平喉为男角专用腔，子喉为女角专用腔。伴奏乐器除民族乐器如二弦、短喉管、月琴、椰胡、洞箫、琵琶、二胡、扬琴、横箫等外，也使用小提琴、单簧管等西洋乐器。传流曲目大喉有《夜战马超》、《武松大闹狮子楼》、《岳武穆班师》等，平喉有《风流梦》、《再折长亭柳》等，子喉有《燕子楼》、《雷峰塔》、《潇湘夜雨》等。新中国成立后有不少反映现实生活的作品，如《羊城新八景》、《许云峰舌战群魔》、《朱老巩护钟》等。

7. 龙舟

龙舟也叫"龙洲歌"，流行于珠江三角洲，起源说法不一。一说为清乾隆年间由广东顺德的破落子弟所创，是水上渡船"龙舟佬"卖唱时的腔调；一说系天地会等团体为宣传革命而编创,与木鱼关系密切。演唱时一人手执木雕小龙舟(舟上的人物牵线可动),胸前挂小锣、小鼓,边唱边敲,以掌握节拍。演员除在渡船上卖唱外,也有沿街穿户演唱的。唱词基本上为七字句,早期只唱不说,现已发展为有说有唱,并有对唱等形式。伴奏乐器除锣鼓外,也有加弦乐的。传统曲目以民间故事、社会新闻为主。辛亥革命前,有"社会龙舟"、"政治龙舟"、以宣传资产阶级民主革命,代表作有《社会龙舟庚戌年广东大事记》等。新中国成立后,粤语地区的专业、业余文艺团体,广泛利用"龙舟"形式进行宣传活动。

8. 南音

南音是流行于珠江三角洲一带的曲艺曲种。是在曲艺木鱼、龙舟基础上,吸收扬州弹词等曲种的音乐发展而成的。一说系扬州弹词衍变而成;也有认为系南词音乐传入广东后,与木鱼、龙舟结合而成。唱词基本为七字句,格律严谨。过去都为独唱,以唱为主,现也有说唱结合和集体演唱的。音乐性较强,句格、声韵较严谨,行腔婉约、悠扬,旋律优美,善于表现各种不同的思想感情。伴奏乐器有扬琴、椰胡、三弦、洞箫、琵琶等。唱调有长起板、正线慢板、流水等。传统曲目以《客途秋恨》最为著名,反映现实生活的作品以《沙田夜店》影响较大。

9. 木鱼

木鱼也叫"摸鱼"、"木鱼歌"、"沐浴歌",是流行于广东粤语地区的曲艺曲种,是"宝卷"传入广东后,与当地民歌合流而成的一种粤语说唱。早期佛教徒传唱佛教故事,演唱时仅敲击挖空的硬质木头以掌握节奏,俗称"唱木鱼"。清乾隆、嘉庆年间,当地凡诗赞体的说唱,通称"木鱼"。其后出现说咱民间传说故事的曲目。唱词基本为七字句,音乐节奏自由,无起板和过门。曲目以长篇为主。长篇以《花笺记》、《二荷花史》、《背解红罗袄》等影响较大。木鱼的曲调已为粤剧、粤曲吸收为专腔曲牌。

10. 清唱

潮曲清唱源自潮州歌册,作品题材大都取自戏曲故事,潮剧流行后,潮曲清唱曲目基本来自潮剧,如《大难陈三》、《咬脐郎》等。

11. 粤讴

粤讴是流行于广东粤语地区的曲艺品种。相传清嘉庆年间粤人冯询、招子庸在曲艺木鱼、南音基础上发展而成的。一说起源甚早,汉代粤人张买已能作"越讴"。唱词基本为七字句,分为起式、正文、结式三个部分。多为徒歌,也可加用琵琶、洞箫、扬琴等管弦乐器伴奏。音乐旋律悲凉沉郁,适宜于表现感怀伤愁一类情绪。曲目内容多写男女爱情,除短篇外,也有篇幅较长的作品。以《解小事》、《夜吊秋喜》等最为著名。

12. 潮州歌册

潮州歌册是流行于广东潮州、汕头一带的曲艺曲种。在福建西南地区以及香港、澳门、东南亚潮语华侨居住地区也很盛行。相传明代中叶已有歌册曲目的刊本。清代以来,歌册刊木大量流行,与潮州戏关系密切,不少曲目如《荔镜记》、《苏六娘》、《金花牧羊》等均与潮剧剧目相同。过去为一人徒歌,音乐具有朗诵色彩。新中国成立后配以弦乐伴奏,并有表演唱等新的表演形式。传统曲目不下数百种,长、中、短篇均有。有不少反映现实生活的作品,如《南海长城》、《红珊瑚》等。

13. 竹板歌

流行于粤东客家方言区，曲调源于客家山歌，由山歌演唱叙事性歌词衍变而成。竹板歌由演唱者手持竹板，边敲边唱，内容有抒情、叙事两种。传统曲目有长篇故事《赵玉麟》，散篇小段有《十二月长工》、《十二月怀胎》、《八月十五看月光》等。

14. 乐昌鱼鼓

乐昌渔鼓起源于道曲，是道教活动中演唱的曲子，用来演唱故事，故亦有"唱道情"之称谓。衍变为曲艺形式后，为了方便表演，加上渔鼓（亦称道筒）、简板作为伴奏乐器，逐步改称渔鼓。渔鼓曲目取材于民间传说、历史故事，有《三门街》、《三度林英》、《再生缘》、《庄子试妻》、《抱筒见姑》等一批群众喜爱的传统曲目。

15. 莲花闹

乐昌莲花闹又称"过街"，原是一种叫化行乞讨彩的惯用腔调，由于群众熟悉，被曲艺艺人用来演唱故事，又加入了北方莲花板的拍板节奏，逐称之为莲花闹。莲花闹的传统曲目有《赶子看羊》、《化子求济》、《化子骂相》等。

16. 吴川木鱼

吴川木鱼是粤西地区民间曲艺形式，是广东木鱼在吴川地方化的一种说唱形式。从业艺人多是瞽目女人，表演与唱腔均和广东木鱼相差不大，但板式变化较为丰富。地方化后开始有自己的曲目，如《十教妇人》、《十教才郎》、《周氏教女》、《老女思夫》等。

17. 禾楼歌

木鱼是一种民歌，它有悠久的历史，相传从前人们演唱这种民歌的时候，敲打着一个木制的形似鱼的乐器为节拍，名之为"木鱼"歌；每年中秋节前后，为了"酬神还愿"预祝来年风调雨顺，国泰民安。村民兴高采烈，有唱有和，称为禾楼歌。

18. 牛娘调

牛娘调发祥于信宜县的径口镇。当地民间"舞春牛"活动甚兴，慢慢地人们便利用舞春牛的曲调诵唱诗文，编唱故事，教人们如何处世做人，勤俭持家，以及不误农时，精耕细作等，曲目题材十分广泛。主要曲目有《牛娘劝夫》、《十劝弟》、《牛娘教女》等。

三、民 间 音 乐

1. 广东音乐

广东音乐是流行于以广州为中心的珠江三角洲及广府方言区的一种传统丝竹乐种，以其轻、柔、华、细、浓的风格和清新流畅、悠扬动听的岭南特色备受喜爱和欢迎，遍及中国大江南北，流行世界各地。

广东音乐至今已有400多年历史，经历了萌发期、发展期、成熟期。现有曲名和乐谱500多首。广东音乐开放性地选择、吸收外来音乐文化及国内其他民间艺术的有益成分，并加以改造，为我所用，形成音色清脆明亮、曲调流畅优美、节奏清晰明快的特点，被国外誉为"透明音乐"。20世纪20年代到30年代，是广东音乐的鼎盛时期，人才辈出，新的作品不断涌现。无论国内，还是海外都能听到广东音乐，它也是海外华人与祖国家乡联系情感的一条纽带。

广东音乐与粤剧、岭南画派被誉为"岭南三大艺术瑰宝"，是广东文化的"三张名片"。

2. 广东汉乐

广东汉乐作为广东省地方民间乐种之一，有自己的完整体系和艺术风格。传统的广东汉乐所用乐器有文乐和武乐（打击乐）之分，文乐类的特色乐器有头弦、提胡、椰胡、唢呐和筝；武乐类的特色乐器有大锣、碗锣、当点。广东汉乐的曲目丰富，演奏形式多种多样。20世纪80年代有谱可查的曲目就达600多首，其中丝弦音乐350多首，中军班音乐60多首，唢呐曲牌120多首，民间小调60多首。其乐曲有来自中原宫廷音乐、古代音乐的，如中军班乐曲《大乐》、丝弦音乐《南进宫》；有由古琴曲演变或摹仿而来的，如《渔樵问答》；有原属琵琶曲的，如《浪淘沙》；有原属戏剧曲牌的，如《得胜令》；也有由民歌、小调转化的，如《剪剪花》。线弦乐曲有"串调"和"大调"之分，大调指68板乐曲，余为串调。广东汉乐有"硬线"与"软线"之别。中军班音乐的乐曲按其用途性质分为礼乐、喜乐、祭祀音乐、敲板调和小调吹奏等门类。

广东汉乐广泛流传于省内外以至海外客家籍侨区。早期流传于粤东、闽西、赣南等地，随着客家人向周围扩散，远至粤北、东江流域一带，台湾亦有从大埔、蕉岭、梅县、平远、饶平等地迁去的客家人，演奏的汉乐称为国乐。闽南一带至今仍有汉乐爱好者，他们称汉乐为雅乐。在东南亚的印度尼西亚、新加坡、马来西亚、泰国等地几乎有客属会馆的均有业余汉乐活动。

3. 潮州音乐

潮州音乐广泛流行于粤东、闽南、广州、上海、台湾、香港、澳门等地以及东南亚各国和世界潮人聚居的地方。起源可追溯到唐、宋年间。

潮州音乐品种繁多，大致可分为：潮州锣鼓乐、笛套古乐、弦诗乐、细乐、庙堂音乐、外江音乐。锣鼓乐又包括：潮州大锣鼓、潮州小锣鼓、潮州苏锣鼓。潮州音乐既能表现小桥流水式诗情，又能演绎气壮山河史诗。"二四谱"是潮州音乐独有而又最古老的谱式；乐律使用别致的七平均律，"7"、"4"二音特殊音程展示潮乐独特韵味，二音的运用构成潮乐轻六、重六、活五、反线等调式。演奏上强调作韵和即兴加花二种技法的发挥。

4. 潮州锣鼓乐

潮州音乐的一种，是流行于潮州、潮安、汕头、澄海等地的民间吹打乐，有大锣鼓、苏锣鼓、花灯锣鼓和鼓畔音乐等，其中以大锣鼓最为盛行。它是清咸丰年间由潮州镇台衙门吹鼓手欧细奴传到民间，以正字戏音乐加以改造，在潮州城的锣鼓馆传授，并在民间竞技斗艺中不断发展完善，而成为今天的大锣鼓乐。潮州大锣鼓演奏的队伍多至数百人，以大钹、斗锣、深波等为主要打击乐器，辅以管弦。声音洪亮、气势磅礴，适宜于广场演奏和游行演奏。演奏节目多沿用正字戏唢呐牌子成套的连奏形式，传统乐曲约有十八大套，大多为戏曲、历史题材，也有描写生活景物的曲目。大锣鼓是潮汕地区广大人民群众喜闻乐见的自娱自乐的音乐形式，过去多在游神赛会时演奏。新中国成立后，潮州大锣鼓是民间节日或喜庆活动的主要项目。近年，群众性的锣鼓班遍布城乡，仅潮州市的大锣鼓班就有300余班。

5. 锣鼓柜

锣鼓柜是民间音乐活动形式的一种。流行于珠江三角洲佛山市、顺德、南海一带，始于清代嘉庆年间。锣鼓柜是用一个宽2尺许、长5尺、雕龙绘凤的飞檐四柱亭子式的木柜，内悬大铜锣及放置沙鼓等敲击乐器，表演时以大小唢呐模仿粤剧生、旦的板腔，其余乐器伴奏，表现特定的戏剧场面或演奏牌子曲和小曲。由于锣鼓柜表演形式灵活，无论室内或广场，坐演或游行皆可，是群众自娱自乐的好形式。工余多在室内或谷坪上演奏，神诞赛会、喜庆节日则以四人抬着柜子，边游行边演奏，演奏者将三弦等乐器高举，或架放于后肩膊之上反手而弹，或置放于头顶举手弹拨，还有各种鼓槌花的表演，很受群众的欢迎。

6. 十番

十番是民间传统音乐的一种，俗称"十番锣鼓"。由若干曲牌与锣鼓段连缀而成的一种套曲。原为北方民间俗乐，后流传各地。明、清时期由安徽、江浙一带流落广东的艺人传授，经过民间的演奏变革，逐渐发展为富有广东地方特色的民间音乐，在佛山、南海、吴川均有流传，是群众喜爱的业余音乐活动形式。十番演奏以高边锣、大文锣、翘心锣、单打、大钹、飞钹、大鼓、群鼓、沙鼓、响螺等十多种乐器反复地演奏，曲牌有"叫头"、"挂牌"、"起板"、"长锣"、"碎锦"、"七字清"、"耍金钱"，等等，颇为丰富。十番乐韵铿锵爽朗，气氛昂扬激越，表演者以数尺绳子系着小钹，双手分别耍动绳子，使两钹擦击发音，技法多变，有单飞、双飞、左飞、右飞、反手飞、头上飞、翘手飞、阴飞阳飞等技法，如金蝶飞舞，别有一番情趣。

7. 八音

"八音"是指我国古代乐器的总称，古人根据制造乐器的材料不同，将乐器分为匏、土、革、木、石、金、丝、竹八类，用这八种材料制成的八大类乐器称"八音"。

8. 客家山歌

客家山歌是流行于全国客家人居住地区，由劳动人民口头创作、口头唱诵的一种民歌，尤以广东梅县一带最盛。

客家山歌随客家先民由中州一带南迁而来，上承《诗经》遗风，以"赋、比、兴"为主要表现手法，常用重章叠句和比喻、双关的修辞手法，每首4句，每句7字，第一、二、四句末押韵，多用平声韵，字句平仄也较为讲究。用客家语组词，通俗易懂，形象生动，唱时琅琅上口，极富客家语特色和地方特色。民间流传的客家山歌中，主要是情歌，其次是歌唱劳动生产和调笑自娱的山歌。还有以打板配合演唱的"五句板"，每首七言五句，叙事抒情，亦颇受群众欢迎。

新中国成立后，客家山歌的活动形式已由独唱、对唱，发展为山歌剧形式。1983年梅县地区将每年中秋节定为"山歌节"，各县、乡皆于此日举行山歌打擂台等活动。近年来山歌擂台发展成为国际山歌艺术节，邀请了世界各地的客家人来表演。

9. 雷歌

雷歌是雷州半岛的一种民歌，源自"雷谣"，宋代已有流传。古雷谣的句式多为三字一顿，两顿一句，句数不限，各句式为七字一句，四句为一曲，韵在一、二、四句末字，各句四三分顿，构成起、承、转、收的曲调。雷州群众以歌抒情，直倾胸臆。明末清初，对歌或一唱众和的群众性对歌活动已成风习，成为雷州人民喜爱的民歌。

10. 咸水歌

咸水歌是民间歌谣的一种。流行于广东珠江三角洲沿海地区，原是水上居民的歌谣，在中山的沙田区、斗门、顺德、南海等地均有流传。咸水歌一般由两个乐句组成单乐段体，曲调悠扬，善于抒情。还有一种叫"长句咸水歌"，在句子的固定起式与终止式之间插入若干短句，使乐句歌词的需要灵活扩充，既可叙事，也可抒情。今中山市坦洲镇每年都举办民歌大会唱，用数艘木船连接起来，搭成水上歌台，附近农村及斗门众多民歌手赶来赛歌。

观者十分踊跃。歌手出口成歌，对答如流。著名的民歌手有梁容胜、何福友、梁三妹等。

11. 粤东渔歌

粤东渔歌是流行于广东东部沿海各县的曲艺曲种，是新中国成立后由当地渔民的一种民歌《渔歌》发展形成的。1953年出现用渔歌编演有故事情节的歌舞，1975年，惠东县文艺工作者以渔歌编演说唱节目。传统渔歌中，以梅丰县汕尾镇的"斗歌"流行最广，发展为曲艺形式后，除吸收"斗歌"的一问一答形式外，也有叙唱故事的。唱词基本为七字句，四句或八句一组。曲目有《娶新娘》、《赞海花》、《渔家四季春》等。

12. 五句板

五句板又称"五句落板"，"竹板歌"，是流行于广东客家地区的一个曲艺曲种，因其唱词每节都用五个句子组成，演唱者又手执四片竹板，边敲边唱，故名。又因有些乞丐沿门求乞时用此歌唱，故也有叫"告化歌"、"乞食歌"、"江湖调"的。新中国成立前除乞丐告化歌唱外，也有盲女（盲妹仔）集结"盲馆"专业演唱。此外，农民业余演唱也很流行。据说古老的竹板歌体制近于古乐府诗体，辛亥革命后才固定为七言五句，并间以说白；现已突破原有句式格局，曲调旋律和节奏也有所变化。传统曲目内容多为表现历史故事或民间传说，长篇如《梁山伯与祝英台》、《孟姜女万里寻夫》、《林昭德卖水》等；乞丐所唱多为篇幅短小的劝世文。

新中国成立后有反映现实生活的作品，如《翻身歌》、《万古留香》等。

13. 潮州歌谣

潮州歌谣，是劳动人民创造的，为广大人民群众所喜闻乐见。它主题鲜明，感情充沛，语言朴实，通俗易懂。在旧中国，潮汕劳苦大众受尽欺凌上天无路，入地无门，有冤无处申，有理没处讲，或三五成群，或田间地头，或榕树阴下，或乐社、闲间，倾吐心声，向往未来，寄托希望，或吟歌解愁，苦中取乐。潮州歌谣是潮汕民间文学的瑰宝，是一个时代劳动人民的思想感情的体现。

作为中国民歌组成部分的潮州歌谣，同样也保留着不少古时遗风，有既古老、生命力极强、流行极广的起兴复沓式，有叙事道情、人物性格强烈鲜明的讴歌式，有四句和韵组式，有快板、顺口溜式，有清唱也有曲牌的表现形式；还有类似乐府诗歌，有的类似《诗经》，有的类似南北朝吴声，有的类似说唱文学。

两汉时，中国民歌的三种重要体裁均已形成，即叙事长诗，可合乐歌唱的抒情歌体，以及不入乐的民谣体，民歌的形式已趋于成熟。潮州歌谣仍然保留着乐府诗歌的特色，如《挨呀挨》等一类歌；有的类似乐府地十二时民歌民谣，如《正月点灯笼》、《正月桃花开》，等等。

潮州歌谣保留着《诗经》朴素诙谐的语言特色，吟读起来，令人捧腹大笑。潮州歌谣的"颠倒歌"，是一种奇特的地方民谣，入木三分，诙谐有趣。潮州歌谣还深深地打上了说唱文学的印记，时而说唱叙事，时而对答如流，是一部具有很强研究价值的口头文学，妙趣横生，生动有趣。

潮州歌谣，曾被称为"岭南的翘楚"，它的形成和流传，具有十分古老漫长的历史；潮州歌谣吸收历代诗、经、乐、歌、谣的艺术精华，兼收并蓄，口语化、方言化、故事化、人民化，是具有很高研究价值的口头文学。

四、民间舞蹈

1. 英歌舞

英歌舞是流传于潮汕地区的民间舞蹈之一。其主要表演形式为大型团体舞、舞者双手各持一根短木棒，上下左右，相互对击，在大锣鼓伴奏下边打边旋转，有六十四阵图，变化复杂，是节奏鲜明、动作强劲有力、情绪热烈的男子舞蹈。英歌舞始自明代中期，至今已有500多年历史。潮汕英歌分为普宁、潮阳两个流派，普宁英歌节奏明快，鼓点紧密，动作铰巧，而舞者人数不限，既适于广场表演，也可在舞台演出。潮阳英歌以棒数分类，按三、四棒，七、八棒，十六棒分为三类，大舞队由108人组成，扮成梁山泊英雄脸谱，也可由36人或72人组成，其动作幅度大，粗犷威猛，气势磅礴，适合广场演出。现在，活跃在普宁、潮阳、惠来等地的英歌队共有140多支队伍，每逢节日喜庆，多有英歌舞表演。

2. 跳花棚

跳花棚原称跳棚舞，流行于化州官桥镇长尾公村一带。

每年秋收结束，大雪（节气）将临时，在长尾公村与广塘尾村之间，搭起草棚（戏台），饰以"七十二贤"和花卉。村民杀猪杀鸡，备办三牲食品敬神。入夜开始"跳棚"，演至凌晨才结束。跳棚舞分18科（段）。跳棚舞的演员可多至百人，头戴面具，身穿古袍服，形象原始粗犷。演唱配以击乐，表现"驱邪除恶，物阜民安"的主题。

1954年，化州县文化馆从长尾公村的老人口中，搜集、整理跳花棚舞，参加湛江地区文艺会演。1986年5月，在茂名市首届民族民间文艺会演中，跳棚舞获一等奖。1988年，经化州文化部门再加工整理，定名为《跳花棚》，在广州市东方乐园演出，获各界好评。

3. 花环龙

花环龙是民间舞蹈的一种，流传于广东大埔县北部山区。花环龙用一节节系满彩色飘带的花环组成龙身，轻巧灵活，柔软优美，故又称软腰龙。由于它具有舞动自如的特点，表演时不受场地条件的限制，宜于农村山区活动。花环龙舞者一般为甘壮年男子，上男靠手臂动作节奏强劲地舞耍，下身则采用站、踩、跪、骑、坐等姿态。舞者配合默契，穿插盘旋，袅娜多姿。

4. 新会纱龙

新会纱龙是民间舞蹈的一种，流行于广东省新会县，以荷塘村最有名，故又称为荷塘纱龙，至今已有1000多年历史。纱龙长40米，用竹篾扎成骨架，扪以薄纱，晚间起舞时，在龙框内点燃特制的蜡烛，光彩夺目，玲珑生辉。起舞时，由一人耍舞龙珠作指挥，26人各举一节，翻腾滚跃，变化出丰富多彩的图景。主要的舞技有穿龙门、走梅花桩、变海棠花、上龙桥、反脊、戏水、卷塔、团龙、跳龙等，配上纱鲤鱼共舞，富有水乡特色。

5. 佛山彩龙

佛山彩龙是民间舞蹈的一种。流行于佛山、中山等地，兴起于明末清初，是佛山民间秋色盛会的表演项目之一。彩龙骨架用竹篾扎成，龙头用丝绸扪衬，配以绒球、镜片及剪纸图案，龙身用丝绸披盖，采用顾绣手法，用五色丝绸逢制成一片片立体的龙鳞，富有浓郁的民间地方色彩。龙身分19—23节，龙长数十米（最长的为80米），由精壮男子各举一节耍舞，技法有"之字游龙"、"叩龙门"、"双穿龙"、"戏柱"、"盘龙"、"翻脊"、"双孖金钱""等。耍舞时，彩龙金碧辉煌，璀璨夺目，雄伟壮观。是当地群众十分喜爱的广场舞蹈。

6. 中山醉龙

"醉龙"源于广东省中山市西区长洲村，是古代中山民间特有的舞蹈。每年农历四月初八浴佛节祭祀后，要举行舞醉龙的巡游活动。道具只有龙头和龙尾，而无龙身。舞者仅需两人，各执龙头、龙尾。舞龙者需喝大量的酒，乘着酒兴而舞，并且做到行醉而意不乱。

据说此舞源于数百年前的中山市，其时香山境内瘟疫横行，乡民求助佛祖，抬着佛像路过河边时，河中突然冒出一条大蛇，被乡民砍断后血染河水。乡民喝此河水，瘟疫尽除。大家认为这是龙王现身，便创醉龙舞来纪念龙王的恩德。

此舞没有固定的套路，凭舞者自由即兴发挥。舞者醉态朦胧，时而东歪西倒、伏地翻滚；时而凌空腾飞、金鸡独立，可谓妙态横生。舞蹈中，舞龙者如无醉态，持酒者须从旁强灌，务使舞龙者带醉而舞。

7. 貔貅舞

貔貅舞是民间舞蹈的一种。源于广东吴川市，流传于粤西地区，相传始于明代。貔貅是民间传说中的猛兽，头似狮子，身像老虎，毛色斑斑，性情暴烈顽皮。舞队由舞貔貅、锣鼓队、武术队组成，少者十多人，多者数十人，貔貅舞套路有舞貔貅、斗貔貅、貔貅战、上牌山等。舞者有刚有柔，节奏明快激昂，动作潇洒刚健、威武雄壮。其中以貔貅上牌山最有特色。由10人手持盾牌搭成人桥，40人组成三层人塔，高达8米，舞蹈由"貔貅反山"、"过桥"、"上山"组合而成，动作有探路、搔痒、扑食、翻滚、戏水、过桥、爬山等。在锣鼓声中，貔貅通过人桥，攀登三层人塔，至顶部时，貔貅凌空起舞，人塔同时不停地转动，技艺高超，惊险有趣。

8. 鹤舞

鹤舞又名出鹤，民间舞蹈的一种。流传于广东中山沙溪镇，以申明亭乡最具盛名。中山鹤舞始于明代，粤语中"鹤"与"学"谐音，人们以鹤舞迎接学有成就的乡民，以兴学风，凡民间喜庆节日都有出鹤表演，是一种游行表演的舞蹈。清代以后，鹤舞与蚌舞融合，名曰鹤蚌相嬉。民国以后，又加进了鲤鱼灯引鹤。道具用竹篾扎成鹤形，用白纸、布剪贴白鹤羽毛。选技术高超的武术师傅表演，表演者上身套白鹤道具，模仿鹤的各种动作。表演时，伴唱鹤歌，还有民乐演奏，高照牌灯、花篮、飘色一起出游表演，规模盛大，富有特色。

9. 布马舞

布马舞是民间舞蹈的一种，流传于广东饶平北部山区。初期舞蹈所表现的内容是《状元游街》。相传宋代有一新科状元，因抗击金兵有功，皇帝为表彰其功绩，赐他会同探花、榜眼、进士及各自的夫人、童子，策马游行庆贺。民间艺人以此内容编成布马舞流传于世。后来增加了《六国封相》、《昭君出塞》、《草原民兵》等内容。舞蹈的道具有布马七骑至十一骑。舞蹈音乐初时用简单的鼓乐合奏，后来采用广东汉乐大锣鼓，继而改用潮州大锣鼓。舞蹈队形变化多样，有蛇开阵、闯跳四门、蝴蝶采花等。表演时，时而战马奔腾，汹涌澎湃，时而街头漫步，娴静抒情。

10. 澄海蜈蚣舞

澄海是粤东早期对外移民港口，也是红头船的故乡。当时游神赛会之风甚盛，民间动物舞蹈也应运而生。蜈蚣舞起源于清同治至光绪年间，由西门乡人陈成锦与好友石文勇首创。

蜈蚣全长22米，分为头、身、尾三部分组成，身躯用硬、软28节布框衔接而成，屈伸自如。蜈蚣舞表演时由1人擎彩珠带引，15人执蜈蚣，藏身蜈蚣腹下，弯腰屈腿，操纵蜈蚣蜿蜒爬行，惟妙惟肖地模仿蜈蚣的形态、习性，表现出一种强烈、稳健、磅礴的气概。蜈蚣舞融音乐、舞蹈、武术于一体，观赏性强，场面壮观。曾作为文化交流的使者，多次应邀赴海内外献演。1937年赴香港参加庆祝英皇乔治六世加冕盛会，轰动香江。

11. 鳌鱼舞

鳌鱼舞是民间舞蹈的一种，流行于广东省澄海县一带，1943年由该县莲上镇永新村始创表演。鳌鱼分为头、身、尾三部分，用藤、竹扎成骨架，以夸张手法绘出鳌鱼的形象，身长10米，鱼身坐上扮演龙女的少女，由5人操作表演。舞蹈由"出海"、"登鳌"、"跃龙门"三段组成，在彩珠的引导和水灯舞的配合下，构成大海波涛的意境，鳌鱼游弋其间，在潮州大锣鼓的伴奏下表演，气势磅礴。

12. 麒麟舞

麒麟舞是民间舞蹈的一种，流行于广东粤西地区。舞蹈由八宝标旗和两头麒麟组合编成，兴起于明初，民间常用于欢庆元宵的游行队伍。麒麟，在民间喻为吉祥物；八宝实指八仙；标旗是六国旗、五色、罗伞的总称。六国旗指战国时期齐、楚、燕、赵、魏、韩的帅旗，意喻五福临门、五谷丰登、吉祥镇邪。栩栩如生的麒麟在60支工艺精美、色彩斑斓的八宝、标旗的衬托下翻腾起舞，时而追逐，时而猎物，时而相互逗趣，生动感人。

13. 长鼓舞

长鼓舞是瑶族民间舞蹈的一种，流行于广东瑶族地区。长鼓有大小两种。舞者一般左手横握小长鼓中间，上下翻转舞动，右手随之拍击鼓面；也有男舞者将大长鼓系在身前，双手边敲击边舞。一般敲击的方法分为文长鼓和武长鼓两种，前者动作柔和，后者动作粗犷。此舞多为女子表演，舞者将长鼓系在身前，左手拍击鼓面，右手持细竹敲鞭击鼓面，边击边舞，动物娴熟自如，优美热烈，且载歌载舞，表现欢乐的情绪。

14. 钱鼓舞

钱鼓舞，俗称"踏钱鼓"，有钱鼓"迎春"之说。流传于汕尾市，由闽南传入，距今750年历史。

钱鼓舞有"双人舞"、"四人舞"、"群舞"，载歌载舞，有人物、情节、动作优美、音乐典雅。唱腔衬词用"啰哩嗹"，是一种古老的梵曲。舞蹈动作有两套：一套属钱鼓的舞蹈动作，如击鼓、摇鼓、打鼓、抖鼓、抛鼓、接鼓等；另一套属串演故事的戏曲动作，如骑马、勒马、望楼、磨镜、照镜、穿针、引线、绣花、相会等。两套动作糅合一起，天衣无缝。可以说，钱鼓舞是民间歌舞、说唱音乐向戏曲艺术过渡的绝妙范例，具有很高的历史文化和艺术科学价值。

五、民间工艺、美术

1. 广东民间剪纸

广东民间剪纸是广东民间传统装饰艺术的一种,宋代已广为流传,明代已很盛行。民间剪纸包括纯色剪纸、复衬、写料(铜凿)、铜衬、花钱等五大类。题材多为历史故事、神话、戏曲故事、动物、瓜果、龙凤纹样、蝴蝶、金钱、如意、花卉等。以剪刻、凿、印、写、衬等技艺并用,有强烈的地方独特风格,其中以佛山铜凿和写衬剪纸最具特色。"钢凿"是在一片铜铂之上,用一根约10厘米长的铁凿,以木槌敲击成线条绘凿图案纹样。同时在铜铂上穿上色彩的,叫铜凿剪纸;在纯色剪纸裱上白纸底后,按图样内容需要,着上色彩或衬上色纸的叫"写衬"、"纸衬"剪纸。其特点是材质和表现手法巧妙结合,乡土风味浓烈,色彩斑斓,金碧辉煌,富于装饰性和欣赏性。

2. 佛山木版年画

佛山木版年画是佛山民间美术的一种。创于明代永乐年间,清代乾隆、嘉庆至民国期间为鼎盛时期,与山东潍坊、苏州桃花坞、天津杨柳青同为全国四大木版门画基地,是珠江三角洲人民喜爱的民间艺术品,并闻名于全国。有原画、木印、木印工笔三种,包括门画、年画、神像画,以门画为主。线条粗犷刚劲、简练有力,构图色彩多用大红、丹红、黄、绿,鲜艳夺目,富于装饰性,更有吸取本地铜村剪纸的表现手法,在人物盔甲、袍带上饰绘金银图案纹样,使画面金碧辉煌,为其他年画所少见,具有浓郁、独特的地方特色。

3. 龙门农民画

龙门农民画是指吸收继承传统民间艺术形式,描绘乡土风情、民间习俗的"现代民间绘画"。富有传统民间艺术特色的农民画,已形成了自己独特的风格,是绘画门类中的一个新画种,也是区别于其他画种的显著特点。龙门农民画着重表现南国地域传统民俗文化,1989年以后又创作了一批追寻"南蛮文化"痕迹,是具有独特抽象风格的农民画,这是与其他画乡农民画的区别所在。

4. 石湾陶塑

石湾陶塑是"石湾公仔"陶塑艺术,主要分布在佛山市禅城区石湾镇及周边地区。丰富的自然资源、水陆畅达的交通,使石湾成为我国岭南重要的陶业基地。

"石湾公仔"陶塑艺术是在日用陶器的基础上发展起来的,最早可追溯到新石器时代。从石湾东汉墓出土的陶塑可见"石湾公仔"的雏形。"石湾公仔"陶塑艺术有人物陶塑、动物陶塑、器皿、微塑、瓦脊陶塑五大类,其中以人物造型为代表。"石湾公仔"善于吸收各种文化艺术的精华,形神兼备、高度写实和适度夸张的结合,使其兼有生活趣味和艺术品位,形成鲜明的地方风格。

"石湾公仔"陶塑艺术是经历了千百年积淀的艺术精华,具有很高的历史价值、科学价值和艺术价值,被誉为"东方艺术明珠",在中国陶瓷艺术史上有着不可替代的地位和作用。

5. 民间灰批

民间灰批又名灰塑、俗称"墙身画",是民间建筑装饰艺术之一。普遍用于祠堂、寺庙和民宅的门额窗框、山墙顶端、屋檐瓦脊以及亭台牌坊等。以明、清时期为最盛，今珠江三角洲农村仍喜用。内容多是山水、花卉、鸟兽、人物、书法等。灰批工艺精细，用石灰在建筑上雕塑造型后加上彩绘而成。表现形式有"立体"多层式、浮雕式、"半沉浮"式、圆雕式和单体灰批等。以立体灰批最具特色，以开边瓦筒、铜铁线作支架，用根灰或纸根灰造型，然后在壁上塑景物，装上单体人和物，玲珑通透、层次分明。佛山灰批色彩鲜艳，线条粗劲，强烈清新，尤其注重仰视效果。

6. 彩灯

彩灯俗称灯色，以佛山、顺德最有名。已有500多年历史。佛山彩灯品类丰富，主要分为彩灯和秋色灯两大类。彩灯是以竹篾、铁线、丝绸、色纸、玻璃纸等为主要原料，配上各种村色剪纸、图案制作而成。有竹织灯、大红灯笼、宫灯、走马灯、玩具灯、剪纸灯等，有彩龙、人物、动物、花鸟、瓜果等造型，以走马灯最有特色。其特点是富丽堂皇、玲珑纤巧、通亮夺目。秋色灯是以铁丝、刨花、芝麻、瓜仁、通草、谷壳、豆类、鱼鳞等材料粘贴而成，典雅大方，富于艺术感，其工艺巧夺天工，神乎其技，故又称为特艺灯。顺德的灯色以大良鱼灯最有特色，灯长数米，绘扎成各种色类，以长竹竿持举游行。彩灯用于春节、中秋节以及厅堂装饰、儿童玩具等。秋色灯主要用于当地民间娱乐习俗秋色盛会中的民间竞技展演，也是民间自娱自乐的艺术欣赏品，具有浓郁的地方特色。

7. 潮州木雕

潮州木雕艺术始于唐、兴于宋、成熟于明，清代是其臻于完美的全盛期。潮州木雕与东阳木雕并誉于世，尤以多层镂通和金碧辉煌的金漆木雕为世人所称道。

潮州木雕多使用坚韧度适中的樟木为材质。镂刻形式丰富多样，有浮雕、沉雕、圆雕、镂雕、通雕等手法，其镂通效果剔透玲珑，层次丰富。在一件雕刻上，常以"之"字形布局构图，以山水亭阁巧妙分割，把曲折、连续的故事处理为虽断实连的一组不同图景——人物繁而不乱，情节鲜明而有序。潮州木雕通常与金漆画结合使用，以黑漆或五彩烘托金色，达到稳重典雅而又金碧辉煌的艺术效果；也有采用本色素雕，以求质相无华的风采。潮州木雕在粤东地区及福建等地的使用极其广泛，主要用作建筑、家具、神器装饰及陈设。

8. 新会葵艺

我国著名思想家梁启超的故乡新会，盛产蒲葵，特产葵扇，素有"葵乡"美誉。

新会葵艺历史久远，从东晋起，新会就已开始葵树种植和葵艺加工。经历民间艺匠千余年的探索，将编织、绣花、绘画和印花等工艺融汇一体，使葵艺加工达到了出神入化的境界。同治末年，由老画师陈晚创制的火画扇，于1952年被国家列为特种工艺品。岭南画派一代宗师关山月曾前来观摩，并曾60余次尝试"烙火画"工艺，但都无法把握烙铁的力度，每次都把扇面烧糊。最后，他只有掷"烙"长叹：真是一门绝技！

2002年，新会政府兴建了"葵博园"，把南坦葵林作为一个重要自然生态区，设有"葵树品种研发区"、"葵艺制作园"，做好葵艺的保护和开发，使新会葵艺得以流传和发展。

9. 广州象牙雕刻

广州牙雕，以象牙为原材料进行雕刻的传统民间手工技艺。远在秦汉时期，广州牙雕已有了一定的发展；到了明清时期，其工艺与生产规模达到高峰。

广州牙雕以镂雕牙球、花舫、微刻书画为代表。产品主要分为三类，一是欣赏品，包括象牙球、花舫、蟹笼、花塔、花瓶、鸟兽、人物、石山景等；二是实用品，有折扇、台灯、烟盅、烟嘴、笔筒、粉盒、图章、梳具、筷子、牙签、书签、纸刀、象棋等；三是手镯、项链、耳环、戒指、别针等。

广州牙雕重雕工，以镂空、透深的雕刻技法闻名。纤细精美、玲珑剔透，讲究牙料的漂白和色彩装饰，作品多以牙质莹润、精镂细刻见长，整体布局热闹，喜繁花似锦，不留空白。象牙雕刻与其他多种材料，如紫檀、犀角、玳瑁、翠羽等巧妙地镶嵌于一器之上，增加图案的层次，使图案更富于立体感；刀法见棱见角，华丽美观，豪华名贵。

10. 端砚

作为我国四大名砚之首的端砚，产于肇庆市东郊羚羊峡斧柯山和北岭山一带。始于唐代，清计楠《石隐砚谈》记载："东坡云，端溪石，始出于唐武德之世。"

端砚的制作过程十分复杂，主要有采石、选料制璞、设计、雕刻、配盒、打磨、上蜡等工序。因端砚石大多不抗震，所以端砚制作的各个环节均为手工制作。端砚行业有自己的行业崇拜和行会组织。端砚艺人崇拜伍丁，每年的农历四月初八都会举行盛大的祭拜活动。"端砚行"是端砚行业的行会组织，制作端砚需进入端砚行才可制作。

端砚因其下墨如风、发墨如油、不耗水、不结冰、不朽（磨出的墨汁防蛀）、护毫等而闻名于世。它是中国石砚文化的代表，具有很高的艺术、收藏和人文价值。

11. 广绣

广绣，指流传于广州及其古属地南海、番禺、顺德等地的民间刺绣工艺。唐人苏颚的《杜阳杂编》描述南海少女卢眉娘的"工巧无比，能于尺绢绣《法华经》七卷"，是目前所见最早关于广绣的文献记载，广绣流传至今已有1000多年的历史。

广绣作为我国四大名绣之一，工艺自成一家。它针法多变，针步均匀，巧妙运用针法丝理表现物像的肌理；题材广泛，色彩丰富，注重光和影的和谐运用；讲究刺绣的针法技术，更注重绣品的艺术效果，讲求"功"为"艺"用。广绣品种齐全，按刺绣材料分，主要有真丝绒绣、金银线绣、线绣和珠绣四类。

广绣从艺术风格到创作思维都充满岭南特色，其成长历程记录了岭南文化发展的痕迹，凝聚着一代代艺人的智慧。

12. 汕头抽纱

汕头抽纱是刺绣的一种，汕头地区的民间妇女多熟习抽纱工艺。用亚麻布或棉布等材料，根据图案设计，将花纹部分的经线或纬线抽去，然后加以连缀，形成透空的装饰花纹，故名抽纱。多为实用工艺装饰品，如台布、窗帘、盘垫、椅靠、手帕、服饰等。

六、民俗活动

1. 佛山秋色盛会

"佛山秋色"是佛山民间传统庆丰收的大型综合性、群众性文化艺术活动，没有神祇的偶像和祭祀仪式的出现。它质朴纯真、健康清新，是最生动、最丰富的原始艺术、乡土艺术、风俗艺术。相传起源于两晋时期儿童舞草龙庆丰收的"孩童耍乐"。明正统十四年（1449）定名为"秋色"。"秋色"意为佛山金秋的景色，因在中秋节前后的月明之夜，以大巡游的形式举行，故又称为"秋宵"、"出秋色"、"出秋景"。

"佛山秋色"活动可分为民间工艺品和文艺表演两大类。民间工艺有扎作、砌作、针作、裱塑、雕批等五种；原材料随手可得，技艺新奇妙肖，以假乱真，化腐朽为神奇。文艺表演包括民间音乐、舞蹈、戏剧、杂技、化装表演等五类。秋色巡游的表现形态又分为灯色、马色、车色、地色、水色、飘色、景色等七色。

佛山秋色大彩灯及1997年为香港回归庆典制成的280米的灯色彩龙，分别载入《吉尼斯世界纪录大全》。

2. 梅菉三绝

吴川县城梅菉镇以"泥塑"、"花桥"、"飘色"三种群众性的民间艺术活动欢度元宵节，形成别具一格的传统民间闹元宵习俗，被誉为梅菉"三绝"。

梅菉泥塑始于唐代中叶，有一年元宵节，梅菉瓦窑村有个陶工造了一座泥塑，吸引了不少群众观看，其他陶工也来凑热闹，以后每年元宵节，群众性的造泥塑、评泥塑的活动逐渐形成习俗。与梅菉镇一江之隔的隔海村群众都要来镇上赏元宵，而镇内群众也乘扁舟到隔海村看花炮。明代万历年间有一年春旱，水浅无法渡舟，隔海村有昌氏兄弟搬来全镇所有屠户用的大木台搭成桥，让群众高高兴兴闹元宵，深得人们的赞赏。次年，人们用数艘木船连接，架起浮桥，盖上拱莲，用鲜花造成五彩缤纷、巧夺天工的彩楼、花灯和大花塔，称之为花桥。年复一年，木船桥已被钢筋水泥大桥取代，但元宵搭花桥、逛花桥的习俗仍保留至今。100多年前，梅菉又兴起元宵出"飘色"，由群众自己制作，小童扮演一套套取材于神话传说或以现实为题材的"飘色"，伴之以舞貔貅、舞龙、敲长鼓、响八音、打十番，在镇内游行。梅菉群众造泥塑、搭花桥、出飘色的群众性闹元宵的民间文化活动从未间断，多彩多姿，热闹非凡。

3. 瑶族耍歌堂

耍歌堂主要分布在连南瑶族自治县的排瑶村寨。据清代姚柬之《连山绥猺厅志》风俗篇的记载，在明洪武年间（1368—1398），排瑶已有完整的耍歌堂，可见，耍歌堂至今已有600多年的历史。

排瑶没有本民族的文字，耍歌堂便成了文化交流和传承历史的重要载体，是瑶族纪念祖先、回忆历史、喜庆丰收、酬神还愿、传播知识的活动，是排瑶历史变迁、民间信仰、文化艺术、风情习俗的浓缩和集中表现。同时，耍歌堂活动也是瑶族青年男女谈情说爱和人们会亲结友的民间盛会。

耍歌堂分为大歌堂和小歌堂，大歌堂历时3天，每3年或5年举行一次，以各排为单位；小歌堂历时1天，每2年或3年举行一次，以姓氏为单位。在每年的农历十月十六日"盘古王婆"生日这天（如这一天不是黄道吉日，便提前或推迟数日）举行，一般选在较为平坦的半山坡上，每次都固定在此举行，又叫"歌堂坪"。包括师爷舞、出歌堂、过州舞、长鼓舞、瑶歌演唱和对唱、法真表演、追打黑面人等表演活动。

4. 飘色活动

飘色活动又名"挑色"。流行于广东番禺、佛山、吴川、中山等地，以番禺沙湾最盛。清代开始盛行，沿袭至今。逢节日喜庆，以游行的形式表演。飘色，是用钢筋或竹竿制成"色板"，选小童化妆成各种人物，在色板上表演历史故事、神话传说或现代题材的艺术造型，人们抬着或挑着"色板"游行，演员在一丈多高的空间表演，给人以"飘"的感觉。现时的飘色，已由过去的一板一层，发展为一板二、三层，是集戏剧、魔术、杂技艺术于一身的综合性"空飘造型"艺术。

思考题

1. 为什么要保护和弘扬民族民间文化？
2. 广东有哪几项民间艺术入选国家级非物质文化遗产名录？

附：广东民间艺术（至2013年）入选国家级非物质文化遗产名录项目统计表

序号	项目类别	名录项目	市别	保护单位	入选批次
1	民间文学（共2项）	谜语（澄海灯谜）	汕头	汕头市澄海区文化馆	2
2		雷州歌	湛江	雷州市雷歌研究会	2
3	传统音乐（共10项）	梅州客家山歌	梅州	梅州市文化馆（梅州市非物质文化遗产保护中心）	1
4		中山咸水歌	中山	中山市非物质文化遗产保护中心	1
5		古琴艺术（岭南派）	广州	广州市海珠区文化馆	2
6		十番音乐（佛山十番）	佛山	佛山市南海区博物馆	2
7		广东音乐	广州	广东音乐曲艺发展有限公司	1
8		广东音乐	江门	台山市文化馆	1
9		潮州音乐	汕头	潮阳区文化馆	1
10		潮州音乐	潮州	潮州市民间音乐团	1
11		广东汉乐	梅州	大埔县文化馆	1
12		惠东渔歌	惠州	惠东县文化馆	2
13	传统舞蹈（共30项）	龙舞（汕尾滚地金龙）	汕尾	陆丰市文化馆	1
14		龙舞（湛江人龙舞）	湛江	东海岛经济开发试验区文化馆	1
15		龙舞（埔寨火龙）	梅州	丰顺县文化馆	2
16		龙舞（醉龙）	中山	中山市西区宣传文化中心	2
17		龙舞（荷塘纱龙）	江门	江门市蓬江区荷塘镇文化站	2
18		龙舞（乔林烟花火龙）	揭阳	揭阳市东山区磐东镇乔林公益协会	2
19		龙舞（六坊云龙舞）	中山	中山市古镇镇宣传文体服务中心	3
20		龙舞（香火龙）	韶关	南雄市文化馆	3
21		龙舞（人龙舞）	顺德	佛山市顺德区杏坛镇文化站	2
22		狮舞（广东醒狮）	广州	广州市番禺区沙湾镇社会事务服务中心	1
23		狮舞（广东醒狮）	佛山	佛山市南海区博物馆	1
24		狮舞（广东醒狮）	湛江	遂溪县文化馆	1
25		狮舞（席狮舞）	梅州	梅州市梅江区非物质文化遗产保护中心	2
26		狮舞（松岗七星狮舞）	深圳	深圳市宝安区松岗街道文化体育中心	3
27		狮舞（青狮）	揭阳	揭阳市孙淑强狮艺武术馆	3

续上表

序号	项目类别	名录项目	市别	保护单位	入选批次
28	传统舞蹈	傩舞（湛江傩舞）	湛江	湛江市麻章区文化馆	2
29		英歌（潮阳英歌）	汕头	潮阳区文化馆	1
30		英歌（普宁英歌）	揭阳	普宁市文化馆	1
31		英歌（甲子英歌）	汕尾	陆丰市甲子镇文化站	3
32		麒麟舞	汕尾	海丰县文化馆	2
33		麒麟舞（坂田永胜堂舞麒麟）	深圳	深圳市龙岗区坂田街道文体服务中心	3
34		麒麟舞（大船坑舞麒麟）	深圳	深圳市宝安区大浪街道文化体育中心	3
35		麒麟舞（樟木头舞麒麟）	东莞	东莞市樟木头镇文化广播电视服务中心	3
36		灯舞（沙头角鱼灯舞）	深圳	深圳市盐田区沙头角镇街道文化站	2
37		禾楼舞	云浮	郁南县文化馆	2
38		蜈蚣舞	汕头	汕头市澄海区文化馆	2
39		鹤舞（三灶鹤舞）	珠海	珠海市金湾区三灶镇文化服务中心	3
40		瑶族长鼓舞	清远	连南瑶族自治县文化馆	2
41		瑶族长鼓舞（小长鼓舞）	清远	连山壮族瑶族自治县文化馆	3
42		跳花棚	茂名	化州市文化馆	3
43	传统戏剧（共19项）	潮剧	汕头	广东潮剧院	1
44		潮剧	潮州	潮州市潮剧团	1
45		潮剧	揭阳	揭阳市潮剧传承保护中心	2
46		正字戏	汕尾	陆丰市正字戏剧团	1
47		粤剧	广州	广州市文学艺术创作研究院	1
48		粤剧	佛山	佛山粤剧传习所	1
49		粤剧	广东省艺术研究所	广东省艺术研究所	1
50		西秦戏	汕尾	海丰县西秦戏剧团	1
51		采茶戏（粤北采茶戏）	韶关	韶关市采茶剧团	3
52		白字戏	汕尾	海丰县白字戏剧团	1
53		花朝戏	河源	紫金县花朝戏剧团	1
54		皮影戏（陆丰皮影戏）	汕尾	陆丰市皮影剧团	1
55		木偶戏（高州木偶戏）	茂名	高州市文化馆	1
56		木偶戏（潮州铁枝木偶）	潮州	潮安县文化馆	1

续上表

序号	项目类别	名录项目	市别	保护单位	入选批次
57	传统戏剧	木偶戏（五华提线木偶）	梅州	五华县体线木偶传习所	2
58		木偶戏（广东木偶戏）	广州	广东省木偶艺术剧院有限公司	3
59		木偶戏（揭阳铁枝木偶戏）	揭阳	揭阳市群众艺术馆	3
60		广东汉剧	梅州	广东汉剧院	2
61		雷剧	湛江	雷州市雷剧团	3
62	曲艺（共4项）	龙舟说唱	顺德	顺德区文化馆	1
63		歌册（潮州歌册）	潮州	潮州市群众艺术馆	2
64		粤曲	广州	广东音乐曲艺发展有限公司	3
65		木鱼歌	东莞	东莞市东坑镇文化广播电视服务中心	3
66	传统体育、游艺与杂技（共2项）	蔡李佛拳	江门	江门市新会蔡李佛始祖拳会	2
67		赛龙舟	东莞	东莞市万江区文化服务中心	3
68	传统美术（共28项）	佛山木版年画	佛山	佛山市民间艺术研究社	1
69		内画（广东内画）	汕头	汕头市工艺美术学会	2
70		剪纸（广东剪纸）	汕头	汕头市潮阳区文化馆	1
71		剪纸（广东剪纸）	佛山	佛山市民间艺术研究社	1
72		剪纸（广东剪纸）	潮州	潮州市群众艺术馆	1
73		粤绣（广绣）	广州	广州市文化馆（广州市非物质文化遗产保护中心）	1
74		粤绣（潮绣）	潮州	潮州市工艺美术研究院	1
75		象牙雕刻	广州	广州市大新象牙工艺厂	1
76		潮州木雕	潮州	潮州市湘桥区文化馆	1
77		潮州木雕	汕头	汕头市工艺美学会	2
78		潮州木雕	揭阳	揭阳市群众艺术馆	2
79		泥塑（大吴泥塑）	潮州	潮安县文化馆	2
80		灯彩（东莞千角灯）	东莞	东莞市莞城文化服务中心	1
81		灯彩（佛山彩灯）	佛山	佛山市民间艺术研究社	2
82		灯彩（潮州花灯）	潮州	潮州市湘桥区文化馆	2
83		灯彩（忠信花灯）	河源	连平县文化馆	3
84		石雕（雷州石狗）	湛江	雷州市民俗研究会	2

续上表

序号	项目类别	名录项目	市别	保护单位	入选批次
85	传统美术	玉雕（广州玉雕）	广州	广州市荔湾区高兆华玉雕艺术工作室	2
86		玉雕（阳美翡翠玉雕）	揭阳	揭阳市东山区磐东镇阳美村村民委员会	2
87		核雕（广州榄雕）	广州	增城市文化馆	2
88		彩扎（佛山狮头）	佛山	佛山市民间艺术研究社	2
89		灰塑	广州	广州市花都区文化馆	2
90		镶嵌（嵌瓷）	汕头	汕头市潮南区成田镇大寨嵌瓷工艺社	2
91		镶嵌（嵌瓷）	揭阳	揭阳市普宁市文化馆嵌瓷技艺研究室	2
92		镶嵌（潮州嵌瓷）	潮州	潮州市工艺美术研究院	3
93		新会葵艺	江门	江门市新会区会城葵乡传统工艺品开发中心	2
94		盆景技艺（英石假山盆景技艺）	清远	英德市奇石协会	2
95		瑶族刺绣	韶关	乳源瑶族自治县文化馆	3
96	传统技艺（共11项）	石湾陶塑技艺	佛山	佛山市禅城区博物馆	1
97		家具制作技艺（广式硬木家具制作技艺）	广州	广州木雕家具工艺厂	2
98		端砚制作技艺	肇庆	肇庆市端砚协会	1
99		凉茶	广东省食品协会	广东省食品行业协会	1
100		枫溪瓷烧制技艺	潮州	潮州市枫溪区文化工作办公室	2
101		广彩瓷烧制技艺	广州	广州市番禺莲花彩瓷实业有限公司	2
102		香云纱染整技艺	顺德	佛山市顺德区伦敦成艺晒莨厂	2
103		漆器髹饰技艺（阳江漆器髹饰技艺）	阳江	阳江市文化馆（阳江市美术馆、阳江市非物质文化遗产保护中心）	3
104		白沙茅龙笔制作技艺	江门	江门市非物质文化遗产保护中心	2
105		龙舟制作技艺	东莞	东莞市中堂镇文化广播电视服务中心	2
106		月饼传统制作技艺（安琪广式月饼制作技艺）	广东省食品协会	广东省安琪食品有限公司	2
107	传统医药（共5项）	中医传统制剂方法（罗浮山百草油制作技艺）	惠州	广东罗浮山国药股份有限公司	3
108		中医传统制剂方法（保滋堂保婴丹制作技艺）	广东省医药行业协会	广东省医药行业协会	3
109		中医正骨疗法（平乐郭氏正骨法）	深圳	广东省深圳平乐骨伤科医院	2

续上表

序号	项目类别	名录项目	市别	保护单位	入选批次
110	传统医药	传统中医药文化（潘高寿传统中药文化）	广州	广州白云山潘高寿药业股份有限公司	2
111		传统中医药文化（陈李济传统中药文化）	广州	广州白云山陈李济药厂有限公司	2
112	民俗（共18项）	七夕节（天河乞巧习俗）	广州	广州市天河区文化馆	3
113		中秋节（佛山秋色）	佛山	佛山市民间艺术研究社	2
114		瑶族盘王节	韶关	乳源瑶族自治县文化馆	1
115		小榄菊花会	中山	中山市小榄菊花文化促进会	1
116		瑶族耍歌堂	清远	连南瑶族自治县文化馆	1
117		灯会（泮村灯会）	江门	开平市文化馆	2
118		庙会（佛山祖庙庙会）	佛山	佛山市祖庙博物馆	2
119		民间信俗（波罗诞）	广州	广州市黄埔区文化馆	3
120		民间信俗（悦城龙母诞）	肇庆	广东省德庆县文化馆	3
121		抬阁（芯子、铁枝、飘色）（河田高景）	汕尾	汕尾市陆河县河田镇文化站	2
122		抬阁（芯子、铁枝、飘色）（南朗崖口飘色）	中山	中山南朗镇宣传文化中心	2
123		抬阁（芯子、铁枝、飘色）（台山浮石飘色）	江门	台山市文化馆	2
124		抬阁（芯子、铁枝、飘色）（吴川飘色）	湛江	吴川市文化馆	2
125		祭祖习俗（下沙祭祖）	深圳	深圳市沙头下沙实业股份有限公司	3
126		祭祖习俗（灯杆彩凤习俗）	揭阳	揭东县文化馆	3
127		汉族传统婚俗（斗门水上婚嫁习俗）	珠海	珠海市斗门区文化馆	2
128		茶艺（潮州工夫茶艺）	潮州	潮州市群众艺术馆	2
129		装泥鱼习俗	珠海	珠海市斗门区文化馆	3

2013 年 6 月 24 日核定

第七章　演讲技巧入门

　　现代社会人际交往讲究人与人之间的沟通。沟通是人与人之间表达思想和感情的过程，是信息传播的主要方式。你的声音传播多远，你的舞台就有多大；你的思想能够影响多少人，你的事业就有多宽广。我们学管理的，如果想让别人按你的思路去做，你就必须在口语交际的过程中，运用准确、得体、生动、巧妙、有效的口语表达方式，达到特定的交际目的，要求我们必须具备说话的才能，这就叫口才。

　　口才是一种综合能力，不仅包括表达，还应具聆听、应变等多项能力。善表达，会聆听，能判断，巧应对，是衡量口才好与坏的重要标准。搞事业，第一要胆识，第二要口才！管员工，第一要智慧，第二要口才！谈业务，第一要人脉，第二要口才！中国第一位演讲教授邵守义有一句名言："是人才未必有口才，有口才必定是人才。"中国著名口才理论家李易真认为："没有口才，口才是个宝。有了口才，你就是个宝。"

　　但有许多人往往私底下可以口若悬河，一旦在讲台上、在公共场所上讲话时，有的人就不敢说话、不会说话。脸红耳赤，说话断断续续、结巴、语无伦次。这就说明你要有一副好口才，首先要敢讲，不管在什么场合，讲话都不紧张，能把自己想说的，或准备好的讲出来；其次要做到讲话有内容不空洞，逻辑清晰，有说服力、有感染力、有文采。口才是一门技能，知识的储备，说话的方式方法、条理性、逻辑性……都是需要练习的。

　　演讲就是练习口才的一种重要手段，本章就如何练习演讲作入门的探讨。

一、什么是演讲

　　所谓演讲，又叫讲演或演说，是指在公众场所，以有声语言为主要手段，以体态语言为辅助手段，针对某个具体问题，鲜明、完整地发表自己的见解和主张，阐明事理或抒发情感，进行宣传鼓动的一种语言交际活动。也是名人或者有特殊经历的人，以面对公众传播演讲语言达到某种目的的一种形式。

　　现在很多高校为了丰富在校大学生生活，锻炼学生们的演讲能力和口头表达能力，增强学术气氛而举办演讲比赛，为学生提供一个展现自我，提升自我的机会和舞台。

　　也有很多社会团体为了宣传中心工作，或结合热点议题，举办某项专题而组织"演讲比赛"，或无命题而做即兴演讲，以考察比试同行的语言表达能力。

二、演讲的种类和形式

（一）演讲种类

从内容分：政治演讲、学术演讲、管理演讲、交际演讲。
从形式分：命题演讲、即兴演讲、论辩演讲。
从风格分：激昂型、深沉型、严谨型、活泼型。

（二）演讲的形式

演讲大体有如下四种：照读式演讲、背诵式演讲、提纲式演讲，即兴式演讲。

1. 照读式演讲

照读式演讲亦称读稿式演讲。演讲者拿着事先写好的演讲稿，走上讲台，逐字逐句地向听众宣读一遍。其内容经过慎重考虑，语言经过反复推敲，结构经过精心安排，话讲得郑重。它比较适合于在重要而严肃的场合运用。如各级党代会、人代会、政协会议等大会报告、纪念重大节日的领导人讲话、外交部的声明等。它的缺点是照本宣科，影响演讲者与听众之间思想感情交流。据说，在英国下院，照本宣读演讲被认为是愚蠢的表现。在我国，一般场合采用这种演讲方式也不受听众欢迎。

2. 背诵式演讲

背诵式演讲亦称脱稿演讲。演讲者事先写好演讲稿，反复照背，背熟后上讲台，脱稿向听众演讲。这种演讲方式比较适合于演讲比赛和初学演讲者，可以在一定程度上检验和培养演讲者的演讲能力。其缺点是不便于演讲者临场发挥，使听众觉得矫揉造作，一旦忘词，就难以继续，往往要当场出丑。据说，英国首相丘吉尔曾有一次因背不出讲稿而栽倒在讲台上。所以，运用这种演讲方式，必须做好充分准备，语言尽量口语化，表达自然，切忌表演的痕迹。

3. 提纲式演讲

提纲式演讲亦称提示式演讲。演讲者只把演讲的主要内容和层次结构，按照提纲形式写出来，借助它进行演讲，而不必一字一句写成演讲方式，其特点是能避免照读式演讲和背诵式演讲与听众思想感情缺乏交流的不足——演讲者根据几条原则性的提纲进行演讲，比较灵活，便于临场发挥，真实感强，又具有照读式演讲和背诵式演讲的长处——事先对演讲的内容有充分准备，可以有一定的时间收集材料，考虑演讲要点和论证方法，但不要求写出全文，而是提纲挈领地把整个演讲的主要观点、论据、结构层次等用简练的句子排列出来，作为演讲时的提示，靠它开启思路。是初学演讲者进一步提高演讲水平的行之有效的一种演讲方式。

4. 即兴式演讲

即兴式演讲是指演讲者预先没有充分准备而临场生情动意所发表的演讲，它是一种难度最大、要求最高、效果最佳的演讲方式，可以根据实际情况，针对听众的心理和需要，灵活机动，迅速调动语言的一切积极因素，以悬河之口生动的直观和形象的直感染力，是其他各种演讲方式都无法比拟的。使用演讲方式需要演讲者具有德、才、学、识、胆诸方面很高的修养，具有很强的记忆力、丰富的想象力和联想力、敏捷的思维能力、大量的语言和材料储备……如果不具备这些条件，即使使用这种演讲方式，也不会取得理想的演讲效果。相反，往往还会出现信口开河，漫无边际，逻辑混乱，漏洞百出的现象。这样反倒影响了演讲的效果。虽然如此，每个演讲者必须争取掌握这种演讲方式。只要下苦功，肯定是会学到手的。

一个领导管理型的人，通常都比常人具有较强的口才能力，能用自己的雄辩的语言口才说服和感染别人或下属。演讲口才出众，会议发言主持，面试竞岗，沟通交际，销售时，敢讲，有话讲，讲得好！

美国前总统尼克松曾感慨："如果让我重进大学，我将修好两门课：演讲和说服。"

欧洲文艺复兴时期最重要的作家，杰出的戏剧家和诗人莎士比亚说："简洁的语言是智慧的灵魂，冗长的语言是肤浅的藻饰。"

美国著名政治家、科学家富兰克林说："说话和事业的进展有很大的关系，是一个人力量的主要体现。"

"你能面对多少人，未来就有多大的成就。"语出前英国首相丘吉尔。

三、演讲的准备

演讲是有章法的，你的演讲需要你的思维来主导；不然很没逻辑性，自然就没说服力了；演讲是有套路的，你的演讲需要一定的框架支持；不然很乱很杂，这样你就没有观众了；演讲更需要关键要素来支撑；失去要素等于失去了演讲的灵魂！

优秀的演讲者包括下述条件：

（1）足够的权威性。
（2）演讲者具有较强的语音能力和技巧。
（3）演讲者的热情。
（4）演讲者的理智与智慧。
（5）演讲者的仪表状态。

演讲的准备包括了解听众、熟悉主题和内容、搜集素材和资料、准备演讲稿、作适当的演练等。

1. 知识素养准备

演讲者的知识积累、兴趣爱好、阅历修养与演讲的成功有着紧密的关系。"巧妇难为无米之炊"，许多演讲者感到演讲的最大困难在于没有演讲材料。这就要求我们平时做有心人，"家事、国事、天下事、事事关心"，广泛地阅读、收集、积累材料，上下、古今、中外的人文科学、自然科学都要学习，同时加强自我的思想、道德、情感等各方面的修养。这是一个长期、琐碎而复杂的工作。

知识素养重点从以下几方面入手：

（1）多收集历史资料，对那些重要的历史事件、人物的有关情况要熟记，并分门别类地进行整理。

（2）多收集现实资料，对当今国内外发生的重大的政治、经济、文化、科技等各个领域的事件、人物的有关情况要了如指掌，进行思考。

（3）加强记忆，多记名人名言、俗语谚语、古典诗词、经典文学、寓言故事、时文政评，等等。

在平时，我们可以做一下如下练习：请分别以"珍惜时间"、"奉献青春"、"珍爱生命"、"和平万岁"为主题，收集名人名言、故事、古今中外的人物、典型事例。

也可以收集有关亲情、爱情、友情的古今诗词各5首并背诵。

2. 临场观察准备

临到比赛（或即将演讲），参加演讲者要尽快观察、熟悉演讲现场，及时收集捕捉现场的所见所闻，包括现场环境（时间、地点、场景布置）、听众、其他演讲者的演讲等，以确定自己的话题，增加演讲的即兴因素。

3. 心理素质准备

演讲通常都是演讲者凭着自己的心路历程有感而发。

既然是有感而发，演讲者自身就要有稳定的情绪，有十足的信心，有必胜的信念，这样才能保证思路通畅，言之有物，情绪饱满，镇定从容。

4. 快速思维的准备

演讲分为命题和即兴两种。命题是先打好草稿临场发挥，即兴是没有草稿，全在临场发挥。

两种形式都需要考验演讲者在临场的表现。临场性决定了即兴演讲者必须具有较强的快速思维能力。快速思维即快速组织内部语言，实际上就是一个快速创作、打腹稿的过程。其技巧主要表现为：三定、四思、五借。

"三定"：定话题、定观点、定框架。

定话题——应选择你想说的、观众想听的、你能讲的、社会生活需要的话题。

定观点——应确立明确精练、正确深刻、为大家所能接受的、言之有理的观点。

定框架——两种模式：

开门见山式：也叫金字塔式。方法为：先亮出主题，然后对主题作较详细的论证和分析说明。

曲径通幽式：也称为卡耐基的"魔术公式"。方法为：先举例，再叙主旨要点，三说理由，进行论证分析。

"四思"：逆向思维、纵深思维、发散思维、综合思维。

逆向思维：是指从相反方向思考问题，即一反传统看法，提出与之相对或相反的观点。这是一种反弹琵琶式的思维模式，它鲜明地表现为对传统的批判精神，但要注意观点必须持之有据，能够自圆其说。

纵深思维：从一般人认为不值一谈的小事，或无须作进一步探讨的定论中，发现更深一层的被现象掩盖着的事物本质。即"透过现象看本质"。

发散思维：是从同一问题中产生各种各样的为数众多的答案，在处理问题中寻找多种多样的正确途径。多端、灵活、精细、新颖是它的特点。

综合思维训练：是前面三种思维的综合运用，事实上我们在思考问题时，一般情况都是将各种思维综合在一起使用的。

"五借"：借题发挥、借人发挥、借物发挥、借事发挥、借景发挥。

演讲中要"借"的东西很多，"五借"是泛指。它要求演讲者要善于观察现场，获取信息。

快速思维的线路图：观察—抓话题—定语点—扩展语点（组织语言）—语序的排列—表达。

练习：仔细观察下列图片，分别做即兴演讲，认真体会快速思维的过程。

表达技巧准备（四种技能、五个注重）

四种表达技能：

（1）散点连缀：在即兴演讲前紧张的选材构思时，人的头脑中会出现很多散乱的思维点，演讲时要捕捉住这些思维点，从这些点的关系中确定一个中心，并用它连缀这些点，与主题无关的全部舍去，当表达网络形成后，就可以开始讲话了。

（2）模式构思：用我们前面所讲的两种模式作框架，使自己的表达有条理。

（3）扩句成篇：即开门见山的构思方法。

但也要将思维的路线理清，注意逻辑明晰。

例如：句子"当前的形势需要徐洪刚那样的英雄人物。"

徐洪刚，云南省彝良县人，1971年3月出生，1990年12月入伍，1993年7月入党，现任71332部队政治处副主任，少校军衔。

1993年8月17日，徐洪刚在探家归队途中，乘坐的长途公共汽车行至四川省筠连县境内时，车上4名歹徒向一女乘客勒索钱物，肆意侮辱。徐洪刚见危相助，挺身而出，同歹徒英勇斗争，胸部、腹部、臂部被歹徒连捅14刀，肠子流出体外50多厘米，他忍着剧痛，用背心兜着肠子，从车上跳下，追赶歹徒，昏倒在地。后经当地群众和医院全力抢救，转危为安。住院期间，6000多名群众自发地前去慰问。评为全国"见义勇为青年英雄"，并授予"全国新长征突击手"称号。

扩展后可以是这样的：

当前的形势需要徐洪刚那样的英雄人物，需要大力提倡革命英雄主义。改革开放是前无古人的事业，有困难，有曲折，也有风险，没有超人的勇气是进行不下去的。同大自然的斗争也不会一帆风顺，在自然中有许多我们未知的东西，凶恶难料，有险阻、有困难，因而也就有流血、有牺牲。

也可以是：

外空探险，可能有去无回；海底探秘，可能葬身鱼腹；开山放炮、地下采煤、高空作业、科学实验、机械操作等，无不带有一定的危险，没有革命英雄主义，没有勇于献身的精神，是根本做不好的。更何况改革开放，难免会泥沙俱下，造成某些腐朽的东西有所抬头，国内外邪恶势力和敌对势力正在虎视眈眈伺机而动，这样就更需要我们像徐洪刚那样敢于在关键时刻挺身而出，随时准备为保卫改革开放的成果而英勇献身。所以在改革开放形势下，在实现中国梦的征程中，不是不需要革命英雄主义，不是不需要徐洪刚那样的英雄人物，而是更加急需；不是没有表现的机会，而是提供了更广阔的天地。

再如以"人生处处是考场"为题扩句进行演讲。扩句示范：

（1）人生处处是考场。和年长者在一起，考验你的耐心，和弱者在一起，考验你的爱心，和病人在一起，考验你的细心，和残疾人在一起，考验你的同情心……总之，生来诸多事，处处是考验，我们要做的是张开怀抱迎接这些考验，让生命不虚此行。

（2）人生处处是考场，每一步路、每一时刻我们都要认真对待、精心经营。从成为社会意义上的"人"的那一刻起，命运之神就会给你一份试卷，并对你说：做好它，充实你人生的每一页；做完它，直到生命的尽头，考试才结束。

（3）人生是一个大考场，而这个考场又由无数个小考场组成，我们每一个人，都是一名考生，必须在这些考场中经历一场场的考试，完成一份份的人生试卷，每一场考试都不缺席，这样的人生才算完整。

五注重：

（1）注重开头，引人入胜；注重结尾，耐人寻味。

（2）注重内容，言之有物，机敏幽默，蕴含深刻。

（3）注重语言形式，以口语短句为主，巧用比喻、排比、设问、反问、引用、反复等修辞手法；注意过渡词、句、段的使用，加强衔接；防止语言陋习，不用粗话、碎屑语和方言。

（4）注重语调有激情，把握好语调的抑扬起伏。

（5）注重演讲者的形象，防止不良陋习。

四、演讲的技巧

演讲，顾名思义是演+讲。演讲＝演+讲，从这就足以呈现出演讲的技巧了。在演讲时人的态势语在演讲中起着无可厚非的作用。态势语是我们向观众表达情感，传递信息的一个重要途径。演讲者首先应该有一种坚韧的毅力和不达目的的不罢休的顽强信念。然后应该掌握以下几方面的技巧：

1. 讲法

演讲是练习普通话的好机会，特别要注意"字正腔圆"，断句、断词要准确，还要注意整篇讲来有抑有扬，不要像和尚念经那样低声絮语，也不要像机关枪扫射般咄咄逼人，要有快有慢，有张有弛。

2. 注意演讲姿势

演说时的姿势也会带给听众某种印象，例如堂堂正正的印象或者畏畏缩缩的印象。虽然个人的性格与平日的习惯对此影响较大，不过一般而言仍有方便演讲的姿势，即所谓"轻松的姿势"。要让身体放松，反过来说就是不要过度紧张。过度的紧张不但会表现出笨拙僵硬的姿势，而且对于舌头的动作也会造成不良的影响。诀窍之一是张开双脚与肩同宽，挺稳整个身躯。另一个诀窍是想办法扩散并减轻施加在身体上的紧张情绪。例如将一只手稍微插入口袋中，或者手触桌边或者手握麦克风，等等。

3. 演讲时的视线

在大众面前说话，亦即表示必须忍受众目睽睽的注视。当然，并非每位听众都会对你报以善意的眼光。尽管如此，你还是不可以漠视听众的眼光，避开听众的视线来说话。尤其当你走到麦克风旁边站立在大众面前的那一瞬间，来自听众的视线有时甚至会让你觉得刺痛。

克服这股视线压力的秘诀：就是一面进行演讲，一面从听众当中找寻对于自己投以善意而温柔眼光的人。并且无视于那些冷淡的眼光。此外，把自己的视线投向强烈"点头"以示首肯的人，对巩固信心来进行演说也具有效果。

4. 演讲时的表情

这里指的是面部表情，即眼、眉、嘴以及头等配合讲词的协同动作。这些动作要完全服从于讲词的需要，是"自然而然"的，从生活中来的。台上的表情可以比生活中稍为夸张，但不宜过分，给人以做作之感。尤其不能因"演"而"讲"，因"演"而"讲"则会显得"虚假"，进而引起哄笑。

在表情中尤为重要的是眼神。首先，演讲者的眼神要能"拢"住全体观众，不可瞪天看地，或盯住台下一隅，而要自然地平直向前，达到最后一排观众为止；其次，要照顾到台下两边的观众，以加强演讲者和观众的感情交流。

演讲时的脸部表情无论好坏都会带给听众极其深刻的印象。紧张、疲劳、喜悦、焦虑等情绪无不清楚地表露在脸上，这是很难藉由本人的意志来加以控制的。演讲的内容即使再精彩，如果表情总觉缺乏自信，老是畏畏缩缩，演讲就很容易变得欠缺说服力。

控制脸部的方法，首先"不可垂头"。人一旦"垂头"就会予人"丧气"之感，让听众觉得自己很不自信。而且若视线不能与听众接触，就难以吸引听众的注意。另一个方法是"缓慢说话"。说话速度一旦缓慢，情绪即可稳定，脸部表情也得以放松；再者，全身上下也能够为之泰然自若起来。

5. 演讲服饰和发型

演讲者的服装也会带给观众各种印象。尤其是东方男性总是喜欢穿着灰色或者蓝色系列的服装，难免给人过于刻板无趣印象。轻松的场合不妨穿着稍微花哨一点的服装来参加。不过如果是正式的场合，一般来说仍以深色西服、男士无尾晚宴服（tuxedo），以及燕尾服为宜。其次，发型也可塑造出各种形象来。长发和光头各自蕴含其强烈的形象，而鬓角的长短也被认为是个人喜好的表征。站出来演讲之际，你的服装究竟带给对方何种印象？希望各位好好地思量一番。

6. 演讲时的站位

演讲比朗诵更自然，更自由，可以随着讲稿的内容而变化站位。一般说来，最好不要在演讲人前边安放讲桌，顶多安一个话筒，以增加音量和效果。这样，演讲者一上台，就站在台前正中的话筒前。脚跟应靠近，腿站直，显得精神。虽然不必如体育课"立正"般僵直，但是切忌双脚分立，那样显得粗俗松垮。站好以后和演讲中，又切忌脚尖点地，脚跟颠颤，这是小同学常犯的毛病，有人把这种动作叫"踩电门"。在演讲过程中，有时候可以稍为向左、右、前、后做些动作。

7. 演讲的手势

人在演讲中使用最多、动作最大的要算手势了。它可以随着内容的需要向上、下、左、右、前、侧各个方向挥动。就是在同一个方向还可以有手心向上、向下、向内、向外之别。还可以用拳。手势可单手，可双手。这些都没有机械的规定。在使用手势时要注意三点：胳膊不要伸得过直，以免僵板；手指不宜弯曲，以免拙笨；手势运用要和它所配合的那句话同始同终，以免分裂。

手势语言有多种复杂的含义，一般可分四类，表达演讲者的情感，使其形象化、具体化的手势为情意手势，也叫感情手势。表示抽象的意念的手势叫象征手势。模形状物，给听众一种具体、形象感觉的手势叫形象手势，也称图示式手势。指示具体对象的手势称为指示手势。

有人总结，常见的演讲手势有上举、下压和平移等几类，各类中又分为单手、双手两种。每种又可以作拳式、掌式、屈肘翻腕式等。手向上、向前、向内往往表达希望、成功、肯定等积极意义的内容。手向下、向后、向外，往往表达批判、蔑视、否定等消极意义的内容。

如空中劈掌表示"坚决果断"，手指微摇表示"蔑视"或"无所谓"，双手摊开表示"无可奈何"，等等。右手紧握拳头从上劈下表达愤慨、决心。

讲话的手势大有讲究，但不是靠闭门造车"设计"出来的，而是在讲坛上，随着演说的内容、听众的情绪、场上的气氛，在演讲者情感的支配下，自然而然"喷射"出来的。至于选择单式手势还是复式手势，则要看内容的要求、会场的大小、听众的多少、表情达意的强弱而定。

手势语言没有固定的模式，没有规定的角度，不受先人的制约，也无需"导演"的引发。它像体操动作一样，绝不是用一个模子套出来的，它需要自己创造。

但对于初学者总会有一个模仿的过程，如听演讲、看电影时，注意揣摩，作点"积累"，这样在演讲时就可以顺手拈来了。

8. 演讲声音和腔调

声音和腔调乃是与生俱来的，不可能一朝一夕之间有所改善。不过音质与措词对于整个演说影响颇巨，这倒是事实。根据某项研究报告指出声音低沉的男性比声音高亢的男性，其信赖度较高。因为声音低沉会让人有种威严沉着的感觉。尽管如此，各位还是不可能马上就改变自己的声音。总之，重要的是让自己的声音清楚地传达给听众。即使是音质不好的人，如果能够秉持自己的主张与信念的话，依旧可以吸引听众的热切关注。

说话的速度也是演讲的要素。为了营造沉着的气氛，说话稍微慢点是很重要。标准大致为5分钟3张左右的A4原稿，不过，此地要注意的是，倘若从头至尾一直以相同的速度来进行，听众会睡觉的。

9. 演讲时要善用空间

所谓空间就是指进行演说的场所范围、演讲者所在之处以及与听众间的距离等。演说者所在之处以位居听众注意力容易汇集的地方最为理想。例如开会的时候，主席多半位居会议桌的上方，因为该处正是最容易汇集出席者注意力的地方。反之，如果主席位居会议桌之正中央，则会议的进行情况会变如何呢？恐怕会使出席者注意力散漫了，且有会议冗长不休的感觉？因此，让自己位居听众注意力容易汇集之处，不但能够提升听众对于演讲的关注，甚至具有增强演说者信赖度、权威感的效果。

10. 运用演讲语言艺术

运用演讲语言艺术包括开场白的艺术、结尾的艺术、立论的艺术、举例的艺术、反驳的艺术、幽默的艺术、鼓动的艺术、语音的艺术、表情动作的艺术，等等，通过运用各种演讲艺术，使演讲具备两种力量：逻辑的力量和艺术的力量。

演讲中的语言艺术：

演讲是一门语言的艺术，它旨在调动起听众情绪，并引起听众的共鸣，从而传达出你所要传达的思想、观点、感悟。

标准的普通话是必需的条件，当然一些大的演讲家不一定都有标准的普通话，但与人沟通中让人听懂是一个十分重要的内容。

注意语句的顿挫，演讲开始如一首昂扬的乐曲时不想成功都难。

互动、反问、诘问都是演讲中引起观众思考，提高演讲质量的方法。

演说就是讲故事，就是通过吸引人的故事来说明观点。——美国前总统林肯

说话要足够简短，任何说话都不会是完全糟糕透顶的。——欧文·古柏

语言是灵魂的透镜：言如其人。——普布利乌斯·西鲁斯

良好的过渡对于听众来说非常重要，因为它能使听众感觉被带入了一片平坦的大陆，而不用在泥泞的沼泽中艰苦跋涉。——乔·格里菲思罗

我们最好的思想，最深厚的感情，只能被最美妙的语言表达出来。若是表达不出，谁能知道那思想与感情怎样好呢？——老舍

11. 初学演讲的提高方法

做好演讲提纲是关键的一步：演讲的题目，逐渐深化的论点、论据，结论和提议都是纲要的环节。

要想演讲吸引听众、起到煽动听众情绪、让人进入演讲人的时态就要：

尽量使用听众觉得与众不同的词语，如古诗、名句、名言或者网络、社会、切中时代利弊的新词，做到引人入胜。

尽量使用排比句和循环句，可以得到事半功倍的效果，吸引听众。

尽量使用首尾呼应的方法，突出重点，推出理想的效果。

注意事项：

开场白很重要，但是不宜太长，重点是抛出问题或激发兴趣。

站起来讲，时刻面对听众而不是屏幕，照顾到整个会议室。

需要观察听众对你所讲内容的反映，激发听众的兴趣，保持他们的注意力。

语音和语调都很重要，该快则快，该重则重，该停顿处则适当停顿。

和听众的交互需要，但是不适合太多，特别是对于演讲的时候。

手势和小动作都不应该太多，而且肢体动作要注意和所讲内容的配合。

整个演讲要讲究思维的逻辑性，由浅入深、有条有理的把论点论据讲明白，讲清楚。

事先要进行准备，包括背诵；不带稿纸的演讲要比带上草稿的效果高明得多，要读熟练。

内心要有一个预案，考虑可能演讲中听众可能有的异议、提问，万一一时回答不了的也可以用"没听明白，请再讲一遍好吗？"延长自己思考回复的时间；也可以用一些托词（时间问题，不便于在此回答，下面面议等），立即回绝。

懂得托物起兴，有一个好的开头很重要；同时，结尾也要有力而精炼，令人回味无穷。

随时了解听众动态，懂得适可而止和趁热打铁等。

在一切准备就绪时，应注意手稿，如果是一般例会就无所谓了，如果是比较重要的场合，建议使用质地优越的合同专用纸作为手稿，这样手里的东西比较有分量，不至于那么寒酸。忘稿时，尽量以圆滑的语言顺随过去，向下接稿，不要想不起下句而卡在那里。

初学演讲者只要认真准备，加强锻炼，要坚信人人都可以成为一个优秀的演讲者。有许多例子证明一个普通的演讲者经过练习，完全能够成为优秀的演讲者。

要理解你的听众都希望你成功，他们来听你的演讲就是希望能听到有趣的、有意义的、能刺激和提升他们思想的演讲。

持之以恒，相信你会取得好的演讲成绩。

难道您不想在会议上侃侃而谈、出类拔萃，获得晋升的机会吗？

难道您不想提高您的说服力，轻易说服客户而扩大您的业绩和收入吗？

难道您不想在竞岗竞聘时，发表富有感染力的演讲而身居要职吗？

难道您不想在员工面前言谈得体、一呼百应，具备领袖风度吗？

难道您不想在异性面前言谈幽默风趣、巧舌如簧，娶得美女为妻吗？

难道您不想在面试时表达自如、施展才华、挑战高薪吗？

难道您不想在同学面前脱颖而出，成为班干部和学生会领袖吗？

工作和生活中这么多的"难"都可以因为提高演讲与口才而改变！

那么，好好学学演讲吧！

思考题

1. 演讲有几种形式？
2. 优秀的演讲者应具备哪几个条件？
3. 演讲前要做好哪几项准备？

第八章　群众文化活动的策划和组织

改革开放以来，群众文化活动成为我国人民群众喜闻乐见的文化生活的构成形态。组织好活动，能引导人们对社会热点的关注，对时代观点的坚持，对历史的铭记和对未来的憧憬和凝思。对群众的日常生活将产生重大的影响。

如何吸引群众来热情参与和支持搞好群众文化活动，关键在于组织管理者的策划能力和组织能力。你举办的这个活动，群众要喜欢，才能给予必要的支持。能否吸引群众经常广泛参与，组织者的策划方案和组织实施能力显得相当重要。

一、群众文化活动的功能和意义

群众文化活动，是指社会成员业余参加具体的文学、艺术、科普、体育、教育等文化娱乐活动，或个人、或集体，多为群众集体活动。群众文化活动是群众文化工作的核心，群众文化工作效能必须通过群众文化活动来体现，活动可以产生效益，活动和活力两者并存。

——搞好文化活动可以增强沟通力。建设和谐小康社会首先要从增进沟通开始，为人民群众创造更多的交流和参与的机会。群众之间的交流增加了，就容易建立认同感，有利于增加亲情感，形成平等友爱、守望相助的邻里关系。文化活动是增进居民间沟通的最有效方式之一，社区文化要为和谐社区唱好"邻里之歌"，做好邻里文化新文章，着力推进建立良好的人际关系。

——搞好文化活动可以增强凝聚力。和谐社会要创造安定有序、体现公平正义的良好环境，必须保障"一切人"的政治、经济、文化利益。公平的实质是人与人之间的利益关系是否合理。公平是安定有序的前提，公平是社区凝聚力的保证。如果不讲公平，社会就不可能安定有序，国家也不可能和谐温馨。

——搞好文化活动可以增强创造力。文化活动能最大限度地激发社区人的文化创造力。公共文化要始终把握"大众创造，全民参与，人人享受"这一工作宗旨，使一切有利于社会进步的创造愿望得到尊重，创造活动得到支持，创造才能得到发挥，创造成果得到肯定，让公民真正成为公共文化体系建设的创造主体。

——搞好文化活动可以增强引导力。幸福广东建设的核心点要以文化引领，社区精神是社区人所高度认同的共同价值观，是潜移默化影响、统摄社区人思想和行为准则的一种集体意识。文化活动能培养居民的"向上、向善、向美"的情操。只有这样，人与自身、人与人之间才能达到和谐，而"人"自身的和谐，是其他和谐的关键。

二、如何策划群众文化活动

要组织好的活动，首先就要做好策划。

凡要组织举办一项文化活动，必须首先要编写好这个活动的相关策划方案。把该活动的宗旨、立意；时间、地点、人数；内容、步骤；方法、措施和经费预算等做一个详细的方案。

群众文化活动的策划，实际上就是一种管理。作为主办单位和组织者，每一次活动都需要获取一定的功效和利益的结果。对于人民群众来说，参与文化活动，也都自觉带着娱乐审美、提高文化素质、消遣休息、美化生活、增智益寿等目的。因此，我们编制策划方案时必须围绕群众文化的功能，针对当地群众追求的新特点，遵循活动的规律，想点子要新，出招术要巧，尽量做到"人无我有，人有我优"，在别人还没有想到或是有人搞了但还没有形成气候，尚未造成影响。你先搞了而且做得很好，你就处于领先地位。

当前，群众的物质生活水平不断提升，随之追求的文化品位也日渐提高，过去的群众文化模式和群众文化活动的组织形式如果不能随之改变，就不可能适应广大群众新的文化需求。如果过去我们搞的多为普及性、较低层次的"下里巴人"的活动，那么现今组织活动，就要有意识地引导群众的文化追求方向，贴近群众、贴近生活、贴近实际，多考虑探索策划有一定文化品位的较高档次和水平的"阳春白雪"品牌活动。

在新形势下策划群众文化活动，切忌只为完成上级交办的任务，图省事、走过场。一定要从本地区的实际出发，从当地群众的需求和生活环境出发，多研究、多琢磨，激发更多的灵感，在实践中不断总结和提高，把策划方案搞好了。我们组织的活动才能吸引更多的群众来参与。

（一）策划方案要确定主题、把握类型

任何一种文化活动都必须从精神需要出发，以一定的动机目的去开发群众的文化行为，每一次活动都有完成这个目的的主题。因此，群众文化活动的第一个特征就是"命题创作，主题先行"，策划群众文化活动首先碰到的就是确定主题。

要明确文化活动的主题，首先要考虑我们所组织的活动是什么类型。根据多年来的实践，此间文化活动大概有这么几个类型：

1. 庆典型的群众文化活动

传统节日庆典是具有鲜明的民族性、地域性和严格的周期性，表现人民群众长期形成的传统习惯、民族风尚和心理素质，一般都具有规模宏大、活动集中的特点。我国目前有传统节日，如汉族的春节、元宵、清明、端午、中秋节等，少数民族还有回族的古尔邦节、肉孜节，藏族的雪顿节、蒙古族的那达慕大会、彝族的火把节，等等。策划这些类型的节日文化活动，如春节联欢会等，就要突出数千年形成的、相沿成习的传统特色的主题。

我国也有新的节日，如全国性的节日有元旦、五一劳动节、六一儿童节、七一建党节、八一建军节、十一国庆节等政治节日活动。策划这类节庆活动，就要围绕该类节日的特有内涵，突出其鲜明的政治主题来组织项目活动。

2. 纪念型的群众文化活动

纪念型的群众文化活动包括历史事件的纪念和历史人物的纪念。比如为庆祝新中国成立多少年、党的十八大召开或香港与澳门回归纪念、邓小平同志诞辰多少周年、纪念世界反法西斯战争胜利多少周年、冼星海诞辰多少周年等，需要举办大型文艺活动。均属于这种类型的大型活动。

策划这种纪念活动，就必须紧紧围绕要庆祝和纪念的中心，用多种手段来突出表现主题，达到预期的目的和效果。

3. 宣传展示型的群众文化活动

所谓宣传展示型主要包括公益事业的宣传和经贸活动的宣传，如宣传公民道德、宣传关注环境保护、宣传经贸活动或展示民族风情、名胜风景和名牌产品等。如江西省近年举办的南昌书香节等。

策划这类活动应就宣传展示的主题加以开发，运用已有的资源和事实，以生动的形式、多彩的手段来表现要宣传和展示的主题。

4. 庙会式的群众文化活动

庙会文化是以寺庙为依托，以宗教活动为最初动因，以集市花灯为表现形式，融艺术、游乐、经贸等活动为一体的社会历史现象。如我省广州市一年一度的波罗诞、韶关市的南华诞、佛山市的北帝诞、云浮的张公庙会，等等。

庙会文化活动有四种类型：传统宗教型、纪念祭祀型、文化经贸型和封建迷信型。策划这类活动既与宗教活动有关，又是相对独立的范畴，它有较大的包容性，其表现形式有文字语言、音乐舞蹈、建筑艺术、典章制度以及政治、经济、道德行为和生活方式、风俗习惯等多种文化形式。

庙会文化活动的策划，要在尊重民风民俗和优秀传统文化的基础上，对传统庙会文化进行加工改造，推陈出新，积极进行创作，移入新的文艺样式和娱乐品种，使庙会文化步入新的时代。

除了上述四大类型外，如果在基层社区（农村）策划组织群众文化活动有如下几种主要形式：

（1）理智文雅型。像读书活动、棋艺活动、弹琴吟诗、舞剑打拳、绘画书法、养花饲鸟、登高出游、开展评论等，其特点是休闲、修身养性。

（2）自然主题型。如读书演讲、主题文艺晚会、主题游艺活动等，其特点是有中心内容、赋以鲜明的主题。

（3）情感联谊型。比如乡村、厂矿、企业、学校、机关单位共同举办的卡拉OK演唱、开业庆典联欢晚会之类，这类活动意在增进了解，沟通感情，借助外力激活当地的文化氛围。

（4）趣味智力型。趣味智力型比如穿迷宫、捉迷藏、趣味数学、外语答趣、对联征集、猜谜晚会、智力测验晚会等，这种形式的活动外延较为宽广，内容不拘一格，重在愉悦身心，锻炼智力，营造团结友爱，健康向上的氛围。

（5）技巧竞赛型。技巧竞赛型策划竞赛活动要突出一个"赛"字，如赛歌、赛诗、赛春联、赛健美、赛棋及一些球类、舞龙舞狮、武术、健身迪斯科等，还有各种知识抢答。策划这类活动，需要评奖，发给奖品、纪念品，鼓励上进，培养群众的归属感、求胜心、荣誉感。

（6）审美教育型。如组织到烈士陵园凭吊革命先烈，到博物馆、名人故居、历史遗迹参观瞻仰，策划这种活动重点是借此进行爱国主义、集体主义、革命英雄主义教育，是很好的寓教于乐的活动形式。

（7）自学成才型。如利用图书馆（室）、实验室、文化馆（站）培训室的优越条件，组织美术书法摄影培训班，音乐舞蹈培训班、文学创作培训班、英语速成班、电脑培训班等，策划这种活动要注意激发群众特别是青少年求知成才的积极性。

（8）艺术欣赏型。如组织欣赏爱国主义电影、欣赏中外名曲、欣赏艺术团体表演，结合进行书评、影评、歌评、舞评等进行征文活动，策划这类活动主要是向群众普及文化艺术知识，提高群众鉴赏水平。

（9）趣味延伸型。如根据人们固有的兴趣爱好，举办集邮展，搞小制作、发明等，策划这种活动主要促使参加者强化原有兴趣、发展新的兴趣。

（10）知识普及型。知识普及型如计量知识、普法知识、科技知识、计划生育知识的讲座、橱窗展览、黑板报宣传、投影等，策划这种活动重点放在普及科技、提高素质为主要目的。

把握以上各种活动的类型，在策划群众文化活动时，就可以根据类别有所侧重做好方案，以吸引更多的群众参与群众文化活动。如节日文化活动可以多组织开展一些竞赛性质的活动。有利于推广摄影展览、文艺会演、调演、智力竞赛、黑板报、墙报评比、集体舞、卡拉OK歌唱大赛，以至舞龙、舞狮、拔河、球类、棋类等其他项目。近年来，我省各地根据活动类型结合本地区的群众爱好和传统习俗，设置节日文化活动的项目，如客家地区的山歌擂台赛，粤语地区的私伙局大赛、潮汕地区的潮州大锣鼓、英歌舞赛，等等。抓好节日活动的竞赛，可以少花钱多办事，群众一听说要比赛，就千方百计提高表演技能积极参加，搞好竞赛活动。这样的活动，还可以在当地起到示范的作用，促进当地民间艺术的繁荣发展。

（二）策划方案要注意有创意的构思

策划每项活动，确定主题之后，必须进行总体构思。总体构思要根据活动的不同类型来设计。比如策划节日群众文化活动，必须根据当地的传统习俗，劳动方式以及教育水平、经济状况，群众的思想动向和文化艺术和科技知识的需要等，来设计活动的项目。如配合中心的大型文化活动的总体构思，特别强调要注意总体构思的创意。因为往往配合一个中心的活动和晚会，可能同时有许多单位在同一时间内也在搞，作为策划者，我们就必须与人不同，独辟蹊径。

如1999年庆祝澳门回归，全国组织三台大型晚会，广东省是其中一台。时间是在庆祝中华人民共和国成立50周年活动之后的12月20日，庆祝国庆的活动由省内知名专业艺术团体担纲刚刚完成。广东省委把组织策划这项演出活动，交由我省群众文艺队伍组织，要求不能重复前一项活动的路子。这台《同奔五彩路》的演出，首次以我省最具地方特色且适宜于舞台表演的民间音乐、舞蹈为基本素材，贯串庆祝澳门回归祖国的主题，表现了广东人民庆祝澳门回归、体现兄弟姐妹同胞情，歌颂党的"一国两制"方针，迎接新世纪到来的喜悦心情，营造出热烈喜庆、团结欢欣、昂扬奋进的节日气氛。

又如，为了纪念中国人民抗日战争和世界反法西斯战争胜利60周年，中宣部、文化部等单位主办的《为了正义与和平》，总导演张继刚在构思中考虑如何在90分钟的时间里统筹历史，突出主题，又创意新颖、独辟蹊径再现那场艰苦卓绝的人民战争。认为晚会要承担起"艺术地重拾"崇高英雄精神的重任，力求抛弃模式化的陈旧套路，力求历史与现实、传统与创新、民族特征与时代特征的完美统一。要做到非常不容易。

但是这台晚会从结构上就出手不凡，如以国歌歌词分篇，立刻出人意料地抓住主题，这台晚会融音乐、舞蹈、诗歌、戏曲、绘画、雕塑以及影视多媒体等艺术形式为一体，比如其中《义勇军进行曲》束缚双臂的群像律动，《大刀进行曲》万刀齐挥的恢宏士气，《铁道游击队》别出心裁的道具处理，抗日英雄家书的声音魅力等，使得这台晚会场面宏大、气势磅礴，充满历史的厚重感和鲜明的时代特征。像一幅壮阔的画卷，一本跃动的史书，显示了正义的力量是如此永恒。

（三）策划活动构思的依据

策划方案的构思，不能天马行空去随想，也不能只凭直观的好恶去杜撰，而必须根据活动的宗旨、资金的多少、演出场地的好坏去想象、去构思。因为，"宗旨"是活动的目的，资金（经费）和场地是活动的保障，同时也是制约活动的局限性条件。所以，具有创意性的构思必须在清楚演出宗旨、经费的数额、场地的条件的基础上才能开始。

这里介绍几种群众文化活动中文艺晚会构思的主要方式：

（1）拼盘式。所谓"拼盘式"，指的就是组织者不用去策划，也没有完整的演出构思，而是将现有的文艺节目全部放进晚会演出这个大盘子里，就启动了演出程序。这种传统式的演出形式往往因为缺少串连的红线而形同一盘散沙，难以产生耀眼的光芒。这种形式可以在社区活动中开展，但是无法适应大型群众性的高质量的演出活动。

（2）顺时针式。所谓"顺时针式"就是按时间的流程编排策划式，这种演出形式最适用于时间跨度大、历史比较悠长，尤其是革命历史题材的演出。如：纪念党的诞辰，庆祝国庆，昨天—今天—明天的历史回顾与展望的主题演出活动。

（3）版块组合式：

一是时间性版块。是从演出时段概念上说的，即每个时段为一个版块。

二是空间性版块。即从演出地点所表现内容的不同地点概念上做出安排。

这种形式变化多，容量大，色彩丰富，最适合大型演出活动多层次、多角度渲染主题的需要。所以，它是各类大型演出活动的首选，也是专业演出活动常用的手法。

（4）主体提纲式。由一个贯串整场演出的节目为主打，前边加序，终极加尾声，或由系列节目为主打，加幕间串场小节目或串词而组成。

这类形式最适合于各类"主题晚会"，如"赈灾晚会"、英雄人物的专题晚会等。

（5）虚实结合式。既有艺术真实也有生活的真实，也就是由艺术作品和真实人物共同来注释晚会的主题（如抗震救灾的晚会）。这种真假、虚实的完美结合的演出最适合煽情、激情的演出活动，往往更具艺术渲染力。

（6）串联式。把不同样式、不同单位的节目，统一排列顺序，形成了这类品种一个，那类品种一个和这个单位一个，那个单位一个的互相穿插、串联起来演出。这种形式适合于本机关、本企业、本学校联欢性质的年度演出活动。

（四）策划活动要善于利用文化资源

策划一项大型文化活动，必须善于整合和利用文化资源，善于吸收中外古今优秀文化的营养。道理很简单，你策划组织一个活动，不能仅仅局限在你这个小地方的文化资源和简单的艺术手段，要想方设法调动周边地区甚至更广泛的文化资源为我所用，吸收中外古今优秀文化的样式，尽一切力量把活动搞得丰富多彩。

要想把策划方案和总体构思搞好，我们还必须熟悉各门类艺术风格和表现形式，善于借鉴和运用，在我们要主办的文化活动里吸收中外古今优秀文化的营养，以丰富的形式和多样的手段来表现活动的主题。

大型文化活动和演出需要调动尽可能多的艺术手段并使之实现有机的综合。首先是舞台表演艺术的各门类。比如歌舞手段比语言艺术手段来说，因为歌唱的表演和舞蹈的氛围营造是同步进行的，在大多数情况下，这类手段都占比较大的比重，当然，语言艺术也有他的优点，比较能细致刻画、深入情境。凡大型演出在考虑"情境化"的同时要考虑"形式感"设计的需要，策划时要想到这些不同的艺术手段是共存还是交替来使用。

从大型活动来说，舞台服装与道具，场景与灯光以及表演者的肢体语言的包装也很重要，其设计和运用要起到强化视觉效果的重大作用。随着高科技的日益发展，舞美设计和多媒体图像演示也应用到不少大型活动之中，使舞台综合效果层次更加丰富，表现更加强烈，不仅拓宽了大型晚会的表现视野，而且强化了演出的艺术真实。当然，以上手段的应用，前提要考虑到经济基础，考虑到本次活动组织费用是否能够承担。

要把策划方案搞好，还必须对当地和周边文化资源进行调查研究，主动掌握社会情况，把握动向。我们调查的内容应该围绕组织此项文化活动的各项任务、目标，以及完成这项目标可以调动的资源。包括有哪些节目是现成可以利用的或者可以改造的，哪些团队和人员是可参与此项活动的，哪些项目和资源可以调动使用的。经过调查之后要仔细分析研究调查材料，从中找到有关规律性的东西。心中有数了，就能根据需要与可能，确定选取有效的方式方法。

策划组织大型文化活动，客观形势要求量大面广，而主观条件却不允许面面俱到，因此，就要抓重点，先解决突出的问题，先办群众最为需要的事情。按照"三贴近"的原则，在举办的文化活动中体现出来，抓住了重点，以点带面，点面结合，就能逐步满足群众多种多样的需求，出质量，出水平，超众非凡。

（五）策划活动要摸清群众的文化心理

随着物质生活的不断改善，人民群众的文化需求也不断增长，我们策划组织活动一定要摸清群众的文化心理。美国著名心理学家亚伯拉罕·马斯洛（1908—1970）提出的"需要层次论"，马斯洛认为人的一生有5种需求：一是生理需求，即衣食住行等方面的要求；二是安全的需求，即需要得到安全的保障，以免温饱遭受危险和威胁；三是社交的需求，指人产生"归属感"，希望属于某一团体或组织，给予或得到同事的友谊等；四是自尊的需求，包括自尊心、荣誉感等；五是自我成就的需求，如个人的抱负得到实现等。

马斯洛认为：根据人类发展来看，这5种需求是逐级上升的，人的需求可按其重要性分级排列成序，当一种需求得到满足后，另一种需求就会冒出来，再要求得到满足。总的发展是生理需要—安全需要—社交需要—自我实现呈梯级往上产生的。

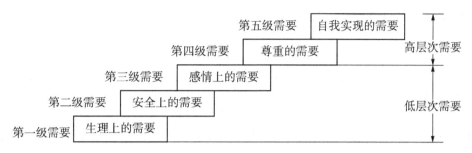

需要层次论提醒我们策划组织群众文化艺术活动,就要根据群众不断产生的文化需求,来组织安排活动项目。策划活动切忌"观音菩萨,年年十八",搞来搞去都是老一套。

(六) 策划活动要做好经费预算

在策划方案里,我们要根据本次活动的规模和项目,实事求是地做出相关的合理的经费预算。这预算包括:组织策划和编创节目的工作费用,租用场地和舞台灯光音响的费用,组织演员排练和演出的费用和现场安全和交通管理等费用。如果此项活动有评比奖励的,还要做好奖牌、奖杯、奖金的费用安排。俗话说"兵马未动,粮草先行",这些经费能否得到保障,是活动成败的关键要素。

三、如何组织群众文化活动的实施

策划方案出来后,工作才做了4成不到一半,举办大型文化活动关键在如何组织实施,把策划方案的文字变为现实。如何实施,拟分为四个步骤:
(1) 建立工作机构。
(2) 积极筹措经费。
(3) 分步实施策划方案。
(4) 加强预见性和现场管理。

(一) 建立工作机构

要组织实施方案,必须有人来做事,成立活动的组织机构非常重要。活动机构要把主管本次活动的党政领导,把管钱的、管物的、管设备的各部门负责人(有些活动有企业愿意赞助的还要把该企业负责人)安排进组委会里,才能形成一股合力。

根据活动的需要,在组委会的框架下,要成立编导、排练、后勤保障、安全交通等工作小组具体来实施活动方案。

(二) 积极筹措经费

举办文化活动需要场地、搭建舞台,租用灯光音响,组织队伍排练(有些活动还要外请专业演员)和交通安全的维护,没有钱万万不能,因此活动经费的筹措非常重要。

经费筹措的来源:一是主办单位提供,二是企业的赞助,三是活动本身的收入。还有一些华侨和港澳同胞的支持等。在活动实施过程中，我们要力求节约，不能随意扩大支出，超支会直接影响到活动的成败。

（三）分步实施策划方案

活动实施要分为三个阶段：一是制订策划方案阶段；二是准备阶段；三是实施阶段。

制订策划方案阶段：

这一阶段主要是案头工作，就是我们前面讲到的做好策划方案。把要做的方方面面的事情都考虑到，形成文字，报给有关主管的领导批准，特别是活动的主题、规模、形式要成为规范的文件，发给各部门和工作小组，形成共识，便于操作。

准备阶段：

这一阶段，主要是抓项目的落实、节目的编导和排练，进而对活动场地的勘查，舞台的布置，舞美、布景、服装的制作，每一个环节都要分派专人负责落实，待各方面的准备工作就绪之后，要组织一次专门的检查，请相关的领导验收。

实施阶段：

临到本次活动开幕前夕，要组织一次彩排或预演，在彩排预演过程中，发现问题，及时处理。然后转入实施，保证万无一失。

（四）加强预见性和现场管理

组织群众文化活动要绝对保障参加活动的人民群众的安全。你的活动规模有多大？场地能容纳多少人？预计组织多少观众，在预计数上还得留有余地。活动实施时，要事先规划好进场、散场的通道，停车的场地，合理安排出入口，保证交通畅通，还要考虑到搭建临时的卫生间等实际问题。

保证舞台的安全，要充分考虑到演员上下场和化妆更衣的方便，充分注意到舞台电源、线路的安全。

活动实施过程要抓好现场的管理调度。要安排现场总指挥，把活动场地划分出若干区域，派出专人，从观众进场前开始，管理人员就要到位，分工把守，一直到观众疏散完毕，方能撤离。

现场的管理调度非常重要。不重视这个环节往往会出问题。2004年2月5日19时45分，正在北京市密云县密虹公园举办的密云县第二届迎春灯展中，因一游人在公园彩虹桥上跌倒，引起身后游人拥挤，酿成踩死、挤伤游人的特大恶性事故，造成37人死亡、15人受伤的重大事故。本来该活动的举办是为过春节营造欢乐祥和的气氛，结果闹得当地群众十分不安。造成事故的原因，就是因为主办单位缺乏预见性，对现场管理调度不力，特别是对人流的疏导不合理而导致悲剧的产生。

四、优秀的策划组织者必需具备的素质和条件

（1）准确把握方针政策。

（2）掌握群众文化知识和理论。

（3）有较高的艺术修养。

（4）有较强的组织管理能力。

（5）有较强的公关能力。

思考题

1. 组织群众文化活动的意义。
2. 群众文化活动有哪几种主要类型？
3. 如何策划群众文化活动？
4. 如何组织实施群众文化活动？
5. 组织群众文化活动为什么要加强预见性和现场管理？

附：文艺演出策划方案范本

第二届世界广东同乡联谊大会开幕式
大型文艺演出——《天涯共此时》

（策划方案）

宗旨：以"少小离家老大回，乡音无改鬓毛衰"为引线，着重表现广东人民迎接海外侨胞回到家乡的喜悦心情。晚会将遵循"联谊、合作、发展"为主题，展示浓烈的思乡之情，浓郁的地方色彩营造出热烈、欢快的气氛。

形式：以"民间、民俗、民风"为主体法则，将岭南文化、人文精神贯彻在东方美学和现代理念于一体的表现样式，力图做到变化中求整体、细微中见真情。

［总时间60分钟］

1.《醒狮贺盛会》（时间：6分钟）

剧场灯暗，催场铃声过后，气势磅礴的广东音乐声响起。
一个充满激情的男声画外音：
"热烈祝贺第二届世界广东同乡联谊大会隆重开幕。"
女声："热烈欢迎海外侨胞回到故乡。"
男女声："第二届世界广东同乡联谊大会大型文艺演出《天涯共此时》现在开始。"
乐声中大幕拉开——

明亮璀璨的灯光，变化中的彩色天幕，威严庄重的八宝标旗在后高台上飘扬，戴地域性面具的醒狮锣鼓手擂响战鼓，6名武士翻滚腾挪，引出6头矫健威猛的醒狮欢快起舞，18头天真活泼的童狮跳跃而上，两头南狮表演高难度技巧，众童狮助兴伴舞。前区彩色电脑灯不断幻化。营造出热烈喜庆的气氛，表演高潮中，数条巨型欢迎标语从天而降，表达广东人民对海外侨胞的热烈欢迎之情。

参演队伍：佛山市黄飞鸿纪念馆醒狮队40人
南海区文化馆童狮队20人
节目负责人：钟新棠、谢柏森、凌艳

2. 二胡与民谣《月光光》（节目时间：7分钟）

追光灯照着男女主持人：
　　　　故乡，是遥远的思念，
　　　　故乡，是游子的梦乡，
　　　　故乡，是村口的那一棵大榕树，
　　　　故乡，是村前小河里那一轮悠悠的月亮。
请欣赏二胡与民谣《月光光》。
（后景灯渐亮）

月光穿过浓密的榕荫，铺洒在银色的岭南大地上，河岸上一盏定点灯，光圈中著名的二胡演奏家曹玉嵘拉动琴弦，珠江三角洲咸水歌风格的音乐抒情、柔美地缓缓流淌——

宁静的夜色，流水的效果声。伴随着悠扬的音乐，舞台闪亮盏盏荷花灯，美丽的船灯沿河顺流而下，一组组鲤鱼灯、手提花灯在不同的层次流动亮起，众灯舞动，形成一条涌动流淌的灯河。

岸边飘来小女孩的歌声"月光光，照地堂——"，第一表演区灯亮，一群孩子表演《月光光》（广州童谣）；第二表演区灯亮，一群孩子表演（潮州童谣）"月光光，月梭朵——"；第三表演区灯亮，一群孩子表演（客家童谣）"月光光，秀才娘——"；

全场灯亮，所有的孩子表演新编民谣《月光光》。

充满乡情的童谣，将唤起侨胞对童年、对故乡的美好回忆。

歌词：

　　你唱月光光，
　　我唱月光光。
　　大家手牵手，
　　捧起圆月亮。
　　你唱月光光，
　　我唱月光光。
　　故乡在心里，
　　月亮在天上。
　　举头望明月，
　　低头思故乡。
　　月光光，
　　月光光……

表演队伍：梅州市艺术学校 26 人

广州市少年宫 21 人

佛山市城区文化馆 22 人

节目负责人：叶小秋、蔡茵、辜雯

3. 广东粤剧集锦《南国红豆竞芳菲》（节目时间：13 分钟）

主持人：

广东，是一片神奇的土地，不论你走到世界的什么地方，走到地球上什么国家，你总能够听到熟悉的粤语，亲切的乡音。

广东粤剧享誉海内外，在广大侨胞的心中，她代表了故乡，代表了岭南独特的文化。下面请欣赏：

由广州艺术学校演出的粤剧集锦《南国红豆竞芳菲》。

参演队伍：广州艺术学校 50 人

节目负责人：李端、陈少梅

4. 客家山歌《我是客家人》（节目时间：4分钟）

主持人：
  曾经一无所有，
  尝够苦辣辛酸，
  漂迫天涯为创业，
  四海为家求生存，
  一生为了古老的梦想，
  捧出炎黄子孙的真诚。
  天变地变情难变，
  我是客家人。

请听客家山歌：
  我是客家人
  高亢的男高音唱出《我是客家人》，
  你从哪里来，
  你是哪里人，
  走遍千年迁徙的坎坷，
  一生岁月沧桑的风尘。
  曾经一无所有，
  尝够苦辣辛酸，
  漂泊天涯为创业，
  四海为家求生存，
  山转水转心不转，
  我是客家人
  你往何处去，
  乡音识亲人，
  一生为了古老的梦想，
  捧出炎黄子孙的真诚。
  大业继往开来
  全凭双手苦拼，
  风吹浮云走万里，
  树高千丈不离根。
  天变地变情难变，
  我是客家人。

  伴随着歌声，舞台上出现南洋新郎娶客家新娘的婚俗喜庆场面。庆丰收、迎新人、过佳节、客家灯笼挂满堂，以红色基调洒满每一扇窗户、每一条河流、每一处花头。

  参演队伍：梅州市艺术学校 14 人
  梅州市群众艺术馆 12 人
  节目负责人：叶小秋、廖武

5. 潮州大锣鼓《欢庆》（节目时间：4 分钟）

主持人：

是的，

我们忘不了

那远航的红头船；

我们忘不了

故乡那越来越远的岸；

但是，

无论离开故乡多么遥远，

故乡却永远是心中最美丽的画卷。

请欣赏潮州大锣鼓《欢庆》。

（舞台采纳岭南建筑中最具表现力语言的"满洲窗"，将广东的潮州音乐与古老的建筑相呼应。）灯光将随着音乐的旋律起着不同的变化。音乐后半段插入汕头市歌舞团男子《英歌舞》。

参演队伍： 汕头市歌舞团、音乐曲艺团 60 人
节目负责人： 马烈涌

6. 采茶表演唱《广东是个好地方》（节目时间：4 分钟）

主持人：

春催岭南千山绿，

花放粤海万里香。

改革开放政策好，

今日广东大变样。

接下来请欣赏采茶表演唱《广东是个好地方》。

舞台出现写意的中国画"山水"为主题的岭南特色的田园风貌。

18 名手托花篮、挥舞彩扇的采茶姑娘和 18 名手执彩扇、舞动着水袖的小伙子，踏着欢快的节奏边舞、边表、边唱：

（唱）广东是个好地方，

聚焦世界声名扬。

改革开放大变样，

城乡一派新气象。

（男念）广东是个好地方，

岭南文明历史长。

（女念）孙文故居翠亨村，

叶帅求学东山堂。

（男念）西关老屋多少童年梦，

南雄珠玑巷里故事长。

（女念）丹霞山风光莲花山的景，

惠州的西湖虎门的浪。
（合）鼎湖山上空气好，
小鸟在新会筑天堂。
（唱）旅游资源好丰富，
欢迎侨胞来观光。
（男）广东是个好地方，
率先富裕奔小康。
（女）工业农业创佳绩，
名牌产品响当当。
（男）座座大桥架南北，
高速公路长又长。
（女）机场笑迎八方客，
构成立体交通网。
（男）物流贯通全球七大洲，
港口连接世界四大洋。
（女）城市繁华天天在变样，
乡村兴旺处处好景象。
（唱）投资环境大改善，
客商如云笑脸扬！
（男）广东是个好地方，
文明之花分外香。
（男）公民遵循新道德，
行行业业树形象。
（女）扶贫济困献爱心，
尊老爱幼新风尚。
（女）打工仔求学上夜大，
农民登上了互联网。
（男）云迪钢琴一曲惊世界，
乡村合唱团国际比赛拿大奖。
（女）文化教育科技创先进，
南粤大地谱写新篇章。
（唱）致富思源更思进，
道路越走越宽广。
（男）广东是个好地方，
（女）海外侨胞热心肠。
（男）捐资赠物出谋略，
（女）携手同心建家乡。
（男）城里崛起现代化的大学府，
山村建成设备一流的中学堂。

（女）医院环境靓又静，
温暖如春百花香。
（男）体育场馆好气派，
南粤健儿逞高强。
（女）壮观的商城连成片，
高高的大厦真辉煌。
（唱）座座丰碑垂青史，
侨胞伟绩永留芳。
（唱）广东是个好地方，
四季常青绣春光。
新世纪来五彩梦，
一路高歌唱辉煌。
造型，全场压光。

参演队伍：广东省山区文化艺术大专班36人
节目负责人：朱淑贞

7. 杂技《艺术软功》（节目时间：6分钟）

主持人：

芭蕾，也许是世界上最优雅的艺术，
杂技，无疑是世界上最惊险的表演；
芭蕾的表演，一般会需要华丽的剧院和漂亮的舞台，
但是，今天，我们的杂技演员却要在一个人的肩头表演芭蕾。

请欣赏杂技《肩上芭蕾》。

以融技巧性、柔软性和惊险性于一体的《艺术软功》表现广东人奋发向上的精神。

参演队伍：广州军区战士杂技团20人
节目负责人：战士杂技团

8. 男子群舞《数鱼花》（节目时间：5分半钟）

主持人：

我们唱着春天的故事，
改革开放富起来。
各行各业信息化，
岭南处处鲜花开。

请欣赏男子舞蹈《数鱼花》。

幕启

清晨，朝霞满天。明净的蓝色天幕，偶尔有数只电脑灯变化改革开放后的珠江三角洲水乡的渔民们，开始一天的劳作，他们用自己的勤劳与智慧，在农业产业化和信息化的大道上，意气风发地开拓创新。

参演队伍：佛山市南海青年舞蹈队24人

节目负责人：吴钟灵

9. 杂技《草帽传友情》（节目时间：6 分钟）

参演队伍：广州军区战士杂技团 40 人

节目负责人：战士杂技团

10. 大歌舞《南粤飞彩虹》（节目时间：4 分钟）

主持人：
  广东，
  在中华大地上，最早实行改革开放的地方；
  广东，
  是经济飞速发展，正在实现小康的地方；
  有党的十六为我们指引方向，
  明天的广东，
  一定会更加美好，
  明天的故乡，
  一定会更加辉煌！
请欣赏大歌舞《南粤飞彩虹》。

灯光渐亮，霞光璀璨，舞台上展现出一幅广东改革开放 20 年现代都市的电脑组合喷画，四重唱、混声合唱《南粤飞彩虹》。

歌词：
  啊……
  南粤大地春意浓浓，
  秀美山川一片欢腾。
  这里是春天最早到来的地方，
  处处都蓬勃着绿色的生命。
  广东人民满怀憧憬，
  骨肉同胞热血沸腾。
  这里是春光长驻的地方，
  处处都澎湃着改革的豪情。
  啊……
  南粤飞彩虹，
  托起世纪梦。
  我们高举着十六大的旗帜，
  手携手跨越新时代的巅峰。
  我们点燃心中的激情，
  心同心创造辉煌的广东。

一群美丽的花城少女、开朗活泼的阳光男孩、英俊潇洒的时尚青年，在歌声中不断变换调度造型欢欣起舞，抒发在党的十六大精神指引下，海内外同胞齐心共建广东、争取率先实现现代化的豪情。舞台上绚丽的电脑灯的变化，构成壮丽辉煌的场面。
演出队伍：全体演员
节目负责人：李南
主持人：
第二届世界广东同乡联谊大会开幕式演出就要结束了，让我们再一次衷心地祝大会获得圆满成功。
祝愿广东籍的海外同胞们，在回到家乡的日子里，生活愉快，身体健康！
祝愿大家事业发达，繁荣兴旺！
礼炮齐鸣，彩练当空，华光四溢，全场演员和观众同唱调寄广东音乐"得胜令"《天涯共此时》，全场沸腾，舞台上下形成欢庆的海洋，高潮中演出结束。
演出队伍：全场演员
节目负责人：李南

《天涯共此时》演出策划组
2002年9月

第九章　群众戏剧活动的策划与组织

戏剧，是人类创造的最古老的艺术之一，迄今已有两千多年的历史，也是当前非常受人民群众喜欢的一项文化艺术活动。对于我国来说发展群众戏剧，无疑是发展社会主义文化，建设文化强国的一种重要措施。

要组织好群众戏剧活动，首先要弄清楚什么是戏剧？

一、什么是戏剧

1. 戏剧的定义

戏剧，是一种综合性的舞台艺术。是把文学、表演、绘画、雕塑、音乐、舞蹈等多种艺术综合成为一种独立的艺术样式，并通过表演完成的综合艺术。戏剧的构成有以下4个因素：编剧艺术、导演艺术、表演艺术、舞台美术。由于它是以塑造舞台形象为目的并通过舞台演出，故又叫舞台艺术和表演艺术。

2. 戏剧的体系

世界上有三大古老的戏剧体系：

一是古希腊体系，于公元前6世纪，在一年一度酒神节基础上产生的。那时，人们祭祀酒神，唱赞美歌，从有歌队的问答开始，把酒神精神和日神精神相结合发展起来的。具有代表性的是《被缚的普罗米修斯》、《被释放的普罗米修斯》、《带火的普罗米修斯》三部曲。

二是印度的梵剧，产生于公元前5世纪开始的古典梵语时期，公元前2～3世纪，印度普通社会中有一种表演神事的赛会，其形式是歌舞与宗教仪式的混合。相传梵剧的创始人叫"婆罗吒"，这名字就有歌者和舞者的意思。梵剧的渊源出于歌舞，最早的梵剧是"从颂神的歌曲和拟神的行为发展而来的"，如以描写宫廷生活为中心的《摩罗维迦》，在传说故事中融入新意的《沙恭达罗》，是诗剧，剧作家是迦梨陀娑。

三是中国戏曲。从先秦歌舞开始经历长时间到12世纪形成，历尽800多年的磨难，积累了5万多个剧目、366个剧种，涌现了无数卓绝伟大的戏剧艺术家，《西厢记》被列为世界三大古典名剧，关汉卿被列为世界文化名人。中国戏曲的审美特征，其表演手法体现了中国文化精神，体现了先秦的理性，汉赋的气魄，盛唐的韵味，宋元的市井，明清的情缘。

现在，古希腊戏剧和古印度的梵剧都已经退出舞台，唯独中国戏曲仍活跃在舞台。

3. 戏剧的形态

古希腊，一般将艺术分为五类，即音乐、绘画、雕塑、建筑与诗，戏剧被划归诗的范畴。实际上，戏剧兼备诗（文学）、音乐、绘画、雕塑、建筑以及舞蹈等多种艺术成分，实属一种"综合艺术"。

作为综合艺术，戏剧融化了多种艺术的表现手段，它们在综合体中外在的表现是：

文学——主要指剧本。

造型艺术——主要指布景、灯光、道具、服装、化妆。

音乐——主要指戏剧演出中的音响、插曲、配乐等，在戏曲、歌剧中，包含着曲调、演唱等。

舞蹈——主要指舞剧、戏曲艺术中包含的舞蹈成分，在话剧中转化为演员的表演艺术，即动作艺术。

4. 戏剧的本质

戏剧的本质是演员扮演人物讲述故事。

一是通过演员的舞台表演动作塑造人物形象来表现现实生活——已经提炼加工的生活。

二是表现矛盾的人物关系之中来寻求人类命运的本质所在。其中的冲突，不外乎是人与人之间、人与自然之间、人与社会之间、人与自身之间的矛盾冲突。

5. 戏剧的分类

（1）从艺术表现形式可以分为话剧、戏曲、歌剧、舞剧等。

话剧是用对话和动作来表演的戏剧。话剧的特点是以对话为主要表现手段。话剧的对话必须是规范化的文学语言，要通俗易懂，便于观众接受，适于反映生活。

戏曲是我国传统的戏剧形式，包括昆剧、京剧和各种地方戏，以歌唱、舞蹈和程式化为主要表演手段。

中国戏曲在现代，它是中国各民族各时代的传统戏剧样式的通称和总称。①戏曲具有综合性的艺术特征，集诗、歌、舞为一体的，其表演艺术综合了唱、念、做、打；②戏曲具有虚拟性的艺术特征，传统的舞台上空无一物却能表现千军万马，通过演员唱词念白和虚拟的动作即能转化时空；③戏曲具有程式性的艺术特征，从表演的手、眼、身、法、步，剧本结构、音乐设计、服饰打扮等都具有一定的程式。

歌剧是一种声乐和器乐综合而成的戏剧形式，所以也称歌剧为乐剧。有的歌剧只有歌唱，没有独白和对话，有的则是三者兼而有之。歌剧的唱词和音乐十分重要，歌词的语言应是诗的语言。

舞剧是把舞蹈、音乐和戏剧结合在一起的戏剧艺术。它的特点是：剧情的发展、人物形象的塑造，主要靠演员的舞蹈动作（还有音乐语言）来表现的。

（2）按篇幅长短分为独幕剧、多幕剧。

独幕剧，英文翻译：oneactplay，也译为一个行动的戏。如：莫里哀的《可笑的女才子》、《逼婚》，契科夫的《求婚》，约翰·辛格的《骑马下海的人》、菊池宽的《父归》。是独成一幕的短剧。由于展示剧情受到严格的时间、场景等限制，要求结构紧凑，矛盾冲突的展开比较迅速，而情节的基本部分——开头、发展、高潮、结局都均应表现出来。由于他的篇幅大部分比较小，有时候又称之为小戏。在独幕剧中，一般人物较少，情节线索单纯，一个生活侧面反映社会矛盾，构成一个独立完整的喜剧故事。

多幕剧是大型的戏剧。容量大，故事情节复杂。由于它分幕分场，用能换幕来表现时间的间隔和空间的转移，就可以把不便于在舞台上演出的事件转移到幕后，处理不同时间，不同空间的事件，反映更广阔的社会生活。

多幕剧按作品形式规模划分，舞台口的大幕启闭一次为一幕，在全剧演出过程当中，大幕启闭两次以上，称为多幕剧。

中国戏曲分本、折或出，古希腊戏剧及莎士比亚时期的戏剧演出分场而不分幕。欧洲戏剧在17世纪以后分幕，一幕之内又可以分场，两者之间的区别：一幕标志着剧情发展的一个大段落，而一场则表示段落中时间的间隔或场景的变换，在多幕（或场）剧中，幕与幕之间往往表示着或长或短的时间跨度或场景的变换转移。分幕分场则成为戏剧处理时间和空间的特殊方式，而现代戏剧中，幕与场的界限已不明显，很多剧目不分幕，时空的转换也变得更自由。

（3）从内容、性质及美学范畴分，有悲剧、喜剧、正剧等。

悲剧最初在古希腊，是春天播种时为谢神而表演的山羊之歌，所以悲剧在希腊文中是"山羊之歌"的意思。最早的悲剧，主人公在命运支配下是无可逃脱的，常以失败和灭亡而告终。随着时代的发展变化，悲剧的概念有了根本的改变。如莎士比亚的悲剧人物则表现出理想与愿望和社会现实的矛盾是不可调和的。

喜剧在古希腊，最初是秋季收获葡萄时为谢神而表演的狂欢歌舞，所以喜剧在希腊文中是"狂欢之歌"的意思。举行狂欢歌舞之时，领队者常要说些诙谑之词，引人发笑。所以喜剧的特点多以滑稽的形式来嘲笑、讽刺生活中的丑恶现象及一定人物性格中的缺点和弱点。鲁迅说，喜剧是"将那无价值的撕破给人看"。一般地说，喜剧的结局总是愉快的，圆满的。

正剧则是介于悲剧和喜剧之间的类型。在戏剧文学中，正剧是大量的。社会生活在大多数情况下，并不单纯呈现为悲剧性的，或喜剧性的，而是有悲有喜，悲喜交织。它常常反映两种势力的自觉斗争，混合着悲喜成分，代表正义的一方最终取得胜利，结局是快乐的，人们就称之为正剧，或称为悲喜剧。

（4）从题材的时代性来分，有历史剧和现代剧。

历史剧指取材于历史事件和历史人物的剧目。以真实的历史人物、历史事件为题材，经过作者艺术加工编写而成的戏剧作品。历史剧的创作要对大量的历史资料进行分析、研究，在符合历史真实的基础上，选取具有典型意义的戏剧性的事件，并适当地运用想象、虚构给予丰富和补充，构成戏剧冲突，再现一定历史时期的社会生活面貌。

现代剧主要指的是20世纪以来从西方传入的话剧、歌剧、舞剧等，话剧是主体，外国戏剧一般专指话剧。

（5）根据地域色彩不同分：京剧（北京）、沪剧（上海）、豫剧（河南）、吕剧（山东、江苏）、川剧（四川）、汉剧（湖北）、楚剧（湖北、江西）、晋剧（山西）、黄梅戏（安徽、湖北）、粤剧（广东、广西）等。我省主要有粤剧、潮剧、汉剧、雷剧和采茶戏、山歌剧、花朝戏，还有正字戏、西秦戏、白字戏，怀集还有贵儿戏等20多个独具特色的地方戏剧种，其中花朝戏、正字戏、西秦戏、白字戏为我国稀有剧种，被称为中国戏剧的"活化石"。不少剧种已成为国家级非物质文化遗产项目。

（6）根据演出方式不同分：有舞台剧、广播剧、电影、电视剧等。

二、什么是群众戏剧活动

群众戏剧是指群众自编自演、自娱自乐的多以民族民间戏曲为主的戏剧活动，包括民间职业剧团和业余剧团以及校园戏剧及小戏、小品等演出活动。

20世纪80年代以来，广东群众戏剧活动健康蓬勃发展。广东省文化厅从1991年开始，每三年主办一届广东群众戏剧曲艺花会。广东群众戏剧曲艺花会坚持为人民服务，为社会主义服务的方向；坚持百花齐放，推陈出新的方针；坚持文艺弘扬社会主义主旋律，反映时代风貌和民族精神。参演的节目提倡题材、形式、风格的多样化，突出广东地方特色和农村题材，注重广东地方戏剧和曲艺的传承和发展，并具有浓郁的岭南生活气息和较高的艺术质量。花会的参演节目，都是由各市业余作者（或群众文化辅导干部）创作的反映我省的改革开放新貌和岭南风情的戏剧曲艺作品。通过"花会"，展示全省群众戏剧创作和演出活动的成果，为我省群众文化艺术出作品、出人才创造条件，让古老的岭南曲艺品种焕发为人民服务的魅力。

在广东省文化厅的领导下，广东群众戏剧作品连续6年来在全国"群星奖"的评奖中名列前茅，特别是在2001年的全国第十届"群星奖"戏剧比赛中，夺得了14块金牌的好成绩。2002年11月21日，广东优秀农村小戏专场进京参加文化部组织的"群星奖"展演活动，又获盛誉。三年一届的广东省群众戏剧花会，是广东省群众戏剧创作丰硕成果的集中展示、检阅和交流，也是群众文化工作者与人民群众共同欢庆的盛大文艺节日，它为社会营造了一种欢乐、祥和、喜庆、奋进的积极向上的良好氛围，它已融入广大基层群众的文化生活，与之紧密相联、息息相关。组织好群众戏剧活动已经成为广东群众文化事业单位的一项重要工作任务。

三、如何组织群众戏剧活动

上面我们讲过：戏剧是集文学、音乐、美术、导演、表演及舞蹈等多种艺术成分为一体，以塑造舞台形象为目的的综合艺术。由编剧艺术、导演艺术、表演艺术和舞台美术构成的。因此，我们要组织开展群众戏剧活动，就要从如下这几个方面着手。

（一）组织指导剧本创作

演戏首先要有戏剧剧本，"剧本剧本，一剧之本"，它是舞台演出的基础，是戏剧的主要组成部分。属于戏剧艺术创作中的一度创作，直接决定着戏剧的思想性和艺术性。戏剧文学具有两重性。一方面，它作为文学作品，除应当具备一般叙事性作品共同的要求，诸如塑造典型形象，揭示深刻的主题，以及结构的完整性等外，还应当具有独立的欣赏（阅读）价值。另一方面，它作为戏剧演出的基础，只有通过演出，才能体现出它的全部价值，因此，它又要受到舞台演出的制约，必须符合舞台艺术的要求。组织开展戏剧活动，首先要抓的就是剧本创作。

编写剧本的人叫编剧。编剧（作者）要从生活出发，将自己对生活的所思所感用文学的眼光想象出来，用文字记录下来，再用编剧技巧表现出来，成为剧本。

剧本必须适合舞台演出。演出要受到时间和空间的限制，把发生在不同地点和较长时间里大事情集中在有限的舞台和两三个小时内的演出中表现出来。人物的语言和动作必须合乎各自的身份和特征。

剧本必须有集中尖锐的矛盾冲突。戏剧是反映现实生活中的矛盾冲突的，没有矛盾冲突就没有戏剧。戏剧冲突是社会矛盾的反映，它有一定的发展过程，这个过程就构成了剧本的情节结构。剧本的情节结构可分为：开端—发展—高潮—结局—尾声。

开端：介绍人物关系和揭示矛盾冲突。

发展：描写情节的波澜起伏，一波未平一波又起，一步步把矛盾冲突推向高潮。

高潮：矛盾冲突发展到顶点并表现出急剧转化的局面。

结局：结局是情节发展的必然结果，也是矛盾冲突的解决。

尾声：与序呼应，对剧本的思想内容作些启示，引起人们的联想和展望。

剧本刻画人物推进剧情和表达思想的手段：

（1）舞台说明：包括人物表、舞台美术、环境、音响、人物上下场、人物对话的姿态、动作、表情、心理活动等。

（2）人物的对白和唱词：包括独白、旁白、对白。是剧本的主要组成部分，其任务是展开情节、提示人物性格、表现主题思想。

（3）结构形式：分幕分场。幕是大单位，场是小单位。

组织剧本创作必须遵循以下的原则：

（1）生活是创作的源泉。编剧不能脱离生活去"编"、去杜撰。同时，还要对生活有所认识，有所感悟，从而产生创作冲动的前提下，选择主题、生活范围、切入角度开始进入剧本创作。主题是什么？主题是作品的总纲，是编者从生活中提炼出来的主要问题。

（2）立意的重要性。编者确定了主题之后，用什么观点，什么态度去诠释主题必须明确。这就是写剧本的目的，即剧作的主题思想，也就是作品的立意。主题提问题，主题思想（立意）给答案。可见，作品的立意非常重要。

（3）安排好戏剧冲突。戏剧的本质就是矛盾冲突，没有矛盾冲突就没有剧本的"骨架子"，没有强有力的行动表现，就难以成戏。所以，安排好矛盾冲突就是剧本创作中的关键问题。

（4）在行动中刻画人物。写剧本重在写人，写人的性格，人的命运，并在具体行动中去完成。如写英雄，必须有英雄行为，而这一行为只能在矛盾冲突中展现出来，而不是讲出来的。

（5）剧本的语言极为重要。写剧本很重要的工作是写台词，即人物的语言。不论话剧还是戏曲，人物的思想、情感、性格都是在语言中（唱也是语言）体现出来的。所以写好人物的台词很重要，绝不能把人物的语言变成作者的"代言"，更不能成为"直通车"，谁说都成。

（6）确定剧本的体裁，给全体创造者以行为的尺度，使全剧风格统一。

做到了以上几点，才能体现出剧本的故事性、舞台性、典型性、哲理性的特征。

（二）聘请一位好导演

戏剧演出具有综合性，是一种集体创作的艺术。一次戏剧演出，一般需要剧作家、演员、音乐家、舞台美术家及舞蹈家的集体合作，他们在集体劳作中分担着不同的任务，为使创作成为整体，需要一个领导者，即近代被定名为"导演"的人。导演一方面是组织、领导这个创作集体，另一方面进行导演艺术的创作。

导演是戏剧艺术的"二度创造者"。导演根据编剧提供的文学台本进行艺术构思，拟定艺术处理方案和导演计划，组织和指导排练，与演员、舞台工作人员共同将剧本的文字变成生命，将抽象变为具体，也就是将剧本的内容体现为鲜活的舞台形象。因此，导演的艺术创造非常重要。

（1）导演是戏剧艺术的"二度创造者"，所以不能脱离剧本去构思，不能从文学剧本的表层去直译，更不能去曲解。他必须认真阅读、研究和掌握剧本原作的思想性、艺术性，剧本创作的艺术规律和美学规律，吃透作品的风格、体裁以及原作的时代特色之后才能进行再创造。

（2）导演是戏剧综合性艺术的组织者和综合者。由于戏剧艺术的综合性特质：涵盖的部门多，艺术因素多，参与的人员多，导演负担统一任务的角色，他必须有能力把一切艺术语汇汇合成导演的语汇，把所有演员的艺术创造都变成导演立意的体现。在综合与统一中，导演必须以演员表演为主体，以舞台动作为核心去组织舞台行为。因此，导演在"二度创造"中必须有主见，有一定的权威性。

（3）导演是观众的代表。导演对观众负有责任。因此，导演在选择剧本，处理剧本时必须要感时代之所感，及观众之所需，这是戏剧乃至艺术作品的社会责任。所以，导演要考虑观众的品位，更要考虑如何引导观众提高欣赏水平。也就是说要给观众提供健康有益的作品，并要使观众看得清、看得懂、看得明白、喜欢看。

（4）导演是演员的良师益友。导演的责任就是要能帮助演员理解剧本、理解角色，培养演员掌握表演的技能、技巧，启发演员的创作追求。同时，以"排戏排人"的精神培养演员高尚的艺术情操，做一个有艺德的人。

（三）组织舞台美术创作

为使剧本表现立体、丰富起来，组织群众戏剧活动必须组织舞台美术创作。我们要聘请有经验的舞台美术工作者进行舞美设计。

舞台美术设计者的创作，既要在剧本的框架下，又必须在导演构思之中进行，所以，他要与导演及时进入剧本的阅读和研究，然后在导演的统筹之下共同完成戏剧的"二度创作"。因此，舞台美术要完成的任务是：

（1）为演员提供演出的生活环境。
（2）要准确传达戏剧作品整体构思的思想形象。
（3）要表现剧中人物的内心生活和精神世界，同时要表达出人物的感情及人物的性格特征。
（4）要体现出统一的演出风格。

因此，舞台美术创作者通过形、线、积、色、光等手段，在有限的舞台空间里再现无限的生活境界，使其具有装饰性、绘画性、雕塑性、建筑性的再创造。

（四）选好称职的演员

当导演的构思和计划基本形成后，组织群众戏剧活动的主要任务就是选拔、培训演员。

戏剧表演艺术是演员在剧作家所创造出来文字形象的基础上再创造出有血有肉的、鲜活的舞台人物形象的艺术。所以，选准演员、培训演员非常重要。

作为演员，首先要能真实的生活在假定的舞台生活空间里，做到"装龙像龙"，"装虎像虎"，在"像"字上体现出一个"真"来。其次，因为表演是艺术，从审美的角度来说，演员在运用艺术形式表达角色的"人的精神生活"时，不管这个人物形象是美是丑、是善是恶，都必须考虑艺术形式上的审美要求。如果没有真、善、美的和谐统一就谈不上艺术了。

选择一个称职的演员，起码要具备"七力"和"四感"。

所谓"七力"：

（1）对生活敏锐而又细致的观察力。
（2）积极而又稳定的注意力。
（3）丰富而又活跃的想象力。
（4）敏锐而又真挚的感受力。
（5）真实、准确的判断力。
（6）灵敏的适应力。
（7）鲜明的形体和语言的表现力。

所谓"四感"：

（1）演员在虚拟的情境中具有真挚的信念感和适度的真实感。
（2）演员要具备善于捕捉人物特征的形象感。
（3）演员要具有以适应戏剧情境的幽默感。
（4）演员要具有适应行动发展的节奏感和掌握剧本的体裁感。

由于演员是戏剧艺术的主体，所以选拔和培训演员是组织群众戏剧活动中的关键一环。

（五）做好排练的后期工作——合成、彩排、演出

当演员完成了舞台人物形象创造之后，全剧将进入合成阶段。这一阶段，主要是进一步磨合综合艺术各部门的协调统一。重点是舞台、灯光、音乐等。然后，全剧进行连排、彩排、演出。

上述各项是从戏剧艺术的规律和艺术专业层面所要做的工作。但从"活动"这一层面考量，我们组织开展群众戏剧活动还必须做好下列工作：

（1）群众戏剧活动必须有群众参与和支持。如果没有群众参与，没有群众接受和欢迎，也就没有群众戏剧活动的生存条件。所以，充分发挥群众，努力培育观众的审美情趣也是群众戏剧活动中的重要任务。

（2）做好对创作队伍，表演队伍的培训，给他们创造学习的机会和实践的机会，激发他们对戏剧的兴趣，提高创作水平。

（3）群众戏剧活动组织起来容易，坚持下去难。要想使其健康发展，不但要有业务上的培养，还必须有各级主管部门的大力支持和扶植，有计划、有目标、有具体措施地去经营，才能使这一活动持之以恒，永保旺盛的生命力。

四、组织群众戏剧活动要把小戏、小品作为重点

在我国，戏剧艺术有着广泛而又浓厚的群众基础，戏剧是群众业余文化生活的重要内容之一，尤其是深深扎根与本地群众的小戏、小品，更受当地群众的喜爱。所以，组织群众戏剧活动要把小戏、小品重点抓好。

（一）什么是小戏

所谓小戏指的是折子戏（单出戏）、独幕剧等。小戏是一种短小的戏剧样式，往往在有限的时空内，（如文化部群星奖要求15～20分钟）表现一个简短而完整的戏剧化行动。通常只有一个场景，也可以有两个场景。由于它篇幅大都较小，所以又称之为小戏。

（二）小戏的主要特征

"小、单纯、有戏核"。"小"是指很小的事情，从小处着眼，小处入手，但写小事情的目的是以小见大。"单纯"指减头绪、立主脑，写一人一事，单纯不是单薄、简单，而是经过严格的选择，舍弃芜杂琐屑的东西，将简单的事情复杂化、戏剧化。"有戏核"指剧情发展中的矛盾核心，关键所在，没有戏核，戏就不可能出现高潮，戏核是有生长点、生命力的东西，要有爆发力和闪光点。

（三）小戏的写作方法

（1）从生活中提炼真实的人生故事，戏剧情节结构要自然流畅，编织动人心弦的矛盾冲突。

（2）在急剧变化体现时代主旋律和人生的真实姿态。

（3）千方百计刻画人物的性格特征，努力塑造生动感人的人物形象。

（4）既有确定的中心点，又有完整的戏剧行动，具有大小适中的时空容量。

（5）有鲜明的戏剧动作，生动的人物语言，简朴的舞台装置，适合于大众场合的舞台表现。

（6）小戏的构思：

1）从现实生活选择和提炼具有积极意义的题材。

2）认真设置戏剧冲突才有戏可看。

3）抓住一件不太复杂的小事来写戏，力求以小见大。

具有喜剧风格的小戏创作：

1）赋予人物明显的喜剧性格。

2）精心设置情节的喜剧性。

3）从正反双方人物的性格反差出发，结构生动的喜剧冲突。

不要让小戏承载过于重大的思想内容和中心事件：

1）虽然是比较简单的故事情节，只要从艺术上叙述得生动感人，就能以作品的艺术魅力，使观众同时获得认识和审美的收获。

2）用小戏特有的清新、纯朴、生动、活泼的格调，冲破长期笼罩观众看戏时心头产生的沉闷感觉，下功夫把观众吸引到剧场里来。

3）如果一定要小戏表现复杂的内容和情节，艺术处理必然简单化，粗而化之，大事化小。

（四）小戏写作技巧

（1）小戏篇幅短、容量小、尽量做到构思巧、立意新、选材严、开掘深。

1）要求出场人物尽可能少。

2）塑造人物不可能面面俱到，而是要抓住主要人物的主要性格特征。

3）要求矛盾展开要开门见山，进戏快，切忌拖沓，冲突要出奇制胜。

（2）选择好小戏题材。

1）选择有一定生活意义的题材。

2）选择作者自己真正熟悉、并有独特感受的题材。

3）选择当前群众最关心、最欢迎的题材。

（3）开掘主题。

戏剧创作中，主题的确立、情节的安排、人物的塑造、语言的运用是剧作者必须解决的四个主要问题。

同一题材，可以写成不同的作品。相同的主题，也可以用各种不同的题材来表现。

一种是在一个较长事件中，选取最关键、最重要的一段事来写。

一种是某一特定时刻发生的事。

（4）矛盾冲突在小戏中占有重要地位和作用。

常说的有戏，就是要有尖锐的矛盾冲突，矛盾越尖锐，才越会有戏。

戏不同于小说，必须在有限的时间和平台上展现生活，必须让剧中人物始终处在行动之中，人物的行动又不断推动剧情的发展，而人物行动和剧情发展的动力就是戏剧冲突，对剧中人物的行动性要求越高，矛盾冲突的基本特征就越加鲜明。丰顺文化馆的《风雨盼儿归》，表现了儿子被抓后的李母与警察张坚发生的一场情与法的纠葛冲突。在房屋倒塌千钧一发之际张坚不计冷嘲热讽勇救李母脱险，展示了普通干警的感人情怀。

要求出场人物尽可能少；如中山市群众艺术馆的《请客》，表现的是退休后回到老家的马老师，精心办了一桌酒席想请小时候一起玩大的好朋友们叙旧。然而，在市场经济冲击下的农村，昔日的八大金刚只来了一人还嚷着要走，马老师呼唤寻找心中一直渴望的那份纯朴乡情，引起观众深思……全剧只有2个人物。

要求矛盾展开要开门见山，进戏快，切忌拖沓，冲突要出奇制胜。茂名市化州文化馆的快板剧《蛇袋缘》，讲述了两位一起到婚姻介绍所的寡妇、鳏夫在相亲路上因为换错蛇袋引起相撞、相识、相误会到相爱，在喜气洋洋中展示出新农民的精神风貌。

（五）小品写作技巧

所谓小品，在权威的辞书中未列为辞目。最早是培养演员的基本创作素质，常用的即兴练习、哑剧技巧、假面练习、动物模拟、人物形象小品等训练方式。后来发展到为群众文艺创作的一种戏剧样式，属于微型戏剧或瞬间戏剧。我国著名的小品表演艺术家有赵本山、宋丹丹、黄宏、陈佩斯、朱时茂、郭达、蔡明等。代表剧目有《雨巷》、《芙蓉树下》、《超生游击队》、《相亲》、《秧歌情》、《理发》等。

小品的产生：源于戏剧院校培养演员所设置的练习，称为教学小品。因为教学所设，不追求故事的完整和情节的曲折，不追求刻意的塑造人物形象，也不追求对作品总体意蕴的开掘，只侧重于营造一个真实的生活空间。

（1）小品的特征。20世纪80年代初，教学小品被搬上屏幕后，经过诸多艺术家的共同创造，既保持了原有的特色，又在人物刻画、矛盾编织、主题开掘等方面有所发展和提高，逐渐成为深受群众欢迎的戏剧样式。小品通常内容简单明了，或歌颂新人新事，或鞭挞社会时弊，或讽刺丑恶现象，具有针对性、现实性、形式短小精悍、不分场次。人物性格鲜明，故事情节单一，语言生动活泼，风格多为诙谐幽默，为观众喜闻乐见。

目前，小品已成为广大群众喜闻乐见的艺术品种，是文艺百花园中的一枝奇葩，小品的这类演出形式很多，有电视播出的电视晚会小品，有剧场演出的舞台戏剧小品。有从相声改编的曲艺小品，还有戏曲、歌剧、哑剧、舞剧小品等，小品这个新的艺术品种正在发展之中。

（2）小品注重写好人物，表现独特个性不管是正剧的、喜剧的、抒情的、寓意的，无论是俗中求雅，大雅若俗，还是以实写虚，虚中求实，都应力求剧中人物的言行对观众产生情感的熏陶和精神的影响，启迪观众对人生的感悟。

（3）小品创作贵在创新。创意的敌人是重复，不能重复别人想过的、做过的，可是这种重复往往在所难免。写剧本其实就是解答题目，题目都差不多，主旋律也好，非主旋律也好，别人想过很多次，从各个角度都切入过，你就要寻找其中的空白部分，并且好的答案一定是在题目思维程度之上的，偷不得一点懒。

（4）小品编剧要给二度创作留有余地。一个小品是编、导、演合作出来的，不懂合作的人将会一事无成。一个有好的戏剧情节的剧本，必须尊重导演和演员的二度创作。好的编剧要给二度创作留有余地，编剧要写出除了编剧之外还要经过导演二度创作、演员二度创作甚至是观众多次现场反馈而形成的演出本。

选择作者自己真正熟悉、并有独特感受的题材，如乳源县文化馆的小品《一盆洗脚水》通过儿子看不惯远道从山里而来的父亲由顶牛到打水帮父亲洗脚，以朴实的行动强化其戏剧性和娱乐性，再现了儿女对父辈的孝顺，使观众在笑声中得到启迪。

小品能在短短的时间、空间限制里，演完一个故事，对剧中人物的行动性要求更高，矛盾冲突的基本特征就更加鲜明。深圳市福田区文化馆的小品《生日快乐》，表现了这一特征：一天，等级森严的总裁办公室，竟闯进了一个大大咧咧的打工妹。端来一篮红鸡蛋感谢总裁刚刚专门为她过了生日，摸不着头脑的总裁终于弄清，原来是计算机在为打工妹过生日，触发了总裁内心强烈的碰撞，以人为本真诚地为这位打工妹过了一个快乐的生日。

小品要展示真实情感，表现独特个性，注重写好人物。一是重视情感的揭示，使观众从中领会更深层次的意蕴，在较高的层面上引领观众的沟通与共鸣。二是展示个性的特征，让人物形象以其艺术魅力去感染和征服观众，使观众从内心深处产生共识与升华。三是在矛盾冲突中描写人物,在戏剧行动中展现人物,使人物有血有肉,真实可信。如江门市的小品《约会》,通过一对别井离乡南下进城的农民工夫妻,相约一起打电话回家,展示了农民工的酸甜苦辣和对美好生活的憧憬。

五、组织群众戏剧活动要下决心、动真情

组织群众戏剧活动,领导重视是主要的一条。管理者不能停留在一般号召或会议上,不能光靠行政命令、口头通知。要花力气,有手段、有措施按戏剧艺术规律去逐项抓落实。尤其在创作剧本的初始阶段就要重视起来,业余作者的作品还在幼苗阶段,就要辛勤浇水施肥,才能开花结果。

群众戏剧活动的组织者要鼓励作者写自己熟悉的生活。鼓励业余作者以群众的需求为第一信号,把视点瞄准平凡的生活,把朴素平实的生活细节、丰富多彩的生活场景,作为写作的基本素材,从现实生活中挖掘生动的事例、汲取新鲜营养,使我们的作品充满生活色彩、富有生活气息;鼓励作者多用群众身边的素材,多反映群众切身的感受,多用群众熟悉的语言,多用群众乐于接受的方式。

组织群众戏剧活动要有锲而不舍磨练精品的精神,管理者要理解文艺创作的艰苦,尤其是业余作者平时有自己日常的工作,工余时间放弃休息来创作更加不容易,所以他们创作出来的东西,组织者不要轻言放弃,要树立"十年磨一戏"的观念,因为好的作品都是磨练出来的。同时,要关心群众文艺骨干,鼓励业余戏剧作者要乐在其中不怕苦。因为一个人活在世上,不能只追求温暖、安逸的生活,还应该有点人生追求。写稿容易修改难,鼓励作者不怕烦。只有多吸取他人的意见进行加工修改,耐心才能把作品变成精品。从事戏剧创作是一件高尚的事情,要把辛苦变成快乐,出作品就有成就感。组织群众戏剧活动是一项较为复杂辛苦的工作,但只要管理者下决心、动真情、想办法,就能取得成功!

思考题

1. 什么是戏剧?
2. 戏剧有哪4个构成因素?
3. 组织群众戏剧活动有几个步骤?
4. 小品是怎么产生的?

第十章　群众舞蹈活动的组织与创作

舞蹈是人类文化史上最早产生的艺术形式之一。

舞蹈是以人的身体为表现工具，以经过提炼、组织和艺术加工的人体动作为主要表现手段，表达人们的思想感情，反映社会生活的一种艺术。

舞蹈起源于劳动。古老的舞蹈是以模仿狩猎或欢庆丰收为主的。随着社会的发展，日益走向以表达人的思想感情为主。舞蹈总是鲜明而形象地反映出人们不同的思想、信仰、理想和审美要求。既是供人欣赏和娱乐的艺术形式，也具有宣传教育的社会作用。

一、舞蹈的基本知识

舞蹈依其目的与作用的不同可分为自娱性舞蹈与表演性舞蹈；依其风格特点的不同可分为古典舞、民间舞和现代舞。此外，还有与其他艺术因素相结合而成的舞剧。

自娱性舞蹈：一种不以剧场舞台为表现场所，不求供人欣赏，而以跳舞作为自我娱乐的舞蹈。其动作不表明任何意义，比较简单，有一定的规律性。队形变化简单，人数可以随时增减。有的有乐器伴奏，有的则随着鼓的节奏或歌声起舞。在一定的节奏和规律的限度内，舞者可以即兴发挥。我国各民族也都有属于本民族的传统舞蹈形式，如汉族的大秧歌、藏族的弦子舞、蒙古族的安代舞、土家族的摆手舞、苗族的踩堂鼓以及丰富群众文化生活而常跳的交谊舞、青年集体舞。

表演性舞蹈：一种以剧场、舞台为主要表现场所，专门供人观赏的舞蹈，具有认识、教育、美感和娱乐作用。这种舞蹈由于是经过舞蹈家的艺术加工、整理而创作出来的，所以有着鲜明的主题思想和典型化的形象，动作也较为复杂，具有规律性和规范性，舞者不能自由发挥。表演过程须受一定舞台空间和时间的制约。同时有音乐、舞美、灯光、服装等艺术手段的配合。

古典舞：从古代流传下来具有典范性和古典风格的传统舞蹈。世界许多民族都有各具独特民族风格的古典舞蹈。如爱尔兰气势磅礴的踢踏舞，中国的古典舞大多保留在戏曲艺术中，剧中人物演唱和说白时的一举一动是舞蹈化的，也有成套的舞蹈组合，在表演上，手、眼、身、法、步的紧密配合是中国古典舞的传统特色。

民间舞：世界各民族都有独特风格的舞蹈，其中民间舞蹈占有重要的地位。我国民间舞蹈大多数是和民歌相结合，采取载歌载舞的形式，因此也叫歌舞。民间舞是具有鲜明的民族风格和地方特色，广泛流传于民间的舞蹈形式，从人们的劳动和斗争生活中产生。由于各民族各地区人民的生活、风俗习惯、劳动方式以及历史地理环境的不同，从而形成了舞蹈的风格和特色的明显差异。在世代相传过程中，经过人民群众不断的加工创造，成为珍贵的民族文化瑰宝。

芭蕾舞：欧洲古典舞剧的统称。"芭蕾"一词源于意大利语"ballare"（跳舞）。芭蕾艺术是从15到16世纪的意大利贵族余兴戏剧演出脱胎而来，形成于17世纪的法国，18世纪传入俄国，19世纪初期发展成为一门独立的、完整的艺术，创造了女演员以足尖立地跳舞的技巧，发展了各种腾空跳跃和旋转技巧，并有一套完整的训练体系，逐渐形成了不同风格的意大利、法国和俄罗斯学派，对世界文化产生了很大的影响。现在许多国家都有不同风格的古典芭蕾和著名的芭蕾作品。20世纪初，出现了现代芭蕾学派。芭蕾艺术在五四运动前后传入我国，新中国成立后才成立了专业的芭蕾舞剧团体。

现代舞：摆脱古典芭蕾的程式和束缚，强调以自然的舞蹈动作，自由地表现感情和生活的舞蹈。

舞剧：以舞蹈为主要表现手段，综合音乐、哑剧、舞台美术等因素，以集中塑造人物形象，展现生活中的矛盾冲突的一种戏剧形式。具有完整的戏剧结构舞剧中的舞蹈一般以古典舞或民间舞为基础，以结合剧中人物的性格和情节发展，分为情节舞和表演舞两类，情节舞展现故事情节和人物性格；表演舞主要描写剧情所发展的时代和环境特征。

根据舞蹈的作用和目的，舞蹈可分为生活舞蹈和艺术舞蹈两大类。

生活舞蹈：是人们为自己的生活需要而进行的舞蹈活动；艺术舞蹈则是为了表演给观众欣赏的舞蹈。生活舞蹈包括有：习俗舞蹈、宗教祭祀舞蹈、社交舞蹈、自娱舞蹈、体育舞蹈、教育舞蹈等。

习俗舞蹈：又可称为节庆、仪式舞蹈，是我国许多民族在婚配、丧葬、种植、收获及其他一些喜庆节日所举行的各种群众性的舞蹈活动。在这些舞蹈活动中，表现了各民族的风俗习惯、社会风貌、文化传统和民族性格特征。

宗教、祭祀舞蹈：是进行宗教和祭祀活动的舞蹈形式。宗教舞蹈是对超自然、超人间的神秘力量——神灵的一种形象化的再现，使无形之神成为可以被感知的有形之身，是神秘力量的人格化。主要用以祈求神灵庇佑、消灾祛病、逢凶化吉、人畜兴旺、五谷丰登，或是答谢神灵的恩赐；祭祀舞蹈，是祭祀先祖和神佛对自己的保佑和赐福。

社交舞蹈：是人们进行社会交往、增进友谊、联络感情的舞蹈活动。一般多指在舞会中跳的各种交际舞。另外，我国许多少数民族在各种节日所进行的群众性的舞蹈活动，因此，也可以说是各民族的社交舞蹈。

自娱舞蹈：是人们以自娱自乐为唯一目的的舞蹈活动。用舞蹈来抒发和宣泄自己内在的情感冲动，从而获得审美愉悦的充分满足。

体育舞蹈：是舞蹈和体育相结合，以艺术审美的方式锻炼身体，使身心全面健康发展的舞蹈新品种。如各种健身舞、韵律操、中老年迪斯科、冰上舞蹈、水上舞蹈以及我国传统武术中的舞剑、舞刀和象征模拟各种动物、特写形象的象形拳、五禽戏等。

教育舞蹈：是指学校、幼儿园等进行审美教育的舞蹈活动，以及开设的舞蹈课程，用来陶冶和美化人的思想感情、道德情操，培养人的团结友爱、加强礼仪，以及增进身心健康，都能起到潜移默化的作用。

艺术舞蹈：是指由专业或业余舞蹈家，通过对社会生活的观察、体验、分析、集中、概括和想象，进行艺术的创造，从而创作出主题思想鲜明、情感丰富、形式完整，具有典型化的艺术形象，由少数人在舞台或广场表演给广大群众观赏的舞蹈作品。由于艺术舞蹈品种繁多，根据各个不同的艺术特点，大致可分为三类。

第一类，根据舞蹈的不同风格特点来区分，有：古典舞蹈、民间舞蹈、现代舞蹈和新创作舞蹈。

古典舞蹈：是在民族民间舞蹈基础上，经过历代专业工作者提炼、整理、加工创造，并经过较长期艺术实践的检验流传下来的，被认为是具有一定典范意义的古典风格特点的舞蹈。世界上许多国家和民族都有一定典范意义和古典风格特点的舞蹈，世界上许多国家和民族都有各具独特风格的古典舞蹈。欧洲的古典舞蹈，一般都泛指芭蕾舞。

民间舞蹈：是由广大人民群众在长期历史进程中集体创造，不断积累，发展而形成的，并在群众中广泛流传的一种舞蹈形式。它直接反映人民群众的思想感情、理想和愿望。

现代舞蹈：是19世纪末和20世纪初在欧美兴起的一种舞蹈流派。其主要美学观点是反对当时古典芭蕾的因循守旧、脱离现实生活和单纯追求技巧的形式主义倾向；主张摆脱古典芭蕾过于僵化的动作程式的束缚，以合乎自然运动法则的舞蹈动作，自由地抒发人的真实情感，强调舞蹈艺术要反映现代社会生活。

新创作舞蹈：即不同于上述三种风格的舞蹈，它常常是根据表现内容和塑造人物的需要，不拘一格，借鉴和吸收各舞蹈流派的各种风格、各种舞蹈表现手段和表现方法，兼收并蓄为我所用，从而创作出不同于已经形成的各种舞蹈风格的具有独特新风格的舞蹈。

第二类，根据舞蹈表现形式的特点来区分，有：独舞、双人舞、三人舞、群舞、组舞、歌舞、歌舞剧、舞剧等。

独舞：由一个人表演的完成一个主题的舞蹈，多用来直接抒发人物的思想感情和揭示人物的内心世界。

双人舞：由两个人表演共同完成一个主题的舞蹈。多用来表现人物之间思想感情的交流和展现人物的关系。

三人舞：由三个人合作表演完成一个主题的舞蹈。根据内容可分为表现单一情绪和表现一定情节，以及表现人物之间的戏剧矛盾冲突等三种不同的类别。

群舞：凡四人以上的舞蹈均可称为群舞。一般多为表现某种概括的情绪或塑造群体的形象。通过舞蹈队形、画面的更迭与变化和不同速度、不同力度、不同幅度的舞蹈动作、姿态、造型的发展，能够创造出来深邃的诗的意境，具有较强的艺术感染力。

组舞：由若干段舞蹈组成的比较大型的舞蹈作品。其中各个舞蹈有相对的独立性，但它们又都统一在共同的主题和完整的艺术构思之中。

歌舞：是一种歌唱和舞蹈相结合的艺术表演形式。其特点是载歌载舞既长于抒情，又善于叙事，能表现人物复杂、细腻的思想感情和广泛的生活内容。

歌舞剧：是一种以歌唱和舞蹈为主要艺术表现手段来展现戏剧内容的综合性表演形式。

舞剧：以舞蹈为主要艺术表现手段，并综合了音乐、舞台美术（服装、布景、灯光、道具）等，表现一定戏剧内容的舞蹈作品。

第三类，根据反映社会现实生活的方法和塑造舞蹈形象的特点来划分，可分为抒情性舞蹈、叙事性舞蹈和戏剧性舞蹈三类。

抒情性舞蹈：又称为情绪舞，其主要艺术特征是在特定的环境中，以鲜明、生动的舞蹈语言来直接抒发人物——舞蹈者的思想感情，以此来表达舞蹈家对生活的感受和评价。

叙事性舞蹈： 又称情节舞，其主要艺术特征是通过舞蹈中不同人物的行动所构成的情节事件来塑造人物，表现作品的主题内容。

戏剧性舞蹈： 即舞剧。

二、如何欣赏舞蹈

舞蹈在揭示人的心灵，抒发内心感情方面，具有强大的艺术魅力。在第一章我们曾介绍过，《毛诗序》说："情动于中而形于言，言之不足，故嗟叹之，嗟叹之不足，故咏歌之，咏歌之不足，不知手之舞之，足之蹈之也。"这说明人只有在非常激动，内心情感用语言以至唱歌都难以充分表达的时候，才会情不自禁地通过手舞足蹈来抒发。舞蹈正是运用了人们表达感情的这种特殊形态，构成了它独特的艺术表现手段。它表达感情的方式是心神结合，以感情引起体动，以体动表达感情，给人以生动的直观形象。

欣赏舞蹈是一种文化审美活动，也是一种精神活动。在欣赏方法上，首先可以通过节目单、说明书了解舞蹈作品的内容和主题、形式及演员，再结合演出中演员的舞蹈动作、舞台灯光、布景和服饰所表现出的气氛、情景去进一步了解和欣赏作品所表达的内容和含义，达到形（演员动作）、意（景境和动作表达的意思）、情（抒发的感情）三者统一。其次，要对舞蹈艺术的基本特征有所学习和了解。舞蹈是文学、音乐、美术等各种艺术因素综合一起而共同塑造艺术形象的。具有一定的舞蹈知识，将有利于欣赏舞蹈作品。再则，要学会懂得音乐。舞蹈音乐和舞蹈是紧密相连的，鲜明准确的音乐形象、优美动人的旋律、丰富而有变化织体，将能更好地引导我们去深刻地理解和欣赏舞蹈作品。

我们现在介绍舞蹈的种类，是为了能更深入地了解舞蹈艺术的特性、舞蹈艺术发展的规律，熟悉和掌握舞蹈艺术反映和表现社会生活的各种样式和方法。在看演出时，将在观赏过程中对作品获得的初步印象的基础上，随着人物情感的深入表现，逐渐进入作品所创造的意境，然后根据自己的生活经验对生活的认识产生联想和思考，从而与作品产生共鸣。这时我们不仅欣赏了舞蹈，也得到了很好的艺术美的享受。

为了鼓励我国优秀的舞蹈新创作，发现和培育优秀人才，提高舞蹈的编导和表演水平，我国分别设立了全国舞蹈比赛、中国舞"桃李杯"邀请赛，我省也从1998年起设立了每三年举办一届的"广东省群众音乐舞蹈花会"，广东省群众音乐舞蹈花会是由广东省文化厅主办的重点群众文艺活动。"花会"坚持为人民服务、为社会主义服务的方向；坚持百花齐放、推陈出新的方针；坚持贴近实际、贴近生活、贴近群众，创新内容、创新形式、创新手段的原则；弘扬社会主义主旋律，反映时代风貌和民族精神。"花会"的参演节目以"民歌、民舞、民乐"为主，提倡题材、形式、风格的多样化，突出广东地方特色和民族特点，并具有浓郁的岭南生活气息和较高的艺术质量。参演的节目，是由各市业余作者（或群众文化辅导干部）创作的反映我省改革开放新貌和岭南风情的音乐、舞蹈作品。通过"花会"，检阅全省基层群众音乐、舞蹈创作和演出活动的成果，交流经验，为我省群众文化艺术出作品、出人才创造条件，促使我省的舞蹈事业得到了不断的繁荣壮大。

三、如何组织群众舞蹈创作

什么是群众舞蹈？

群众舞蹈是与专业舞蹈的专业性相对应的一种舞蹈文化活动，它具有自娱性、群体性、随意性、季节性等多种特征，其中自娱性是其主要特征。

群众舞蹈本身是一个多层次、多元化、融普及与提高、雅与俗为一体的复合体。它有舞蹈文化的启蒙教育，有大量自娱性舞蹈文化活动，还有舞蹈艺术的创作表演舞蹈等多个品种，民间舞蹈是群众舞蹈的主体，还有各种社交舞蹈、儿童舞蹈、创作舞蹈、健身舞蹈，等等。这里仅介绍如何组织创作带表演性的群众舞蹈。

（一）选择题材

舞蹈作为一种艺术形式，它是表达思想感情的一种手段，通过完美的舞蹈形象，揭示人的精神世界，反映人民不同的思想、信仰、生活理想和审美要求。因此，创作一个舞蹈，选择题材非常重要。

群众舞蹈题材的选择必须考虑以下两点：

（1）是否对社会具有积极意义：群众舞蹈非常重要的一点就是贴近生活，贴近群众，为群众可理解、可熟悉，能与群众的喜怒哀乐所相通，与群众的所需、所急相关。要让群众看明白，如果看不懂，就是对群众舞蹈最大的否定与失败。

（2）是否能以舞蹈手段充分表现：要选择可以不需要用语言而是用形态、动作可以显明表述的多数知情者。生活中有大量的人物、事件，但要选择出具有舞蹈的动态性（以肢体来体情述意）和强烈的抒情性（人物的多种内在强烈情感）的生活事件来决定舞蹈的选材。舞蹈题材的选择不要求大、求全，而要以小见大、引人深思。如计划生育是我国的基本国策，如果让舞蹈说理性的去表演计划生育的重要性及其久远的影响，是万分困难的。但可否通过一个多子女的年轻体弱的母亲与她背上背着的娇儿，怀中抱着啼哭的幼女，腹中胎儿躁动带来的不适，疲累，困惑与无奈……来表现。其形体既可以把母亲情感的起伏跌宕表现得十分生动，又可以引人思考到对计划生育政策的形象理解。

（二）舞蹈结构

舞蹈的结构是为了表现作品的内容而存在，因此在考虑结构时，除了作品的主题思想之外，还要考虑作品的题材风格与人物性格形象。考虑情节发展与人物情感的起、承、转、合。何时铺垫发展，何时是高潮、结尾，以达到人物性格极致的展现。而情绪舞蹈不论是二段体、三段体，还是四段体，一样要求形象鲜明，情感脉络发展清晰流畅。这需要关注以下的问题：

（1）单纯、清晰。舞蹈是视觉与听觉的艺术，为观众的听觉和视觉器官和生理、心理功能所决定——只有单纯、清晰才易于使观众理解、接受。结构的庞杂、费解，只会使观众吃力、疲劳，进而排斥、厌烦。单纯不是简单，艺术上的单纯产生自对生活、人物理解的高度集中、概括、升华为流畅自然的结构形式美。

（2）对比、和谐。任何事物的产生、发展都有其规律性，审美也不例外。人的审美感染力是有一定限度的，一定时间的紧张、单调都会使人产生感官疲劳，产生逆反心理、厌腻情绪。可以快慢相间，动静有序，对比和谐，是舞蹈结构的重要条件，是调动观众审美感官的积极性，使其保持新鲜感觉的有力手段。

（三）舞蹈与音乐

"音乐是舞蹈的灵魂"，"舞蹈是可视的音乐"。乐、舞是一对孪生兄弟，互为依存。而成功的音乐又为舞蹈编导提供了形象，增加色彩，使舞蹈作品更加生动感人。

群众舞蹈音乐的合作方式大致有三种：

（1）专为舞蹈作品创作的舞蹈音乐。这是由舞蹈编导提出创作感想，讲述舞蹈结构，介绍酝酿中的舞蹈形象，提出舞蹈音乐的艺术风格要求，共同协商一个大致高度等。这是一个以舞蹈为核心的舞蹈音乐，可以取得较一致的艺术效果。

（2）用舞蹈艺术创作来诠释成熟的音乐作品。例如：大型舞蹈《黄河魂》就是采用了钢琴协奏曲《黄河》为舞蹈音乐，这是舞蹈编导以自己的理解，环绕音乐作品，来诠释音乐作品较被动的做法。

（3）目前被众多舞蹈编导采用的办法是：剪接音乐。电脑与 CD 的产生给许多舞蹈编导拓宽了音乐舞蹈之路。舞蹈编导根据自己作品的需求，自己动手选择、剪接能激动自己的音乐。第一步是替代音乐，随着排练场内的推敲、检验，最后定稿舞蹈音乐，如采用这种方法必须要注意不要引起版权纠纷。

根据条件的不同，可以有多种与音乐的合作途径，但都必须有助于增进舞蹈的表现并使舞蹈得到最充分的表现。

（四）编舞是编导创作的关键

编舞是群众舞蹈创作的基本功，是作品成败的关键一步。

（1）寻找典型动作 任何作品要形成自己风格，必须找到自己独有的典型动作。构成典型动作有以下几个要素：①造型特色。造型即是舞蹈进行中刹那间的静止，也是给观众留下强烈印象的瞬间。例如：中国古典舞的园、含、别的造型。唐代舞蹈横向三道弯。楚舞的前后三道弯，和汉舞的手脚同顺一边等等都形成了独特的舞蹈风韵。②舞蹈的韵律。韵律是两个静的舞蹈动作之间的流动过程，舞蹈好与不好，美与不美，常常是韵律在起作用，而这恰恰是被许多编导所忽略。③动作的节奏特色。动作的节奏特色是由作品体裁风格所决定。跳跃欢快的小快板，必须产生轻快跳跃的动作。流畅幽雅的慢板，又会产生轻柔似水的曼舞。总之，在寻找典型动作时，要把节奏特色重视起来。

（2）舞蹈的造句——编组合 舞蹈组合的编排依据是：在结构中的任务；人物情感的层次。编组合和写文章一样，不同的段落有不同的任务。文章的开篇必然会介绍时代背景、人物关系、事件前因后果，而不是东拉西扯，不知所云。编舞也一样，不论人物情感如何，第一次上场都有介绍人物的任务：谁？年龄大小、形象、行为，所以舞蹈组合相对要简单些，完成介绍人物，提出事件的任务。当舞蹈达到了高潮，人物情感也是胸怀激荡，观众也了解了冲突的由来，舞蹈组合就必然要以形体的技巧、动作的幅度、调度的速度等手段把高潮推上去，否则整个作品就平淡了。

（3）重复句子，加强语气 由于舞蹈的语言是抽象的语言，观众是要通过一系列的动作来理解并感受到编导的意图，那么一个组合只出现一次，观众可能还未接收到演员传递过来的信息，所以不妨用重复的办法来加强力度。"重复"不是单纯的重复，它也是有变化、发展的重复。

（4）重视舞蹈调度 舞蹈调度是编舞的重要手段。舞蹈调度不是摆队形，而是在舞蹈组合的进行中的舞蹈位置变化。舞蹈调度是有情感变化的。同是一个舞台斜线，从观众视觉看来，向前走与向后走情感是不同的。舞蹈调度之间要干净，每个调度变化的过程都要经过缜密的考虑。

（五）舞台美术及其他

在综合艺术的舞蹈作品中，舞台灯光、景片、服装、化妆、道具等是不可忽视的一部分。但它都服从于辅助舞蹈的完美体现，而不能喧宾夺主，必须以舞为本。

小舞蹈作品的景，以不要为好，如必须要，就一定是舞蹈的景，而不是死的说明性的景，要能为舞蹈的组合变化增加色彩。

舞蹈的灯光是情感的灯光，而不是娱乐性的霓虹幻彩，凡是干扰舞蹈表现的灯光要下决心去掉。同时，灯光要加强舞台的深度、宽度，帮助舞蹈扩大舞台空间。

舞蹈的服装是人物的服装，同时又是舞蹈的服装，所谓人物的服装，就是不要乱穿衣，穿错衣。一个反映希望工程的作品，让学生们穿上反光带亮片的彩衣，就是极大的不妥。而舞蹈的服装凡是约束了舞蹈的展示，必须加以修改，决不可以让舞蹈演员迁就服装。

常常可以听到这样的观点："××节目不是舞蹈"。原因是里边有咏诗、旁白、歌唱等其他艺术门类的技术手段。不必过于拘泥成法，只要是以舞蹈的肢体语言为主要表现手段，其他的各门艺术作为辅助手段，可以帮助舞蹈尽善尽美的展现其艺术魅力，都可以采用。

（六）舞蹈编导与演员的关系

舞蹈编导与演员两者是合作的关系，仅是各自担负的任务不同，演员是艺术作品最后的体现者，所以编导要充分尊重演员。而舞蹈编导又是演员艺术创造中的镜子，他必须准确无误地反映出演员在排练中存在的问题，这种既合作又指导的关系，要求编导十分注意排练场中的工作方法。

（1）舞蹈编导在进入排练场前，必须做好充足的排练准备，不仅有大效果上的要求，而且要对动作规格、节奏处理、舞台调度清清楚楚，先讲动作规格，再讲节奏处理，把音乐与舞蹈动作合成。之后讲舞台调度与舞蹈组合的关系。一个组合接一个组合，一个乐段接一个乐段，让演员心中明白，掌握的大致可以，就可以往下进行了。如果排练中发生了排不下去的情况，就放下，跳过去，万不可以在现场即兴的试验性排练，这对排练现场有极坏的心理影响。

（2）排练中任务要清楚，目的要明确。这次排练的任务是什么？当任务完成后就不要拖，更不要不知要达到什么目的，"再来一遍"！这不仅对排练无益，而且会使演员失去了创作的新鲜感，"油"了下来。

排练中要先慢、先严，不要急于推进度，而是要让演员先对要负担的任务有一个感性认识，之后再推进度就不会显得那么陌生，不知所措了。

（3）排练场的严与宽是一个辩证关系。演员刚刚接触一个新舞蹈，还没有认识这个节目的风格特色，还没有对自己树立起信心，这时的导演一定要宽，以鼓励为主。当演员觉得自己已经会了，并感觉累了，可以不再那么用心时，导演要严，要准确无误，毫不留情面地指出他的问题所在，而这时，正是演员走向成熟的时机，也是节目艺术标准提高的关键时候。

（4）排练第一步是教会演员舞蹈组合，准确的合上音乐节奏，清晰地完成舞台调度。这一切完成后，进入了演员的艺术创造阶段；掌握角色的感情分寸。在"情"的带动下，掌握舞蹈的韵味，内心情感呼吸的节奏，塑造了角色，进入了表演状态。当演员还处在第一阶段，就要求演员"笑啊！笑啊！"是完全不恰当的。

（七）舞台合成、彩排等

舞台合成阶段是综合各个创作部分，检查灯光、服装、化妆、道具、音响效果等是否都达到预期的效果，是否达到烘托演员——艺术效果最终体现者的目的。还需要调整哪些部分，舞蹈编导要检查舞台的大小与设计中的音乐高度是否合适，有没有影响舞蹈调度的效果，地板的质量有没有影响舞蹈技巧的发挥，等等。

彩排是编导对演员及各部门的一次总体心理把握。审查、比赛等重要场合，各个部门易过分紧张，产生变型、走样的不协调；而上演一个阶段后，又易松懈，不认真。这时导演都要把握分寸进行调整，或给予鼓励，或给予激励，要酌情处理。

当所有这一切完成之后，在演出的进行中，编导可以在剧场一个角落，与观众一起，理智地审视这一个回合的创作过程，是否达到了预期的艺术追求效果。不断总结，争取以最佳的艺术质量把作品带给更多的人民群众。

思考题

1. 什么是舞蹈？
2. 根据舞蹈的作用和目的，舞蹈可分为哪两大类？
3. 什么是群众舞蹈？
4. 组织群众舞蹈创作要注意哪几个环节？

第十一章 广场文化活动的导向与投入

广场文化是改革开放以后，在我国蓬勃兴起的一项新的群众文化活动形式。20世纪80年代中期起，广东各级宣传、文化等有关部门在城镇开辟文化广场，积极组织机关、企业、学校、社区等群众性文艺队伍，利用双休日、节假日等开展群众性文化演出活动，配合党和国家的中心工作，宣传党的方针、政策和科技文化知识，对丰富群众文化生活，满足人民群众日益增长的精神文化生活的需要，促进安定团结，推动我省两个文明建设，发挥了积极的作用，显示了广场文化强大的生命力。在建设文化强省、构建公共文化服务体系的形势下，我们要认真研究广场文化，正确引导广场文化，加强导向，抓好广场文化活动，不断提高城市的文化品位和人民群众的文明素质。

一、什么是广场文化

谈到广场文化，必须首先搞清楚什么是文化广场。

（一）文化广场

广场指开阔的场地，特指城市中开阔的场地。

文化广场是含有较多文化内涵为主要建筑特色的较大型的场地，在城市区域开辟为市民提供休闲娱乐的公共空间与文化活动的场所。文化广场亦属于市民广场，是市民广场中体现更多文化特征的广场。有着更多文化内涵的市民广场被称为文化广场。

20世纪90年代后，随着城市建设的发展，一大批风格各异的大小广场在我国相继建成。广场成为政府为老百姓提供的一项公共服务设施，其建设根据城市空间构图的需要，同时也成为城市精神文明建设的缩影。各地政府投入大量资金，围绕"洁化、绿化、亮化、序化"的总体要求，有意识地将广场作为"文化超市"来建设，便产生了文化广场。

从狭义上理解，文化广场是指富有特色文化氛围的城市广场。包含有美学趣味的广场建筑、雕塑以及配套设施，一般属于政府公益性设施。它是公共文化生活集中的城市空间，为专业或民间组织在此进行艺术性表演或展示提供场所，也是群众性的各种娱乐、体育、休闲等活动场地。

从广义上理解，文化广场泛指多功能、多结构、多样性的城市事物空间。它不仅是物理空间的开阔，也代指精神的、形态的空间深厚与广阔。它衍生指向人气聚集地、商业活跃地、美学与艺术胜地、产业基地。

文化广场甚至可以成为特色鲜明城市的地标，如洛克菲勒广场、时代广场。另外，美国好莱坞、英国西街、法国红磨坊、日本六本木等都可以泛称为城市广场，它们形成了的标志性品牌，把握了文化制高点，产生了巨大社会效益和经济效益。

(二) 广场文化

广场文化，是指在城市广场中呈现出来的文化现象以及在广场之中所展示出来的文化。广场文化体现着两方面的内容，一方面是指广场建筑本身所蕴含的文化，如具有浓郁的地域特点和文化品位的广场建筑、雕塑以及相关配套设施；另一方面则是指在广场上开展的文艺活动中所体现出的文化。比如在广场上进行的专业或业余的各种艺术性表演或展示；广场中群众性比较强的各种娱乐、体育等休闲活动等。

广场文化的主要载体是各种含有文化与审美意味的艺术性活动。广场文化活动是指在广场举行的以满足广大群众精神文化生活需要为目的的文化艺术活动。广场和文化应该是互为一体，广场是文化的载体，文化是广场的内涵，广场给文化提供了舞台和空间，文化给广场提升了人气和品位。"广场文化"体现着城市显著的特征——"文化、人群与活动"。

(三) 广场文化的特征

广场文化与庙会或在大型体育场所、展馆举行的各种文化性活动相比，其不同之处就在于它专属于"广场"。其主要特征如下：

(1) 公共性。公共性是广场文化最突出的特点。广场是城市公共生活最集中的地方，是政府公益性最能体现的地方，也是城市公共文化集中展示的地方。广场，作为城市的公共空间，成为市民社交、休闲与受教育的场所，也成为外来旅游者旅游与休憩之处。广场上所进行的任何文化活动，均向公众开放。这种公共性决定广场文化必须走平民化道路，即使是高水平的文艺演出，也要兼顾到雅俗共赏。同时，公共性又决定了广场文化的主体是公众，广场文化如果没有公众的广泛参与就会变得枯燥干瘪。

(2) 节庆性。节庆性是广场文化的又一特点。广场的起源就是为了公众的集会与庆典，这决定了广场文化必带有节庆的喧闹与热烈的色彩。所以，现在的广场文化多举办各种节庆，包括常设的文化艺术节。有的节庆还从不知名走向知名，从地方走向全国甚至国际。如广西南宁市的"大地飞歌"国际民歌节，开办以来就成为广场文化中的品牌。又如大连的国际服装节，就引进了世界大牌的艺术团和国际歌星在本市的广场上演出，经济与文化的联手使得该节闻名遐迩。节庆性决定了广场文化应具有宏大的气势和热闹的气氛。如果没有节庆所产生的文化魅力，就吸引不了观众，形不成气氛。

(3) 艺术性。广场文化的主要载体是各种文艺、体育等具有艺术性的活动，各种节庆亦需要艺术活动支持配合，这就使之具有了审美性的特点。这些文化体育活动有的属较高雅的艺术活动，如广场交响乐、专业团体的文艺晚会等，具有较强的审美性。即使有的活动是出于自娱自乐，如跳舞健身，也包含一定的审美在内。广场文化的审美性是寓教于乐的，它对提高公众的文化素质具有潜移默化的教育作用。广场文化又成为向公众进行审美教育的公共课堂。广场是政府为老百姓提供的一项公共服务设施，其建筑艺术也按城市空间构图的需要，成为城市精神文明建设的缩影。广场集中体现了一座城市的风貌、文化内涵和景观特色，完善了城市的服务功能。

正如任何事物都有其特性和规律一样，广场文化也有其自身的特性和规律，表现在它不仅有广场的特性还同时兼有文化的特点,因此,我们在满足人民群众不断增长的文化需求的同时,更要正确认识广场文化的特性。

(四) 广场文化的特性

(1) 群众的自发性。在广场文化活动中,人是主体,但参加广场活动的人们绝不是靠行政推动,在广场上,人们可以来,也可以不来;可以参加广场文化活动,也可以不参加任何活动;可以是活动的参与者,也可以是活动的欣赏者或是旁观者。总之是人们根据不同的爱好和需求,自愿而来,高兴而去。除了有组织的演出外,更多的是群众自发的、自娱自乐式的各种文化活动,集歌舞剧各类节目为一体,融吹拉弹唱多种形式于一炉,人们以自己最喜爱的方式自得其乐,愉悦身心。

(2) 广泛的参与性。广场文化的参与面之广、观众面之大,是任何形式的文化活动难以比拟,人们在这里既可以是欣赏者,也可以是表演者,在这里没有年龄、身份、地位的差别,大家可以轻松自在,无拘无束,自由流动,在广场上感受文化的熏陶,在活动中体会参与的快乐,在表演中寻找着自己的才能,在文艺中展现自我的天地。

(3) 形式的灵活性。广场文化活动形式灵活,既可以有业余、通俗、普及艺术,又可以有专业、高雅、精品艺术;既可以有传统和现代的舞台演出,也可以有乡风民俗、民间艺术的广场群众表演;既可以是音乐、舞蹈、戏剧,又可以是武术、体操、演讲等,总之,形式多样,不拘一格,百花争艳。

(4) 内容的多样性。随着社会的进步,人们对文化需求不断提高,广场文化活动内容也越来越丰富,既有讴歌党和国家的,又有赞美劳动人民创业、创新、创造的;既有反映中小学生的,又有表现军旅生活的;既有体育健身,又有艺术表演;既有高雅艺术,又有大众文化,广场文化已成为当今社会文化的缩影。

(5) 政府的主导性。广场文化虽然是开放式的,但绝不是无原则、无组织、无纪律、无导向的。广场作为政府的一块有效的文化阵地,政府必须要发挥其主导作用,保证广场文化的内容和质量,确保广场文化健康、有序发展。以其昂扬向上、健康有益的格调,体现群众文化的品位和鲜明的时代特征。

广场文化不同于剧场艺术。广场文化的广泛性、多样性、灵活性和公益性是它的特殊功能,只要观众走入广场,不需要购买门票,不受座位与时间限制,就可以直接参与观赏,无须组织发动便有宣传对象,对表演者而言也最直观、最接近。只要表演达到高潮时,台上台下即刻就能相互交流,台上表演投入,台下掌声热烈,喝彩声、赞叹声、掌声连成一片,不绝于耳。每晚演出聚集观众成千上万,各类节目老少皆宜,展现了现代社会群众的文化风采和文明程度。因此,广场文化也被老百姓亲切地称之为"没有围墙的剧院"。广场文化是以人民群众的参与为原动力,只有保持它的广泛性和经常性,才会引发群众的参与热情。

(五) 广场文化的意义

丰富多样的广场文化增加了城市的动感与色彩,显示了城市的文化个性。它集民俗文化、商业文化以及体育文化于一体,开创了政府与民间互动共创的新形式。广场文化在它的行进过程中越来越显示出她的功能所在。

首先，广场文化建设起到凝聚人心的作用。广场像一块磁铁引来了老人、孩子，引来了男的、女的，引来了很多不同阶层、不同层次的人们。人们在闲谈、在唱歌、在跳舞、在打球、在练剑……也有人在观赏，人们在这里把一切世事纷争都抛到了九霄云外，只有对别人的理解、宽容和忘我的放松与快乐，广场文化真是起到了凝聚人心的作用。

其次，广场文化丰富了人们的业余生活。广场文化使人们从单调的业余生活中走出来，走向了丰富多彩的、五彩缤纷的广场世界。

最后，广场文化陶冶了人民的美好情操。由于广场敞亮的空间和优美的自然环境，构成了人民群众生存、生活方式的一部分，春夏秋冬，广场都可以成为调节人民群众文化生活的重要场所，也成为市区生态环境建设的重要组成部分。而广场文化的连续与持久，又形成了市区良好的审美文化生态。广场文化作为一种公共的群体行为，它依靠良好的审美文化生态，不仅在展示人民群众精神文明建设的风貌，更重要的是它的创造作用，因为它可塑造和优化市民的群体文化人格，陶冶人们的美好情操，使人们的情绪更加饱满，心情更加开朗，思想更加向上，相互更加团结，工作更加努力。

二、广东广场文化概况

（一）广东广场文化活动的兴起

广东的广场文化活动最早于1985年在深圳市"大家乐文化广场"兴起，该广场以服务外来青工、发展群众文化为目的，从最初的露天水泥舞台发展到钢网结构现代化舞台，成为"打工者之家"、"没有围墙的育才学校"、"深圳青年的家园"，在全省产生了良好的社会反响。随着改革开放的深入，特别是党的十四届六中全会作出《中共中央关于加强社会主义精神文明建设若干重要问题的决议》之后，广东省委高度重视精神文明建设，在全省掀起了"两个文明"建设同步发展的新高潮。与这种形势相适应，省内许多城市学习深圳大家乐文化广场开展文化活动的经验，建成了一批颇具规模、环境优美、设施完善的文化广场。并以文化广场为依托，积极开展以为人民群众服务、寓教于乐为宗旨的社会化、群众性、公益型的广场文化活动。

（二）广东文化广场建设的类型

一是由地方政府做出规划，划拨专门用地，并由财政拨款兴建。文化广场的灯光、音响以及开展广场文化活动的经费也主要由财政拨款。如深圳市龙岗区区委、区政府从精神文明建设的任务和要求出发，把位于全区中心黄金地段的15万平方米土地划拨出来，投资4000万元，于1997年建成了现代化的龙城文化广场。该广场不仅注意了环境美化、绿化等自然景观的建设，而且还注意图书馆、博物馆、城市雕塑等文化艺术设施和人文景观的建设，同时，区财政每年拨出专款用于开展广场文化活动，使龙城广场的文化活动开展得有声有色，被市民评为龙岗区1997年为民办10件实事之首。肇庆、东莞、汕头、惠州、河源、顺德、番禺、罗定等市、县，东莞市樟木头镇等文化广场也都是在当地党政部门的重视和支持下拨款兴建的。

二是工会、共青团等部门主办的文化广场。如坚持18年开展广场文化活动的深圳市大家乐文化广场，由该市青少年活动中心主办，每年组织各种活动200多场，累计组织1.8万多场，观众超过2亿人次。还发展基层网点100多个，先后评为省、市和团中央的先进单位。广州市第二工人文化宫在市总工会的大力支持下，营造了1600平方米的文化广场，除开展全市性的职工文艺演出之外，还为市、区、街道的各类文艺演出提供了活动场地。广州市天河城青年文化广场是由团省委宣传部、广东天贸集团有限公司、广东电台音乐台、《羊城晚报》科教文部、广东电视台新闻中心、《南方日报》副刊部联合主办，经常举办面向青少年的科技文化活动，传播了高雅文化，丰富了广大市民的精神文化生活，得到社会各界的普遍赞誉。

三是企业、事业单位也积极建设文化广场。随着市场经济体制的实行，各企业、事业以树立自身形象、扩大知名度，通过文化搭桥，带旺本行业为出发点，投入资金建设文化广场。如中山市益华百货公司和中垦百货公司分别投资几百万元，兴建了怡华文化广场和中垦文化广场，每年举办活动100多场，形成集旅游、文化、商业、饮食、娱乐为一体的格局，取得了很好的社会效益和经济效益。广州市新大新公司利用门前1500平方米的空地，建设了新大新东山文化广场，年举办时装表演、消费者权益宣传、赈灾义演等活动200多场。既带旺了本公司的商品销售，又丰富了当地居民群众的文化生活。广东星海音乐厅在正式投入使用之后，充分利用珠江河畔的广场，凡重大节日就举办广场音乐会。如年三十晚的音乐花街、情人节音乐会、五一演唱会及草坪音乐会，等等，以其独特的风格吸引了无数观众。

四是华侨、港澳台同胞也热心参与文化广场建设。如台山市斗山镇旅美华侨和港澳同胞捐资600多万元，建设了占地40多亩、有灯光、音响齐备的舞台、有不锈钢的栏杆、铺上大理石地板和标准看台的斗山文化广场。梅州市的南门文化广场也是由旅港同胞资助建成的。

（三）广东广场文化活动的发展

全省各地党政领导机关和宣传文化部门对兴建文化广场和开展广场文化活动给予了高度的重视，在管理制度、资金投入，硬软件建设等方面给予了大力指导和支持。为了使全省广场文化活动朝着制度化、规范化的方向发展，1998年6月，中共广东省委宣传部、省文化厅发出《关于组织开展全省广场文化活动的通知》，要求各地加强对广场文化活动的组织、协调和指导，发扬人民群众特别是青少年开拓进取和创造精神，广场文化活动的内容形式要活泼多样，符合广大群众的欣赏习惯和审美特点，还要方便群众自我参与、自我娱乐、自我教育，把文化广场办成为宣传党的方针政策、开展群众文化活动的重要阵地。同年，为了推广先进典型，交流经验，中共广东省委宣传部、省文化厅还专门制定了《广东省"十佳"文化广场的评比条件》，在全省范围内开展创建十佳文化广场活动，该活动从组织机构、活动设施、设备器材、发动群众面、活动制度、经费安排、观众人数等方面设计了可操作的评比量化标准。经过各市申报、省里组织检查验收，于1998年11月在肇庆市\深圳龙岗区召开了广东省广场文化经验交流会。会议命名、表彰了汕头市文化广场等首批10个十佳文化广场和仁化县锦城文化广场等10个表扬文化广场，并发给奖杯、奖牌和奖金。

这一举措，有效地促进全省各地加大了对文化广场建设的投入，东莞市长安镇在广东省广场文化经验交流会之后就投资 4500 多万元，建成占地 119 亩、可容纳 5 万人的文化广场；广州市的花都区建成一个占地 300 亩的现代化的文化广场。近年来，全省的广场文化活动的势头很好，正逐步由点到面推进，从探索阶段走向推广普及阶段。

（四）广东开展广场文化活动的效果

1. 广场文化活动为新时期精神文明建设和社会文化工作提供了创新的形式

我省蓬勃开展的广场文化活动，其内涵有了新的拓展，其功能和作用已远远超出了传统意义上自娱自乐的民间文化，在新时期群众性精神文明建设中具有鲜明的示范性和导向性，对推动两个文明建设有其他活动无法替代的作用。文化广场建设已成为我省精神文明建设以及创建文明城市活动的一项重要的、为群众谋福利的民心工程。广场文化活动的推广不仅促进各地建起了一些公益文化设施，更重要的是，它是文化工作坚持"两为"方向的具体化，是营造良好社会氛围的好形式，拓展了文化事业发展的空间，使社会文化工作者视野得到拓展、观念得以升华，促进全省各级文化部门以开展广场文化活动为途径，把群众性精神文明创建活动引向深入，使全省城乡文明程度跃上新水平。

2. 在全省范围增添了一批高档次的群众文化活动阵地

据不完全统计，到 2012 年，我省已建成共有市、县、乡镇文化广场 4600 多个，比 1998 年的 163 个增加了 4500 个，文化广场总面积达到 1000 多万平方米，总投入资金 200 多亿元（其中舞台设备 4.36 亿元），年均举办活动 18.7 万场次，参加演出 102.5 万人次，年均观众超过 2000 万人次。其中，仅东莞市就建成文化广场 190 个，总投资超过 50 多亿元，占地总面积达 1200 多万平方米。2012 年东莞市又制定"文化惠民"工程存（社区）"五个有"项目建设基本标准，即每个社区（每千户以上的居民小区）要建有一个文化室，文化室面积不低于 200 平方米，配备投影仪、卡拉 OK 等多种器材的多功能活动室；有一个面积不少于 60 平方米的图书阅览室，图书室藏书 2000 册、期刊 30 种、报纸 20 种；有一个建筑面积不少于 1000 平方米的文体广场，配有 200 平方米备灯光、音响设备和飘蓬的舞台和灯光球场，有一个面积不少于 40 平方米的文化信息共享工程服务网点，并有一定数量的文体健身活动设备、器材。通过逐个社区逐项抓落实，东莞市于 2013 年被评为全国公共文化服务示范区。

由于我省经济发展不平衡，前 10 年，广场文化活动在山区还是弱项。为解决这个问题，省文化厅在组织实施省八届人大通过的"广东省山区文化建设议案"的过程中，加强了对山区文化广场建设的指导和扶持，为基层提供建设文化广场的参考图纸，派员到现场具体指导。对山区乡镇文化广场建设给予每个 5 万元的补贴，到 2003 年 2 月为止，50 个山区县已建成 289 个文化广场。其中河源市在新丰江畔建成一个面积、设备均具现代化规模的大文化广场；罗定的附城、五华的水寨、郁南的大全等镇结合文化站建设，文化广场的规模都在 1 万平方米以上。这些文化广场普遍做到了组织机构健全，专项经费落实，灯光、音响等设施完备，环境优美，秩序良好，活动经常化，不仅成为山区加快城镇化建设的大手笔，还为广大群众为当地群众提供了一批高档次的文化活动场所。近年来，清远、云浮、梅州等市依托广场，不断组织专题文艺会演，各种文化宣传、健身娱乐活动搞得有声有色；专业文艺团体送戏下乡也多在广场举行，不仅美化了当地的生活环境，拓展了群众的生活空间，而且成为精神文明建设的好载体，成为活跃人民群众文化娱乐的重要阵地。

3. 锻炼了群众文化队伍，满足了人民群众的精神文化生活需求

大批文化广场的建成，使文化部门有了"英雄用武"的新天地，企业、商业、学校、社区等各行各业有了展示各自文化建设成果的新舞台。广场文化活动的普遍开展，则使文化广场的表演主体由原来的专业、业余团队扩展到社会上不同阶层、不同行业、不同社会群体，机关、企事业单位、学校、家庭和个人都可以作为演出单位，农民、工人、妇女、老年人、年轻人、少年儿童等都有机会竞相登上文化广场的舞台。在广场舞台上，不仅有传统的舞蹈、音乐、戏曲和各种民间艺术，还有各地的文艺精品上演。如2001年12月，文化部在广州举办全国第十一届群星奖戏剧、曲艺决赛，除了在剧院安排20场比赛外，广州市文化局还在珠江两岸搭台，组织全国的优秀剧目在文化广场上公演了36场，让广大市民享受了丰盛的文化大餐。珠海市香洲区举办的首届社区文化节上，更将芭蕾搬上广场舞台。众多的活动，既锻炼了我省广大群众文化干部的组织协调能力，提高了业余表演团队的演出水平，促进了文艺创作的发展，同时，还为基层群众业余文艺队伍培养了大量的后备骨干。另一方面，文化广场以公益性的文艺演出、以开放性的空间使广大群众有机会从各自封闭的家庭走进广场，获得文化享受的权利，极大地丰富了人民群众的精神文化生活的同时，成为联系全社会和人民群众的纽带。在我省的许多文化广场常常可以看见这样的景象：成千上万的观众把广场围得水泄不通，神情专注地观看演出；为了能够占到一个好位置，有些观众甚至提前一两个小时坐在广场里面，等待演出的开始。这些景象体现了人民群众对于精神文化生活的渴望，也体现了广场文化已成为最具社会化、群众性的文化。

4. 进一步探索了社会文化事业发展的路子，推动广场文化活动呈现出全方位发展新态势

过去，社会文化活动主要由文化部门来办，有些行业、部门尽管也开展文化活动，但规模和社会影响还不够大。近几年兴起的广场文化活动，使社会宣传和文化活动前所未有地与社会和群众密切结合起来了。一方面，办文化的主体由原来的文化部门拓展到全社会和广大人民群众。在全省各地广泛建设起来的文化广场，有市、县一级的，也有乡镇和村一级的；有经济发达的珠江三角洲地区的，也有不少是经济次发达地区和经济相对落后的山区办的；有市、县（区）、镇各级党、政和宣传文化等部门办的，也有工、青、妇、企业等不同部门、行业和社会团体办的。中山市发动企业投资兴建文化广场的做法，实施政府管，企业办，加强方向引导、工作指导、艺术辅导"三导向"，抓好经费、组织、活动、服务"四个落实"，积极探索出市场经济条件下开展广场文化的新路子，促进了文化部门职能转变，调动了社会各界的积极因素，实现了"社会文化社会办"。

5. 文化广场活动取得了两个效益的丰收

广场文化活动取得积极的社会效果，首先表现在稳定社区方面。前些年，处于商品经济转型时期的人际关系不那么融洽，有人评论过去是"海内存知己，天涯若比邻"，现在是同住一座楼，邻里关系封闭，互不往来，"比邻若天涯"。给小偷、坏人钻了空子，给社会治安带来不稳定因素。而广场文化的开展，促使邻居们在参与广场文化活动中，从见面点头到互相问候，关系逐渐好转密切，社区转向安定和谐。如东莞市大岭山镇，广场文化活动天天不断，每当夜幕降临，文化广场就沸腾起来，以前痴迷麻将的家庭妇女、民营企业家、外来打工者，风雨无阻，纷纷从各家各户甚至外乡村镇赶来参加"广场舞会"，当

地领导高兴得很，因为文化广场人多了，干黄赌毒坏事的人就少了。

广场文化活动也为各地带来了巨大的经济效益。据资料显示，东莞市樟木头镇投资8300万元，建成占地11.5万平方米的东、西城文化广场后，吸引了3万多位香港人到当地购买商品房，约有10万港人到当地"落户"，使樟木头有了"小香港"和"珠三角房地产明星"之称。深圳市龙岗区在建成"龙城文化广场"后，吸引了不少外商将大笔资金投在龙岗这块"宝地"上，而不少房地产商也将龙城广场作为楼盘广告的主题，原来卖不出去的楼房，广场建成后，上涨到20000元还很畅销。广场与文化、文化与经济如此有机结合，发挥了巨大的辐射能力，也进一步促进了经济和文化的良性发展。

三、广场文化活动的导向与投入

广场文化是城市大众文化表现最突出的一种形式，它虽还不成熟，但却深为人民群众所喜爱、所接受。它的文化价值、美育价值以及文化产业价值等应加以高度重视与开发，使其真正成为群众文化的新资源，体现出城市的文化品格。随着社会进一步的发展，经济进一步的增长，人的素质进一步提高，如何保持广场文化良好的态势，特别是在新的时期、新的历史发展阶段，怎样更好地打造广场文化的品牌、让广场文化更好地构建和谐社会，怎样更好地提高广大市民的文化生活质量，加强对广场文化的导向和投入是摆在广大宣传文化工作者面前新的课题。我们必须从以下几点着手：

（一）加大投入，完善文化广场设施

要开展广场文化活动，首先要建设文化广场，在文化广场的场地、环境、美化绿化和舞台、灯光、音响等硬件设施上下功夫。我省广场文化活动兴起以来，各地党政领导机关和宣传文化部门给予了高度的重视，认为这是在我省基本上解决了温饱问题，珠江三角洲地区已经步入小康，广大群众对提升生活质量和丰富精神文化生活，增强幸福指数提出了更高的要求，迫切希望拥有一个文明舒适的工作、学习、生活环境，希望获得丰富多彩的精神文化享受。而正在蓬勃发展的广场文化活动，以其社会化、群众性、公益型的特点，正是满足人民群众日益增长的精神文化需求，保证人民群众文化权益的好形式。而且是各级政府为人民办实事、得民心、顺民意的"民心工程"。因此，各级政府必须在管理制度、资金投入、硬软件建设等方面给予大力指导和支持，把开展广场文化活动作为精神文明建设、创建文明城市和文明单位的一项重要工作来抓，纳入城市总体规划，把文化广场建设与整个城市建设规划结合起来，尽最大努力建设一些环境优美的广场，为市民提供更多的文化活动空间。在建设广场时不仅仅是考虑广场的绿化美化，更要考虑到广场的活动空间，既要建设有一定规模的硬质地面的广场，也要考虑到建设有适宜表演的舞台，以方便广场文化活动的开展。目前，我省不少地方的广场文化建设已经由原来利用现成的广场开展文化活动，转变为根据"两个文明"建设的需要主动规划，把文化广场纳入城市建设的总体规划，把它作为社会公益事业设施和城市文明的窗口标志来建设。在文化广场规划和建设过程中，除了注意环境的美化、绿化以及与周围环境的协调，尽可能为开展广场文化活动提供舒适、优雅的场所。此间，有些经济发展欠发达的地方，广场配套设施还比较缺乏，需要文化部门按照宜文宜体、宜学宜玩、宜唱宜跳、宜老宜少、宜男宜女的要求，把完善广场设施功能作为一项重要内容来抓。完善广场配套设施。比如设立舞台、化妆间、厕所、绿化带、报刊阅读栏、儿童老人活动场等设施。下功夫改进广场设施布局,比如把广场划分为文娱区、健身区、休闲区等,尽可能地满足不同群众的需求。同时还需要整治广场及周边环境,做到有绿化,无污染,交通方便。对于正在规划的广场,则要注重考虑选择交通便利、群众容易参与的地段。如顺德区,在建设文化广场时,就考虑到在附近建设与之配套的图书馆和博物馆,并搞好环境美化、绿化,使文化广场所在的地方成为当地的文化区,方便群众参与文化活动,使文化广场成为群众参与多种社会活动的重要场所。

(二) 加强策划,把握广场文化方向

广场文化作为群众文化活动的重要舞台,需要我们不断研究,明确思路、找准定位,营造良好的广场文化。

广场文化的组织涉及面广,内容繁杂,从广场舞台的搭设到音响灯光的安装,从演出团队的组织到活动内容的编排等,都需要一支过得硬的群众文化工作队伍。有特色才有发展,有创新才有进步。

宣传文化部门要对广场文化活动进行策划,每年的广场文化活动,必须有全局的安排,通盘的考虑。通过精心的组织,周密的安排,根据全年的重大活动和本市的中心工作,首先制定好全年的广场主题文艺表演实施方案,落实好全年的广场文艺的任务,并提出具体要求和主体内容。力求主题鲜明,以积极健康、文明向上、雅俗共赏、喜闻乐见的形式,不断推动群众文化建设。广场文化活动虽然是百花齐放,但仍然要有重点,那就是配合党委、政府的中心开展活动,为建设和谐社会提供精神动力和良好的文化氛围。同时围绕党委、政府的工作中心,把需要向群众宣传、解释、知晓;需要听取广大群众反应的有关活动、事情、公告等,让群众了解、知情、支持、参与,更好地把握广场文化和群众舆论的正确方向。

(三) 与时俱进,探索广场文化发展

一是提高感染性。广场文化活动应紧紧围绕党和政府关注的重点、改革发展的难点、群众关心的热点,以生动活泼的文艺形式向广大群众传达党委、政府的精神和决策,取得群众的支持。广大群众通过广场文化活动可以直接感受到改革开放所带来的新气象、新变化、新成果。适时组织文艺工作者,挖掘身边的典型,自编自演,自娱自乐,用身边的人和事感染教育群众,自觉形成创业、创新、创优的良好发展氛围,让广大群众在观赏中接受教育和感染。

二是增强参与性。广场文化活动要坚持贴近实际、贴近群众、贴近生活,结合各种节日和纪念日,灵活设计活动,吸引群众广泛参与,让群众真正成为教育的主体,把抽象教育形式变为形象教育。广场文化应该是开放式互动性的,除了群众自发的参与广场文化的同时,我们更是自觉地组织广场文化活动,吸引广大的群众积极参与。群众在观赏文化艺术的同时,也更多地融于和参与活动之中。

三是提升鉴赏性。广场文化走过了一条由自发无序到自觉有序,由零碎松散到组织集聚,由一哄而上到提炼筛选的转变,这其中更蕴含着广场文化鉴赏性的提升。广场文化活动改变了行政命令式、灌输式的宣传教育,寓教于乐,润物无声,潜移默化地影响着人们的思想观念。文化广场管理者要精心策划和举办各类广场文化活动，尽量挖掘和调动地方文化的资源，使得地方文化传统和文化遗产得到更多的继承和发扬，并改造成适应新时代需要的文化。用高品位的艺术、高雅的文化提升市民的艺术鉴赏力。通过活动传播健康文明的思想、科技知识和生活知识，力求与群众达到情感上的共鸣，培养人们良好的道德情操和文化素养，逐步培养和提高群众对文化艺术的审美能力。

四是扩大娱乐性。广场文化的显著特点就是其参与性和娱乐性，要让广大市民在参与广场文化活动的同时愉悦心身。所有活动将以让群众满意为出发点，尽可能扩大文艺节目的娱乐性，使群众在欣赏中得以放松心情，得到愉悦。

（四）齐抓共管，拓宽广场文化新路

发展广场文化需要调动各方面的积极性，使广场文化多形式、广覆盖、高频度地开展起来。文化广场建起来，不能热闹一阵子就消声息鼓了。要保持广场文化活动的持久繁荣，就要摸索文化广场建设和管理的规律。在社会主义市场经济条件下，广场文化建设要坚持"社会化、群众性、公益型"的方向，强化统筹协调。广场文化可以实行"官"管民办、小型分散、特色各异的新路子，扩大参与广场文化活动建设的社会层面。如果仅由文化部门唱"独角戏"，就容易造成活动单一，难以持久。各地要建立强有力的领导协调机制和由各有关部门组成的工作班子，形成广场文化建设的合力。所谓合力，就是说要把政府各部门的齐抓共管与社会各界的积极参与结合起来。中山市怡华文化广场的建设采取"政府管，企业办"的做法给我们一个启示：办文化广场的路子是多种多样的。只要我们积极探索在社会主义市场经济条件下文化广场建设的各种模式，有分工、有制度、责任落实、协调一致、科学高效、坚持不懈，就能保障广场文化可持续地不断发展。

思考题

1. 什么是文化广场？
2. 什么是广场文化？
3. 开展广场文化活动的意义？
4. 简述如何加强广场文化活动的导向和投入。

第十二章　企业文化活动的策划与组织

随着时代的发展，各类企业和社会组织需要开展的公务、商务及私人社交活动愈发频繁、多样。除负责活动组织的专职人员和机构外，大量现代企事业单位、党团工会、厂矿、学校等机构中负责企业文化、人力资源、行政、通联等方面工作的管理者及作为主持操办日常生活中某些社交活动的普通人士，都有必要了解或掌握一些相关企业文化活动的筹划和实施办法。

一、什么是企业文化

企业文化一般指企业中长期形成的共同理想、基本价值观、作风、生活习惯和行为规范的总称，是企业在经营管理过程中创造的具有本企业特色的精神财富的总和，对企业成员有感召力和凝聚力，能把众人的兴趣、目的、需要以及由此产生的行为统一起来，包含价值观、最高目标、行为准则、管理制度、道德风尚等内容。它以全体员工为工作对象，通过宣传、教育、培训和文化娱乐、交心联谊等方式，以最大限度地统一员工意志，规范员工行为，凝聚员工力量，为企业总目标服务。

文化是与民族分不开的，一定的文化总是一定民族的文化。企业文化是一个国家的微观组织文化，它是这个国家民族文化的组成部分，企业发展目标的实现，离不开员工之间的相互协作。只有通过培养团队精神，企业才能不断创造新业绩，在激烈的市场竞争中立于不败之地。企业文化建设的重要任务，就是在企业内部营造有利于企业发展的良好氛围，使领导与领导、领导与员工、员工与员工之间能精诚合作，促进企业目标顺利实现。同时，要恰当处理企业外部各方面的关系，尽可能地减少摩擦和矛盾，争取方方面面的理解和支持。

价值观是企业文化的核心。所谓价值观念，是人们基于某种功利性或道义性的追求而对人们（个人、组织）本身的存在、行为和行为结果进行评价的基本观点。可以说，人生就是为了价值的追求，价值观念决定着人生追求行为。价值观不是人们在一时一事上的体现，而是在长期实践活动中形成的关于价值的观念体系。

企业的价值观，是指企业职工对企业存在的意义、经营目的、经营宗旨的价值评价和为之追求的整体化、个异化的群体意识，是企业全体职工共同的价值准则。只有在共同的价值准则基础上才能产生企业正确的价值目标。有了正确的价值目标才会有奋力追求价值目标的行为，企业才有希望。因此，企业价值观决定着职工行为的取向，关系企业的生死存亡。只顾企业自身经济效益的价值观，就会偏离社会主义方向，不仅会损害国家和人民的利益，还会影响企业形象。只顾眼前利益的价值观，就会急功近利，搞短期行为，使企业失去后劲，导致灭亡。

二、企业文化活动

企业文化活动是指企业根据企业经营、发展的需要，结合企业员工的需要和特点，所开展的各种文化活动，是企业文化建设的重要内容之一。

1. 企业文化活动的主要内容

企业文化活动主要包括：为提高企业员工的文化素质和劳动技能开展的学习培训活动；为开发企业员工智力，培养员工的创造性和成就感，开展的技术创新活动；为培养和提高企业员工艺术审美水平和艺术创造能力开展的文学艺术活动；为丰富企业员工的精神生活，陶冶员工情操的娱乐活动；为培养企业员工拼搏精神，增强体质开展的体育竞技活动；为使员工增强对企业的感情，加深对企业福利环境和文化氛围的依恋，开展的福利性活动；为使员工树立起主人翁意识，强化和确立共同理想和企业意识开展的思想性活动等等。

2. 企业文化活动的特点

第一，功能性。不论是哪种形式的文化活动，一般说来，都是为了发挥其特定功能而进行的，并不是因为它们与其特殊的企业生产有必然的、内在的联系（当然技术性的活动有些不同）。还要指出的是，一般企业文化所具有的如发展物质文明的主导功能、对精神文明建设的主体功能、对智力开发的动力功能、对共同意识的凝聚功能等，它都具有。

第二，开发性。包括三个具体内容：一是开发生活，拓展人的生活空间，丰富人的生活内容，增添人的生活乐趣，美化人的生活、心理、文化环境。二是开发人的素质，包括人的体质、智力、脑力以及道德情操、价值追求、品质修养等。三是生产、技术、工艺、产品等的开发。

第三，社会性。企业内搞的各种功能性文化活动，本身就带有共性，是社会各企业、事业单位、学校、团体等都可以搞的"通用件"（专业技术培训等例外）。另一方面，他们又可通过这些功能性文化活动，如歌舞晚会、舞会、各种球赛、报告会等，同社会各界加强联系，相互交流信息，提高企业的社会声望。同时，在与社会各界日益增多的接触中，亦可更多地了解用户、消费者对本企业产品、服务的意见和要求，提高产品（服务）质量，促进企业生产经营的发展。

3. 企业文化活动的类型

作为企业功能文化，企业文化活动大体上可分为文体娱乐性、福利性、技术性、思想性4大类型。

（1）娱乐性活动。这是企业内部（也包括部分以企业名义）开展和组织的文艺、体育等娱乐活动，如举办和组织员工之家、工人俱乐部、电影放映晚会、录像放映、电子游艺、图书阅览、征文比赛、摄影比赛、书法比赛、周末舞会、文艺演出、春秋季运动会、各种球类比赛、射击打靶、游泳、滑冰、野游、游园、钓鱼比赛、自行车比赛、"五月歌会"、"戏剧之春"、"班组之声"等。经常举行交流、比赛、辅导、展览等活动，不仅满足了不同层次员工对文化生活的需要，而且形成了适应现代化生产的社会进步要求的文明、健康、科学的生活方式和积极向上的文化氛围。这种文化氛围滋养着企业特有的优良传统和精神风貌。

（2）福利性活动。主要是企业从福利方面关心的各种活动。企业通过这些活动，在员工中，在企业内外，造成浓厚的人情味，造成有利于企业发展的"人情场"，使员工加深对企业的感情，加深对这种福利环境和文化氛围的依恋感。

（3）技术性活动。在常规的企业生产、经营之外，围绕企业的生产、经营、技术和智力开发等问题，由企业倡导或员工自发组织进行的技术革新、管理咨询、劳动竞赛、教育培训等活动。这类文化活动可以激发员工的创造欲和成就感，使员工看到自己的价值和责任；同时，它又是企业结合生产经营，在生产过程之外培育和开发员工素质的一个基本途径，而这些活动每一次的圆满结果和获得成功、取得成果，又都可以使人产生一种满足感，从而持久地促进企业健康向上、积极进取文化环境的生成和发展。

（4）思想性活动。思想性活动包括以下类型：首要的是一些政治性的文化活动，如开展形势教育、法制教育、理想教育、道德教育、政治学习和其他有关的思想政治工作。其次，还有一些像新书报告会、生活对话会、沙龙等。

三、企业文化活动的策划

企业文化活动的策划，实际上就是一种管理。作为主办单位，每一次活动都需要获取一定的功效和利益的结果。对于企业员工来说，参与文化活动，也都自觉带着娱乐审美、提高文化素质、消遣休息、美化生活、增智益寿等目的。

任何一种文化活动都必须从精神需要出发，而顺一定的动机目的去开发员工的文化行为，每一次活动都有完成这个目的的主题。因此，企业文化活动首先碰到的就是确定主题。

根据多年来的实践，企业文化活动策划大概有这么几种类型。

（一）读书活动策划

古人有"书中自有黄金屋"之说。朱熹也曾经指出，"读书百遍，其义自见"。杜甫所提倡的"读书破万卷，下笔如有神"等，无不强调了多读书广集益的好处。因此，作为企业文化管理工作者，我们要积极引导员工正确面对纷纭繁杂而又丰富多彩的阅读世界，博览群书，开拓视野，丰富员工的知识储备，不断提升员工的整体综合素质，从而使企业员工身心得以健康的成长，潜能得以充分地发掘，以渊博的知识去适应和面对未来社会的需要和挑战。因此，组织读书活动是企业文化活动的重要内容。组织企业员工读书活动大概需注意如下环节：

1. 明确活动宗旨

读书活动的总体策划。要突出培养员工崇尚阅读、自觉阅读的良好习惯，让员工在阅读中开阔视野、增长知识、陶冶情操，增强精神力量。以"读书活动"为契机，以"培养读书习惯、提高文化品位"为主题，引导员工养成爱读书、读好书、善读书的良好习惯。通过读书活动倡导科学精神，培养科学理念，倡导人文精神，表达人文情操，为企业营造良好的文化环境。

2. 组织企业读书活动的基本要求

企业的读书活动要以员工干什么学什么、缺什么补什么为核心，努力学习当代经济、法律、法规和做好企业工作方面的业务知识。结合本单位本部门实际，以集体学习和个人自学为主，请专家辅导为辅，积极开展读书心得交流讨论、读书论坛、读书演讲比赛、读书直通车等活动。

3. 读书活动的组织要领

组织者要制定推进措施。比如开展"四个一"活动。结合本单位本部门实际，采取相应的形式，集中开展个人读书、集体读书、交流读书心得和评书活动，要求做到"四个一"，即至少开展一次集体主题读书讨论交流活动、开展一次读书心得评比活动、每人制定一个读书计划、开展每人向大家推荐一本好书活动。另外，有条件的可以开辟"读书专栏"。在企业公众网或设置墙报专栏选登干部职工读书心得体会、读书计划和各单位各部门开展读书活动的好做法，刊登优秀图书推介以及热销图书排行榜的内容。结合时事热点和形势变化，适时邀请国内知名专家学者来公司开办专题讲座。以"培养读书习惯，提高文化品位"为主题开展读书演讲活动，适时组织读书演讲比赛等。

4. 组织读书活动注意把握好几方面的问题

（1）成立读书活动领导小组，负责读书活动的领导、组织、协调等工作。

（2）充分利用现有资源，积极推荐好的书目，让资源共享。

把集中读书、评书、交流读书心得、读书演讲、知识竞赛与个人业余读书结合起来，保证学习效果。

（3）有条件的可以开展评选"读书心得"先进个人活动，每个单位、车间、班组分别推荐一篇优秀的读书心得文章（题材不限），由公司统一编印成读书心得文章汇编。读书演讲比赛也可以组织评出一、二、三等奖以促进读书活动的开展。

（二）知识竞赛的策划

知识竞赛是为了让企业员工更加积极的学习、掌握某类知识，掀起企业内部的学习热潮，取得较好的社会效益而组织的活动。策划组织知识竞赛有如下程序：

1. 确定竞赛主题

如为使更多的员工了解本公司（或企业）、感知企业、热爱企业、建设企业，使员工全面掌握制度、流程、规范、标准、企业文化等基础知识，培养团队协作能力。更好地开发利用企业发展的资源，举行专题知识竞赛。

2. 成立组织机构

主办单位一般为企业（公司），承办单位一般为企业工会或团委，协办单位则可以为公司下属的各种相关组织。

3. 明确参赛对象

有些竞赛可针对某些特定的年龄、职务和工种的人群而确定参赛对象。

4. 公布参赛形式

如要求每个单位派若干名选手组队，分几个阶段进行：各队先行参加复赛，再选出几支队伍进入决赛。

决赛要重点经营，制作相关图片、视频，组织决赛队员好好练习；正式决赛之时，组织企业各层领导和业务骨干或党、团员来观摩、学习，以扩大影响。

5. 制定参赛内容

以已确定的主题的相关知识为主，辅以企业业务相关知识。以简答题、填空题、抢答题、判断题和视图、视听、视频题等形式，考核各队。参赛主要内容范围和比赛形式要预告给各队事前做好准备。

6. 评审方法和奖项设置

复赛组织相关专家现场打分。得分高者进入前3～4名，决赛评出金、银、铜奖和最佳选手。如有4支队伍进入决赛：可设金奖1名、银奖1名、铜奖2名、最佳选手若干名，分别发给奖牌、证书和奖品。

7. 明确各项具体分工

组织者要按照竞赛程序，做好各阶段的分工和准备工作：含拟发通知、组织队伍、编制试题、选定主持人、评委、举办赛事；落实专人负责制作相关图片、音乐、视频；落实场地、观众组织及决赛的排练等。

作为一个普通企事业单位，由于不具备电视台专用的比赛平台，如果要搞一场极致专业的知识竞赛，而且具备电视台效果，就应该充分挖掘利用现有的条件。要根据企业的实际情况来决定竞赛的档次、地点、出席的人员。

（三）企业宣传教育活动的策划

企业宣传教育活动的常见形式多与经贸活动结合在一起，是企业文化宣传与展示名牌产品的重要手段。这类活动应就宣传展示的主题加以开发，运用已有的资源和事实，以生动的形式、多彩的手段，以实物和图片及现场示范、展示等手段来表现要宣传和展示的主题。

（四）公司年会的策划

企业（公司）的年会通常起到总结一年来的成绩，表彰先进，激励企业精神，促进明年更上一层楼的功用。组织策划好这类活动对企业领导来说是非常重要的。年会的策划首先要对公司一年来的成就做一个详细的文字总结，为领导写好开场词、祝酒词，布置好会场。如果以茶话会、酒会形式的要选好一位能把控会场气氛的主持人，中间安排一些员工代表发言或插入一些歌唱类的表演。组织者要对年会不同阶段实行有效掌控，最后形成高潮。

（五）企业文艺联欢会的策划

文艺联欢晚会，又叫综艺晚会或综合晚会，是区别于专题性晚会的一种晚会形式。它的观众层次无论从年龄的差别、文化修养的高低还是社会地位的不同来比较，均有很广泛的群众基础，是深受观众喜爱的一种艺术形式，如今它已成为企业年度总结不可缺少的一道文化大餐。

文艺晚会是企业联谊晚会的一种主要方式，既可通过文艺演出树立自身形象，对员工来说也是一种艺术享受和高雅的娱乐。

文艺晚会的种类：

按场地分：室内、室外（广场）。

按时间组织的有：元旦文艺晚会、三八文艺晚会、五一文艺晚会、五四文艺晚会、中秋文艺晚会、国庆文艺晚会、春节文艺晚会等。

按活动项目组织的有：艺术节文艺晚会、运动会文艺晚会、开幕式文艺晚会、颁奖文艺晚会等。

按专题组织的有：廉政文艺晚会、护士节文艺晚会、建军节文艺晚会等。

按行业组织的有：工商文艺晚会、国土文艺晚会、社区文艺晚会、校园文艺晚会、军营文艺晚会等。此外，一些联欢晚会、有文艺演出的联谊会、团拜会也包含在文艺晚会之中。

策划组织企业文艺晚会的步骤与我们前面讲过的《如何策划和组织群众文化活动》方法相同。但企业文艺联欢会的特点是娱乐性、福利性，必须在营造轻松、快乐的气氛中增强企业的团体意识。平时组织联欢会可以组织员工舞会、员工演唱比赛。到年底（或节日）时，主要是组织全体员工举办一个比较大型的文艺联欢会。

较大型的文艺联欢会，其主题主要是企业的本年度总结、明年发展目标再腾飞的预期。组织者必须想办法用一个什么样的形式和内容，使之鲜明有力地表达以上的主题，使晚会增强艺术感染力，吸引员工的注意力，给员工以新颖别致的精神享受。

策划组织企业文艺联欢会晚会，组织者必须首先熟悉本企业一年来取得的成果；企业领导采取了哪些措施成功运作；员工们做出了哪些贡献，哪些班组、车间和部室涌现了好人好事。然后结合本企业的实际，根据员工不断产生的文化兴趣和爱好，来策划组织安排联欢会的活动项目。其中，最重要的是必须对本企业和周边文化资源有个透彻的了解。主动掌握企业各部门的文化资源情况，包括了解有哪些部门平时就有节目是现成可以利用的或者可以改造的，那些团队和人员是可参与此项活动的，那些项目和资源可以调动使用的。心中有数了，工作铺排就会得心应手。

策划组织企业文艺联欢晚会，跟组织专题文艺晚会让观众安静地坐下来观看，具有强烈的欣赏性不同，组织者要根据企业的特点和员工多是年轻人爱好加入一定的互动性游戏、现场即兴表演等项目，努力制造台上台下欢乐活跃的气氛。

组织企业文艺联欢晚会同样要制定策划方案，除了活动的项目设置、晚会流程之外，要做出相关的合理的经费预算。预算包括：组织策划和编创节目的工作费用、租用场地和舞台灯光音响的费用、组织演员排练和演出的吃住费用和现场安全和交通管理等费用。

企业文化活动策划方案必须形成文字，写出来呈报给企业领导批准之后，就要着手组织实施。首先要组建活动工作机构，活动机构要把主管本次活动的企业相关领导，把管钱的、管物的、管设备的各车间、各部门负责人纳入工作机构里，以形成一股合力。同时根据联欢会的需要，要成立编导、排练、游戏道具制作、后勤保障、安全交通等工作小组来做具体实施工作。

为了让整个企业行动起来，参与你组织举办的文艺联欢会，组织者必须以公示（或通知）的形式告诉员工什么时候会有一个什么活动，要各部门准备哪些项目和节目。这个"安民告示"要有提前量，以便让各车间、各部门有充足的时间来准备并激发起各员工的期待。组织者在筹备阶段要积极与部门之间加强沟通，抓好项目的落实、有条件的要组织力量帮助各部门辅导节目的编导和排练，对拟举办联欢会活动的场地进行勘查，联欢会前夕要进行环境、舞台的气氛布置，舞美、布景、服装及游戏道具的制作。以上每一个环节都要分派专人负责落实。临到本次文艺联欢会开始之前，要组织一次全面检查，发现问题，及时处理。然后转入实施，保证万无一失。

目前，我们正面临多元文化的世界，作为文化管理者需要更多的专业知识和更大胆的艺术实践去策划组织企业文艺联欢会。要有创新意识引导员工的文化追求方向，贴近群众、贴近生活、贴近实际，不断探索策划有一定文化品位的较高档次和水平的品牌活动。

为使大家了解企业联欢会的具体实践，这里选登了××企业的一份春节联欢会的策划方案，供各位参考。

思考题

1. 企业文化活动有哪些特点？
2. 企业文化活动有哪些类型？
3. 试起草一份读书活动策划方案（主题任选）。

附：策划方案范本

××企业春节联欢会策划方案

一、活动背景

1. 基本情况简介：本次活动为该公司迎新年联欢会，人数为50人左右，需要边吃饭边抽奖，并穿插游戏及文艺表演，时间约为4个小时。
2. 主要执行对象：公司经理、总经理、董事及董事长及各部门员工。
3. 组织部门：公司各部门。

二、活动目的、意义和目标

为了全体员工在一个创意的联欢会上充实愉快，让全体员工更加团结向上。

三、资源需要

人力资源：舞台编辑、舞台策划员、搬运员、清扫工、乐队（或钢琴师）、服务员、调酒师、主持人。

物力资源：餐桌、钢琴、电脑（放图片用，也可放音乐用）、租用场地（公司或饭店）。

已有资源：公司场地及电脑、调酒师（公司可自备）。

需要资源：舞台编辑、舞台策划员、搬运员、清扫工、乐队（或钢琴师）、服务员、主持人、餐桌、钢琴、租用场地。

四、活动开展

1. 会场布置：为了给公司添加喜气，可以在会场中央贴一个元旦联欢会横幅，如有需要，可以在会场前部加一个签名的桌子；也可加入大型拉花（一种装饰物，为亮纸，叠在一起之后，再剪出花样，即可装饰）。为了入场人员为该公司职员，可以在入口处设置登记处。最后，可以在舞台旁边设置酒吧台。
2. 接待室：舞台入口处。
3. 广告制作：公司联欢会筹备处。
4. 嘉宾座次：会场前两排为公司核心职员，会场中间三排为普通职员，会场后三排为公司底层职员。
5. 赞助方式：公司赞助。
6. 主持：公司各部门。
7. 领导讲话。

8. 司仪：公司明星员工。

9. 会场服务：服务员服务、酒水服务、清扫服务、声乐服务、特殊服务（特殊情况发生时提供的服务，如急救、防盗等）。

10. 电子背景：公司利润额、利润率、营业额 K 线图、贺喜图、公司大事图片。

11. 灯光：普通灯光。

12. 音响：公司原有音响。

13. 摄像：摄影师（公司员工或自雇）。

14. 信息联络：公司联欢会筹备处。

15. 秩序维持：保安。

16. 衣着：演员穿演出服，公司员工穿晚礼服。

17. 指挥中心：主持人，主要指挥如何开展游戏、演出及抽奖活动。

（1）游戏：

抢凳子：让若干人在凳子周围站着，然后绕着凳子跑圈，谁没抢到凳子谁就被罚讲笑话。（20 分钟）

同心协力：把人分为两人一组，给他们绑上绳子，再让他们跑向终点，谁先到就得奖励一件 T‐shirt。（15 分钟）

歌词接龙：人们坐成一圈，让一人先唱歌，再让后面的人接上歌词，谁断了歌词就被罚给大家买雪糕。（15 分钟）

（2）演出：双簧、小品、相声。

（3）抽奖活动：准备一个抽奖转盘或抽奖箱，上面标上奖品（如 MP3）或装上奖品名称。

可用密码形式：在每个桌子上标明一个字母（如：A）。抽奖时，可用字母组成单词，哪桌为组成的单词成分字母最多，大奖就落在哪桌。

可用音乐旋律符号形式：给每个员工一个音乐旋律符号，用它组成一段音乐，中间可以加入升降音符号等。哪桌组成的音乐被公认最好听，就把大奖送到哪桌。

附：奖项设置：参与奖：送给参与的人；优秀奖：送给公司最勤奋的员工；三等奖：送给公司创意点子最多的员工；二等奖：送给公司业绩前 50 名员工；一等奖：送给公司最有潜力的员工。

18. 现场气氛调节：司仪。

19. 接送车辆：公司原有汽车。

20. 活动后清理人员：公司清洁工。

21. 合影：摄影师。

22. 餐饮招待：饭店服务员。

23. 后续联络：公司联欢会筹备处。

五、经费预算：租用饭店场地约用 200 元，聘用钢琴师约用 100 元，总共约为 300 元。

六、活动注意事项

1. 参加的公司员工应按时到场。
2. 活动中手机应关闭。
3. 演员请提前两个小时到场，准备化妆。
4. 闲散人员勿进，请勿扰乱会场秩序。
5. 奖品应在联欢会开始前准备好，如为小件，在会场上即可发放；如为大件，在会后发给中奖员工。
6. 如有改动，在第一时间告知员工。

七、活动负责人及主要参与者

公司联欢会筹备处×××及公司及团委委员。

第十三章　如何当好文化馆长、站长

改革开放以来，作为公益性的群众文化事业单位，我省2000多个文化馆、站为广东精神文明建设做出了积极的贡献。许多文化馆长、站长优秀的品德、渊博的文化、精通的专业、超强的能力、热诚的身心，给广大人民群众留下了深刻的印象，无疑是新时代文化魅力的承载人。我们学习文化事业管理的学生，将来也许会成为这支队伍中的一员，要为当好一名优秀的文化馆长、站长，做好知识、能力的储备。

一、文化馆、站的性质和任务

要当好文化馆长、站长，首先要弄清楚国家为什么要建立文化馆、站，文化馆、站是干什么的？

那么，文化馆、站的性质和工作任务是什么呢？

根据2006年国家文化部修改制定的《文化馆管理办法》规定：

文化馆是各级人民政府设立的公益性文化事业机构，是开展群众文化活动的场所，是承担政府公共文化事业、繁荣我国群众文化的主导性业务单位。文化馆通过开展群众文化工作，丰富群众文化生活，宣传党的路线、方针、政策，进行社会审美教育，实现人民群众的文化利益，促进广大人民群众的全面发展。

乡镇和街道文化站的主要职能是群众文化活动的组织与管理，业务门类则包含文学、艺术、科普、体育、时政宣传等多种文化工作内容，前些年还受委托管理本辖区内的文化市场，文化站具有业务和行政双重职能。许多地方机构改革后，把广播电视、体育业务也纳入文化站的职能，形成综合文化中心。

《文化馆管理办法》规定：文化馆应当组织开展下列各类群众文化艺术活动：

（1）贯彻党的文艺方针政策，完成党委政府交办的群众文化工作任务，组织示范性文化活动。

（2）组织业余文化艺术创作、表演、展览、群众性文体比赛等社会公益文化活动。

（3）开展文化下乡和广场文化活动。

（4）利用各种艺术手段，普及科学文化知识。

（5）其他群众文化艺术活动。

1. 《文化馆管理办法》作出的规定

第十九条　文化馆应当指导本行政区域内下一级文化馆、文化站（中心）开展工作。

第二十条　文化馆应当辅导业余文艺团队。

第二十一条　文化馆应当开展各艺术门类的培训。

第二十二条　文化馆应当组织和开展群众文化理论研究。

第二十三条　文化馆应当利用各种手段向公众提供文化资源和信息。

第二十四条　文化馆应当搜集、整理、研究、开发民族民间优秀文化，挖掘和保护民间文化遗产。

根据党中央的要求，建设有中国特色社会主义先进文化，就是以马克思主义为指导，以培育有理想、有道德、有文化、有纪律的公民为目标，发展面向现代化、面向世界、面向未来的，民族的科学的大众的社会主义文化，根本任务是在全社会形成共同理想和精神支柱。

2. 中央提出的目标

新中国成立60多年来，在共产党的领导下，劳动人民当家作主，社会政治地位发生了重要变化，改革开放以后，经济腾飞、脱贫致富，群众物质生活正大大改善。但是，回过头来看看，广大群众的科学文化素质和思想道德水平，与现实的要求还有较大的距离。

现在我们搞社会主义市场经济，优胜劣汰，充满了竞争。而群众中的中国旧式农民"安贫乐道"、"小满即富"容易自足的苟安心理，"爹有娘有不如自己有"的自私心理，"窝里斗"的习惯，封建迷信、多子多福等封建落后的思想在目前的文化领域比例还很高。一些领域道德失范，拜金主义、享乐主义、个人主义滋长，封建迷信活动和黄赌毒等丑恶现象沉渣泛起；假冒伪劣、欺诈成为公害，文化事业受到消极因素严重冲击，危害青少年身心的东西还屡禁不止；腐败现象尚未全面有效地得到遏制，一部分人国家观念淡薄，对社会主义前途产生困惑和动摇思想。如2014年发生的"5·28"山东省招远市"麦当劳"快餐店命案再次引发了公众对"全能神"这一邪教组织的强烈关注。

邪教组织"全能神"的实际操纵者和发起人叫赵维山。该教派虽对外宣传其创始人和"女基督"是河南的一名郑姓女子，但其只是傀儡。它系基督教新教地方教会运动变种组织，是当前国内最具危害力的邪教组织之一。该派崇拜一名被称为"女基督"的神秘女子，打着基督教的旗号，散布着他们的歪理邪说，严重危害了基督教会的健康发展以及社会的正常秩序。

上述现象说明我们的思想文化土壤还比较陈旧，这些弱点在建设现代化的进程中越来越突出，如果不加以改变的话，社会主义商品经济的发展就会受严重制约，实现现代化、建设小康社会，振兴中华的步伐就会因此拖慢。

综上所述，文化馆、站在新的历史时期工作的主要任务是"提供公共文化服务"，"改良思想文化土壤，培育社会主义新人"，即"启迪民智，以文化人"，提高人民群众的思想道德和科学文化素质，也就是做人的全面发展的工作。

在我国，对于人的教育培养有三个体系：一是传统的学校教育体系，就是从幼儿园到大学、研究生20多年时间的专业培养；二是职业培训系统，当代社会中外科学技术的发展，信息的传递非常灵通，知识更新的频率更快，职业培训（岗位培训）很自然地成了重要的教育手段；三是社会教育手段，就是人们每天接触的文化艺术生活的（电视、戏剧、报纸、网络）等多种多样的手段构成的社会教育系统。

在这三种教育体系中，我们的文化馆、站就是第三种社会教育体系中的一个分支，文化馆、站是一个重要的宣传阵地，要使人民群众具备正常生活所必需的知识，所享有的精神文化娱乐，又能懂法规、守纪律，有信念和理想，做到全面发展，我们党所领导的文化馆、站实际上做的就是为营造良好的社会文化打好基础的工作。

党的十七大之后，明确要建设公共文化服务体系。这是指政府主导的、利用于政府和社会资源建立的以满足公民的文化生活需求，向公民提供公共文化产品与公共文化服务为目的的体制、机制的总称。

文化馆、站在构建公共文化服务体系中的任务，关键要体现三方面的内涵：一是行使公共文化权力、管理公共文化事务；二是代表公共文化利益、调动公共文化资源；三是承担公共文化责任、提供公共文化服务。根据公益性文化事业单位的功能、特点，完善服务条件，建立、健全服务规范，利用现有的阵地设施，向公众提供更多的公共文化服务。

二、文化馆长、站长要如何开展工作

《文化馆管理办法》明确文化馆是独立的事业法人单位和独立的预算会计单位。其中第九条指出：文化馆馆长是文化馆的法定代表人，由文化行政部门聘任或任命。文化馆实行馆长负责制。

第十条　文化馆实行全员聘用合同制和岗位目标责任制。文化馆工作人员经培训考核合格后，持证上岗。

第十一条　文化馆工作人员应当自觉执行党的路线、方针、政策，思想作风正派，遵纪守法，爱岗敬业，热心群众文化事业。

根据上述要求，文化馆长、站长首先要抓好的是群众文化事业管理。事业管理要沿着3条线来开展：

一是思想政治工作管理，把每一位群众文化专业人员的积极性、创造性调动起来。

二是业务工作管理，搞好阵地的文化宣传、活动的组织领导、队伍的辅导培训和对外服务等。

三是后勤工作管理，把设施设备、财物、环境用好，为各项群众文化工作的正常开展提供有力保障。

文化馆长、站长应如何开展工作？

基本工作方法是按群众文化工作的方针、原则而决定的，但就具体方法来说，有对上、对下、对左右和自身四个大的方面：

一是对上，争取领导的重视和支持。 文化馆长、站长要从如下三点着手：

（1）从理论上向领导宣传群众文化工作的重要性。

（2）要运用文化馆、站里的工作成效说话。

（3）要运用周围的先进典型，使领导认识文化馆、站的重要。

二是对下，争取群众的支持。 文化馆、站编制人员少，工作量大，我们强调群众文化群众办，要抓住与群众切身利益最为有关实惠的事项作为重点，每年办成几件实事，出成果，出质量，出水平。为了吸引更多的群众参与文化馆、站举办的活动，可以多组织开展一些竞赛性质的活动。因为，大到一个国家、一个单位、一个地区，小到每一个人，都有各自的争强不服输的心理，都有一定的荣誉感和竞争心理，利用这一点来开展文化活动。搞好竞赛活动，还可以在当地起到示范的作用。竞赛本身对其他地方就是有力的指导和推动，文化馆、站还能因此而发现一批人才。

三是对左右，争取各有关单位的协助和支援。文化馆、站争取协作的核心是组织、动员、联合、运用社会力量来完成群众文化工作任务。说得通俗一点，就是借用外援，来弥补文化馆站本身人力、财力、物力的不足，变"单干"为"合办"，变"有限"为"无限"。我们的协作对象是各有关部门（工、青、妇、民兵、科协、乡镇企业等）和有关干部、民间艺人、群众个人，或是带有共同性的任务，或是有往来的关系，从经济、场所、设施、人员、业务等方面合作。搞好某些工作，完成某项任务。

四是对自身，要奋力开拓创新前进。办好文化馆、站，除了以上三条之外，更重要的还在于发挥文化馆、站人员的主观能动作用。

在新形势下如何发挥主观能动作用呢？

（一）改善服务手段，办好公共文化主阵地

文化产品特别是公益性文化的价值的实现必须靠服务这一环。作为遍布城乡的文化馆、站，我们的工作必须紧跟文化强省建设的节奏，体现文化强省的文化品位，在建设文化大省的进程中，真正担负起主力军的作用。

随着社会主义市场经济的发展，过去由政府、企业承担的职能逐步向基层社区转移，原来大批计划经济体制下的"机关人"、"企业人"变成了"社会人"，离退休、下岗、待业、私营企业劳动者、流动人口等庞大的社会群体，需要管理服务和提供精神上的动力支持，文化馆、站必须把握这种变化。

但是，有些文化馆、站在开展公共文化服务过程中，馆舍开放、为公众提供公共文化服务等方面和公共图书馆相比，仍有一定的差距。有些地方的群艺馆，文化馆、站为公众开放的时间不足，或开放时间没有与当地公众工作学习时间错开；工作人员作息时间机关化，造成节假日馆门紧闭；有的馆、站办公用房严重超标，挤占了向公众开放的用房面积；有的馆缺乏群众参与的活动项目等，影响了公共文化服务功能的发挥。

文化馆、站要改善群众文化的服务手段，必须让现有的设施装备派上用场、发挥功能。利用文化馆、站的场地优势，针对不同年龄、不同阶层的社会群体，在文化馆、站里开设各种专业技能和艺术门类培训班；注重当地居民群众个人的特长，组织一些书画、诗词、插花、时装表演、音乐、舞蹈、戏剧、摄影、美术等文艺社团，并为这些社团提供必要的场地服务和业务指导。沟通当地社区的群众文化联谊，组织安排展示活动，使群众在参与中找到自己的位置，实现自身价值。

（二）采取措施健全群众文化队伍

文化馆要搞好馆办公共文化服务，首先要有人有队伍，馆办文艺团队必须要有2～3支，文化部还要求文化馆要举办文化馆、站人员培训班每年两期以上。文化馆、站如果没有自己直属的团队，就很难做出示范，要完成当地党政领导交办的文化宣传任务就会带来困难。在这方面，我省的花都区文化馆积极做好新老交替人员更换，全馆十多位同志集中起来就是一支演出队，分散下去就是一批辅导员。在全区组建了各种年龄层次的业余文艺团队60多支，近年来，花都区的群众文化活动展现出格外繁荣的局面。

除了馆办的文艺团队之外，文化馆、站要结合当地居民的爱好，到基层去，帮助每个社区组建如戏剧、曲艺、音乐、舞蹈、文学、美术、书法、摄影、棋类、球类、读书、集

邮、插花等文艺团队、文体协会、读书小组、兴趣小组等不少于4个，推动社区文艺创作和文化活动的全面开展。

为了促使本地的公共文化活动扎实开展，文化馆、站要下功夫建设专职的公益性文化服务工作队伍、兼职的社区文化辅导和各机关、企业和居民自治的群众业余文艺团队三个层次的骨干队伍。每个县区要依托文化馆、文化站、文化室，建有专职的公益性文化服务工作队伍、兼职的社区文化辅导和各机关、企业和居民自治的群众业余文艺团队三个层次的骨干队伍。

各馆、站要整合社会的文艺人才资源，调动基层、社区文化人才的积极性，如从当地居民中选聘一些热爱文化、热心公益事业的艺术家和离退休老同志作为文化指导员，使之成为社区内不同文化艺术门类的带头人，组成能担负起开展各类文化活动的居民文化自治组织。通过组织群众文化活动，发现一批本社区的机关、学校、企业的文艺人才，再组合成为骨干力量，发挥作用。

广州市、深圳市从2003年开始，建立社区文化指导员的制度，聘请了一批品德好、身体好、有能力、肯奉献的老同志深入社区开展辅导，形成以专职人员为主导，文艺骨干为主体的群众文化队伍架构，这种做法值得各地借鉴。广州市天河区属各街道、社区都建立起合唱团、粤剧团、曲艺团（私伙局）、歌舞队、醒狮队、书画社、摄影协会等业余文艺队伍。如天园街与辖内8个单位结成社区文化共建单位，成立了民乐团、合唱团、舞蹈队、集邮协会等文艺团队10多支。梅州市定期举办社区文艺队汇演，把社区文化链的触角延伸下去，促进了全市群众文化的繁荣。

（三）探索创新样式，为人民群众提供更多的选择

当前，我国的文化建设面临着许多前所未有的新情况新问题：一是国外各种思想文化大量涌入，随着信息和网络技术的迅猛发展，人民接受思想文化信息范围广、速度快、内容杂，主流意识形态受到严峻挑战。二是改革带来的社会经济结构、利益格局等方面的深刻变化，使满足各个社会群体的精神文化需求成为时代课题。三是社会主义市场经济的发展对思想文化资源的配置、利用和社会效果产生了多方面的影响，人民群众享受文化资源的权利开始与市场经济的运作相联系，自主性更强。

新时期的群众文化工作有了根本性变化。表现如下：

第一，在群众文化工作对象方面。群众文化主力军不再是原来意义上的"工农兵"了，而是一切劳动者。群众文化生力军也不只是青年人了，而是一切文化需求强烈的人，以及那些有精力、时间和一定外部条件的少年儿童与中老年人。

第二，在群众文化工作内容方面。现代交通和通讯缩短了时空距离，使"世界像个四通八达的小村庄"，世界各地文化交流速度加快了，范围扩大了。繁华的"小村庄"还将刺激人们的文化需求欲。大量的闲暇时间和剩余精力促使群众文化活动频繁不断，高层次的文化修养和丰富的文化信息促使群众的文化创造更加强烈。

随着时代的前进和群众文化需求的日益增长，群众文化建设的内容、形式、手段和机制也必须与时俱进，开拓创新。目前，群众文化活动比较轰轰烈烈的是群众合唱、校园的乐队等，现在我省有不少群众，尤其是离退休的老年人，自发地在公园里唱歌，那种热情简直令人感动。不少基层组织搞起了合唱团，有的还聘请了专业指挥去训练。很多大专院

校、中小学都组织了各类乐队与合唱团,很多孩子从小就具备了良好的艺术基础,文化馆长、站长应该多支持这些乐队和合唱团,给他们机会展示艺术才华,吸引群众在广泛参与文化活动的过程中提升精神境界。

群众文化活动年年搞,能否吸引群众经常广泛参与,策划方案创新显得相当重要。文化馆长、站长要针对当地群众追求的新特点,从本地区的实际出发,多研究、多琢磨,激发更多的灵感,想点子要新,出招术要巧,尽量做到"人无我有,人有我优",在别人还没有想到或是有人搞了但还没有形成气候,尚未造成影响。你先搞了而且做得很好,你就处于领先地位。

探索创新还要考虑给人民群众在文化活动样式方面提供更多的选择。多年来,我省群众文化单位已经创造了许多群众喜闻乐见的文化活动样式,诸如集体舞、健身操、腰鼓、秧歌等,对过去好的形式我们要予以保留并发扬光大。现今则要结合求知、求乐、求美、健身、旅游等特点,创造一些适合各阶层群众参与新的活动样式,要结合当地的民间文化、民俗习惯和地方风情,还要结合当今时尚乃至引进的外来文化形式,加以改造,变成符合现代审美情趣、好看好玩、群众乐于参与的新的活动样式,提供给各阶层群体更多的选择。

近年来我省各级文化部门都在探索新的活动样式,如广州市的"广府庙会"、深圳市的"鹏城金秋"、梅州与河源的"客家山歌艺术节"、江门的"侨乡艺术节"、阳江的"开渔节"、罗定的"祠堂文化"、新兴的"六祖文化"、清远的"广场文艺汇演"等搞得很有特色。云浮市政府和文化部门还为优秀的业余文艺骨干举办个人文艺专场,不断隆重包装推出群众文艺新人,由于形式赋有新意,大大激发了当地人民群众的参与群众文化的热情,调动了他们的积极性。

(四)整合社会文化资源,打造群众文化的特色品牌

群众文化建设是一种在积累中发展,在发展中创新的渐进过程。每个城市、每个社区都有其各自发展的历史,要搞好群众文化,重在建设,贵在积累。群众文化又是面向社会,要动员社会力量来共同做好工作。作为公益性文化事业,主要依靠政府投入,但又不能拒绝所有面向市场的尝试。在文化强省建设进程中,群众文化的发展还必须整合社会文化资源,形成合力,打造群众文化特色品牌。

广东是岭南文化的中心地。岭南文化历史悠久,绚丽多彩,是中华文化根基的主要组成部分,是承载中华民族精神与情感的主要载体,也是维系国家统一、民族团结的基础和联系世界的桥梁。保护和弘扬民族民间文化是建设有中国特色社会主义先进文化的基础和源流,是保持对祖先的记忆和历史延续性的独特展现,发挥文化资源、人文环境、民族素质等经济和社会可持续发展重要因素的功能,可以为我省经济和社会发展提供精神动力、智力支持和必要条件。

文化馆长、站长要采取一系列措施,重点抢救濒危文化遗产,建立民族民间文化传承机制,对民间文化资源进行合理开发,推动优秀的民族民间文化融入现代日常生活,遵循"取其精华,去其糟粕"的原则,继承岭南传统文化的精髓,在内容和形式上积极创新,推动传统文化向现代文化的转化和重塑,使传统文化重新焕发出新的魅力。

整合民间文化、地方特色人文资源发展群众文化,近年来已成为全省各地的共识。如

佛山市以促进岭南文化若干领域在本市聚集提升为目标，加快发展地方特色文化产业；河源市着力弘扬客家文化、生态文化、历史文化和恐龙文化；惠州市打造以国际数码为代表的数码文化、以惠东鞋文化为代表的鞋业文化、生态旅游文化促进文化与经济融合；江门市推进具有人文特色的侨乡文化；茂名市联合海南、广西打造"冼夫人文化"；韶关市弘扬丹霞文化、南华寺禅宗文化、珠玑文化；肇庆市着力经营包公文化、龙母文化等特色文化。

实践证明，这些举措能极大地激发当地人民群众热爱家乡，激励青少年增强民族自豪感奋发学习成才，更重要的是丰富了人民群众的文化生活，使优秀的岭南文化得到了继承和发展。

（五）重点抓好群众文艺创作

群众文艺创作作为一个涉及多种艺术门类综合性的创作，是群众文化工作的一项重要手段。我们国家多年来盖起了很多房子，建立了很多队伍，开展了很多活动，落脚点就是要通过这些硬件设施，不断改善公共文化服务手段，为人民群众提供良好的文化服务，提供一流的精神文化产品。

改革开放以来，我国社会生活发生了复杂而深刻的变化，人民群众的思想更加活跃，观念不断更新，精神文化需求日益增长，并呈多样化的趋势。富裕起来的人民群众很需要丰富的精神文化生活，他们要不断求知、求乐，生活需要多样化，不仅要天天看报纸、看电视、看高雅的专业艺术作品，同样也需要参与性的群众文艺。

群众文化活动的好处是：一是自编、自导、自演、自娱、自乐，有参与功能，能把群众内在的潜能激发出来。比起纯粹走进剧场欣赏别人表演，在某种程度上，群众文艺创作更受广大群众喜爱。二是群众文艺作品贴近生活，新鲜、可爱、亲切。很多群众文艺演出，搞创作的是本地人，演员也是本地人，特别是老人、少儿演出，往往一位演员能够带动十几位观众，群众就爱看自己的亲人在舞台上演出，广州市举办的"都市热浪"、深圳的"鹏城金秋"等主题广场文化活动，文化广场上人山人海，观众达百万人次，显示出群众文艺演出受到的欢迎。这就是群众文艺创作为什么有生命力的原因。

经济建设部门有各种各样的指标，产品要多少件，税收要完成多少，每年创利润多少。我们文化部门，拿什么来做到标准呢？能不能出优秀作品应该就是其中一个标准。

文化部前部长孙家正说，优秀作品是先进文化的重要标志，是先进文化前进方向的集中体现。认为优秀作品要保持这样的一种姿态：弃绝一切假丑恶的东西，而肯定、表现一切真善美的东西，要与时代精神共振，鼓励着人们追求幸福美好生活的信心。同时，还明确创作优秀作品不单是作者个人的事情，而是要求各级文化部门把推出优秀作品视为工作的重中之重，当作评价工作成效的一个重要标准。孙家正部长这番话，实际上指明抓不抓创作，有没有精品问世，是衡量一个地区文化工作能力和水平的标准。

作为文化馆长、站长，要发挥艺术创作的旗帜、表率、引领作用，把创作和演出作为核心功能。努力创作出人民群众喜爱的思想性、艺术性、观赏性俱佳的精品力作。

抓群众文艺创作最重要的环节是组织好作者骨干队伍，特别是戏剧、曲艺、音乐、舞蹈这几大艺术门类的作者队伍。近年来，各地都在花大力气构建群众文艺创作人才队伍，有了好人才，才能出好作品。

那么，队伍要怎样才能构建起来？其中领导重视是主要的一条。文化馆长、站长抓群众文艺创作不能停留在一般号召或会议上，不能光靠行政命令、口头通知。就是要花力气，有手段，有措施地去抓。

文化馆长、站长抓创作队伍大约有几个主要手段：

（1）通过各文化馆站发掘一批作者苗子，给予创作方面普及性的辅导，发动他们创作一些优秀作品。

（2）利用资料推荐供应、节目（作品）评比、观摩交流等途径，从活动方向上积极地正面引导。

（3）文化馆、站通过业务培训、示范交流、分类指导等途径，从业务技能上给予帮助提高；

（4）把创作成果及时向社会展示，以观众的认同感中感受集体力量的可贵，从而增强作者队伍的向心力和凝聚力。

三、新形势下办好文化馆、站要处理好四种关系

（一）正确处理"有位"与"有为"的关系，发挥党政机关助手的作用

文化馆、站应该成为是当地党、政和文化行政主管部门在发展社会文化方面的助手，这是设立文化（群艺）馆站的职能所在。要当好这个助手，应处理好"有位"与"有为"的关系。"有位"与"有为"是相互依存、相互联系、相互促进、共同发展的。

所谓"有位"，是指文化馆、站在当地文化建设中应占据必要的位置及应有的社会职能。

所谓"有为"是指文化馆、站为发展社会文化做出的政绩及取得的成果，有所作为。

"位"与"为"是辩证的统一。"有位"才能"有为"，"有为"更能"有位"。我省许多文化馆、站以他们特有的作为，在当地领导、群众中树立了很好的形象，享有很高的声誉。这一点已为大多数文化工作者所认同。

然而，也有些关系处理不好的，"有位"未必一定"有为"，国家设立了文化馆、站这个机构，给了一定的编制、人员和经费，应该是"有位"的了，但你这个馆、站若长时期的"无为"；必将造成"无位"。我省有些地方的文化馆、站长期以来习惯了"等、靠、要"，工作没有新思路，没有文件等文件，有了文件等意见，有了意见等经验。上班时间是"上九下四"，过分的稳定安逸，必然养成惰性，做一天和尚撞一天钟。有些同志领着国家的工资做兼职，放下本职工作，把国家培养的专长作为自己生财的资本。有的馆、站甚至与当地文化局的关系闹得很僵，执行上级任务就大打折扣，就很难谈得上有所作为。

实践证明要是"无为"必定会"无位"，因此各文化馆长、站长都要调动同志们的积极性，通过全馆同志孜孜不倦的追求、勤勤恳恳的工作、不失时机的宣传，不断开创卓有成效的业绩，必定会受到上级领导的关心和重视，得到广大人民群众的认同与支持，必然会赢得应有的位置。

(二) 正确处理"硬件"与"软件"的关系，发挥公共文化的龙头作用

所谓"硬件"，是指文化馆、站的阵地、场所、设施建设。这个硬件很重要，因为无论哪个时代，最能体现一个城市的繁荣与发展的乃是文化景观，而文化设施便成了城市繁荣的景观支柱。随着社会物质文明的不断进步，新的时代对各地文化建设提出了更高的要求。文化馆、站的"硬件建设"是当地精神文明的"窗口"，也是开展公共文化服务的物质基础和基本条件。

按照我国现行的体制，文化馆、站的"硬件"建设主要靠当地政府的投入。一个文化馆、站要搞好本职工作，非重视"硬件建设"不可。馆长、站长要不遗余力地争取当地党政领导支持，争取社会方方面面的大力帮助，为发展文化事业提供这个"基础"和"基本条件"。为人民群众提供建筑新颖、布局合理、设备齐全先进、项目丰富、具有现代化水平的文化馆站，这是我们文化工作者始终不渝的奋斗目标。

在强调"硬件建设"的同时，文化馆长、站长也不可僵化地看待"硬件"，甚至将其作为做文化馆站工作的唯一条件，以至于在"硬件建设"尚未到位的情况下，轻易地放弃应做的工作。

由于我省经济发展不平衡，还有不少文化馆、站的"硬件"建设没有得到改善，我们的馆长、站长们就不要消极观望。在已建新馆的地方，文化馆、站要充分发挥现有文化阵地的功能，避免出现"空有梧桐树、不见凤凰来"的现象。凡当地未及建"硬件"条件的文化馆长、站长，则要更新观念、转变作风、面向社会、深入基层，做到跳出小阵地，走向大社会，从封闭型转变为开放型，从阵地型发展为辐射型。

(三) 正确处理引进外来文化和弘扬民族传统文化的关系，保护和继承、发展中华民族民间艺术

我省地处沿海，毗邻港澳，改革开放同时也带来了外来文化也来抢滩的现象。如卡拉OK、游戏机、网络文化接踵而至，并迅速占领文化消费领域。前些年美国政府曾提出对华战略：一是全盘西化，二是全面遏止对中国实行战略合围，三是不惜与中国一战，支持国内谋求独立的、有冲突的地区先战。西方文化产品直接进入冲击，目前美国出口最大的不是工农业产品，而是电影、音乐、软件等文化产品，它控制了全世界60%以上的电影节目，总量大于500万小时，西方各种理论、思潮、价值观对中国社会产生冲击，使我们许多珍贵的民族民间艺术后继乏人，对弘扬中华文化形成挑战。

文化馆、站在接受外来文化冲击的时候，应清醒地认识社会主义文化的根本特征是"民族的科学的大众的"，这三者是相互依存、相互辩证的统一体。

首先，要有鲜明的民族特色和民族风格，这是建设有中国特色社会主义文化的立足之本。但是，我们并不排斥吸纳西方的、外国的文化精华，丰富壮大自己的民族文化。

其次，这种文化是科学的，其内容要求健康，同样也要求具有科学的手段和先进的设施设备。这种文化又是大众的，服务对象要面向广大人民群众，内容形式能够反映人民群众喜闻乐见的事。

搜集、整理、研究民间艺术，开发利用民间艺术资源是文化馆、站的重要工作任务之一。做好民族民间传统文化的保护传承工作，对于弘扬中华文化，增强中华民族的凝聚

力、感召力和影响力，振奋民族精神具有重要意义。

文化馆长、站长要把推广民族民间文化艺术工作纳入主要工作范围，认真地抓好、抓紧、抓落实，抓出成效。

（四）正确处理"社会效益"和"经济效益"的关系，发挥文化馆、站在开展公益性文化活动中的主导作用

文化馆、站是公益性文化事业，它的建设目标、任务职能是面向全社会的整体效益，面向社会的健康协调发展。

文化馆、站工作的政策性原则，是把社会效益作为最高标准。因此，文化馆、站的文化产品不是商品，所开展的文化服务不能以商品化进入市场。

文化馆、站是政府兴办，投资的主体和主渠道是各级政府，要求我们的馆长、站长们必须正确处理好"两个效益"的关系，不能把政府投入兴建的房子全部租出去，把文化馆干部变成"云游和尚"，出去化缘。毕竟文化馆姓"文"而不姓"工"或"商"，要坚持把社会效益放在首位，坚持为人民服务、为社会主义服务的方向，发挥文化馆、站在开展公益性文化活动中的主导作用，大力开展丰富多彩、健康向上的文艺活动，更好地为满足人民群众日益增长的文化生活需求。

四、文化馆长、站长要具备干事创业的素质和能力

文化馆长、站长是我国文化事业机构中必须独当一面的管理人员，他们应当是既懂得艺术规律、经济规律、思想政治工作规律，又具有现代科学知识和群众文化管理技能的通才。要当好文化馆长、站长必须具备干事创业的素质和能力，为构建公共文化服务体系作贡献。

（一）对公共文化事业有强烈的事业心、责任感

文化馆长、站长比起其他事业单位的工作人员来有自己的特殊要求，既要有组织协调能力，又要有一定的文化艺术业务专长，还要会搞经营管理，是文化馆站工作具体的组织者和领导者。作为文化馆长，首先要有敬业精神，文化馆长如果不热爱自己的工作，对自己来说，是一种折磨；对事业来说，是一种损失。好的文化馆长一定是热爱群众文化工作，具有一定专业知识和组织能力，思想作风过硬，革命干劲十足、工作作风踏实。同时，能精选一批熟悉业务、懂管理、会协调、作风过硬的同事，与文艺骨干共同配合，这个馆、站才办得有声有色、高水平。

（二）具备开展公共文化工作的业务素质

群众文化工作的业务是综合的，而一个干部不可能样样都精通。因此，对文化馆长、站长的业务要求，应是"一专多能"。"一专"，就是要求每一位馆长、站长，根据工作需要和分工，在某一项业务上要有较高水平，能够独立地担负起开展这一项业务活动的任务。所谓"多能"，就是要懂得基本的文艺理论，懂得开展群众活动的基本方式方法，对群众文化工作的各项业务都具有一点基本知识。这样，就能成为既能全面开展工作，又对

某项业务具有一定专长的文化馆长、站长。

(三) 具备干事创业的本事和能力

人才知识、能力与事业发展是密不可分的，能力、本领也是干事业的根本。没有本领，再好的部署、方案、决定都只会是空中楼阁，再好的发展机遇、发展条件也只是过眼云烟。新时期文化创新的特质决定了我们必须把学习摆在干事创业的重要位置，要根据不同的工作任务，碰到的工作难题，实践中出现的矛盾，采取缺什么补什么的办法，通过查资料、上网络、看报刊、问同行、找文件等多种途径，学习先进观念、先进经验、先进做法来充实自己。

文化馆长、站长业务知识的学习和提高，主要包括：

（1）党对文艺工作的方针政策和文学艺术的基本理论知识的学习。

（2）各种文化艺术活动，如戏剧（曲）、曲艺、音乐、舞蹈、美术、摄影、文化宣传等的基本知识和技能的学习。

（3）群众文化艺术活动的方式方法和活动规律的学习和研究。

文化知识和能力是靠日积月累长期沉淀的，我省有许多文化馆长、站长是文化事业的优秀人才，他们的成功之处，就是善于在日常生活中吸取知识和营养，把自己的一生都置于学习状态之中，学习无时不在，无时不学。所以，他们就成为成功人士。

(四) 熟悉运用公共关系、具备应变能力

从发展的眼光看，文化馆站工作今后将越来越多地需要以文化馆长、站长为主，协同各部门来组织各项活动。因为群众文化管理本身是一种主观行为表现，要完成特定的管理目标，必须依靠他人的配合，这就急需他们掌握一定的公共关系知识，具备公共关系能力。公共关系是一种管理的职能，它通过有计划的调查、沟通、传播等工作，目的在于取得社会公众的了解、信任和支持，灵活应变是一种根据不断发展变化的主客观条件，随时调整思维和行动的能力，是一个人思维预见性、敏捷性的综合反映。我们在干事业的过程，哪怕再好的条件，也不会是一帆风顺，面临复杂的形势，我们在处理问题时就要具备灵活应变的本领，文化馆长、站长如果能有灵活应变的本领，能紧紧把握时代的脉搏，随着形势的变化而不断地调整总结发展思路、发展方向、发展措施，在灵活应变中寻找机遇，谋求发展，就能树立文化馆站的良好形象。

(五) 文化馆长、站长要具备人格魅力

作为文化馆长、站长，只有统筹、协调得好，你才能把大家组织起来一起干事创业。所以，文化馆长、站长一定具备有人格魅力，人格魅力是一个人的性格、知识、气质、能力、感情等个人综合素质和人格力量吸引以及感召人的影响力。它体现在人格内在结构和行为表现的方方面面。文化馆长、站长的人格魅力体现在能够担当重任，身先士卒，当好楷模，要人家做到的，你自己先做到，能够体谅下属，包容别人，在单位中创造和谐干事的氛围，引领大家共同应对各种挑战，共同创造美好未来。文化馆长、站长的人格魅力越强，就越能在群众中享有崇高的威望，就越能凝聚力量形成合力干好事业。

思考题

1. 《文化馆管理办法》规定文化馆应当组织那几类群众文化艺术活动?
2. 文化馆长、站长开展工作有哪些具体方法?
3. 在新形势下办好文化馆、站要处理好哪几种关系?
4. 为什么说文化馆长、站长一定要具备人格魅力?

第十四章 群众文化论文写作

人类文化随着时代的进步，不断向广度和深度拓展。其中作为曾经是人类文化活动源头与基础的群众文化，在新中国成立后，一方面事业上有了很大的发展；另一方面，理论体系从无到有，从初具规模到逐步完善，至今已形成相当的规模。群众文化学作为一门研究群众文化本质特征及其运动规律的一门科学，已随着我国群众文化事业向更高水平快速发展。加强对群众文化学的研究，有助于群众文化管理者勤于调查研究、勤于思索，进而提高认识水平和把握客观规律的能力。

目前，我国对于群众文化系列职称评定标准，把论文写作作为评定中、高级职称的硬件之一，这是对从事群众文化艺术工作、管理者的理论水平、业务素养的一种"量化"的检验。掌握群众文化研究方法，提高自身素质和业务能力，尽快进入角色，是适应群众文化专业化、优化群众文化领域公共文化服务的迫切要求。其中，掌握群众文化论文的写作方法，是一项重要的基本功。

那么，群众文化论文要怎样写？本章特作简要介绍。

一、什么是论文

论文是写作中的一种体裁——说理文。写论文的目的是讲道理、辨是非，是通过事实材料和逻辑推理来阐明作者自己的观点，表明赞成什么反对什么的一种文体。论文的外延是文章，其内涵是讨论问题和研究问题。讨论某种问题或研究某种问题是论文的本质属性。

二、论文的分类

（一）科研论文

科研论文是对某个问题进行调查研究，写成的调查报告；对某种问题进行科学实验后，写成的实验报告；对某项经验进行总结，并上升为理论高度写成的经验报告。他们共同的特征是有明确的研究对象和明确的实践过程，反映了撰写者已进行的实践与研究过程。科研论文往往通过测量、统计数据、事例旁证等进行定性定量分析。如果作为一个课题研究，那就是研究报告。

（二）学术论文

学术论文，是科学或者社会研究工作者在学术书籍或学术期刊上发表的呈现自己研究成果的文章。学术论文往往强调原创性的工作总结，当然也可以是对前人工作总结的回顾及做出评价。学术论文也是高等院校师生和科研机构经常需要写作的一种具有很强的学术性的文体论文。学术论文是对某个问题尚未进行实验或实践，但依赖与某种理论或查阅文献资料，在理论上进行构想、探索，提出策略性思考的论文；或对某一理论问题进行思辨性思考的论文。

科研和学术两类论文不一定完全是独立的个体，不存在截然划分的界线。

（三）学术论文的特征

学术论文属于议论文体，它一般可分为人文、社会、科学论文和科技论文两大类。学术论文的特征如下。

1. 学术性

所谓学术性，是指研究探讨的内容具有专门性和系统性。具体体现如下：
（1）论文选题具有很强的专业性。
（2）论文内容具有明显的专业性。
（3）语言专业术语化。
（4）作者修养的专业化。

2. 科学性

所谓科学性，是指研究探讨的内容准确、思维严密、推理合乎逻辑。具体体现如下：
（1）研究态度的科学性。
（2）研究方法的科学性。
（3）论文内容的科学性。
（4）表达的科学性，知识理论应用准确，结构严密，语言精确，明快庄重。

3. 创造性

所谓创造性，是指科学研究的成果要有新意，要有发展。具体体现如下：
（1）填补空白的新发现、新发明、新理论。
（2）在继承的基础上发展完善、创新。
（3）在众说纷纭中提出独立见解。
（4）推翻前人定论。
（5）对已有资料做出创造性的综合。

4. 理论性

所谓理论性，主要是指论文的作者思维的理论性、论文结构的理论性和论文表达的理论性。具体体现如下：
（1）思维的理论性。
（2）结论的理论性。
（3）表达的理论性。

学术论文是以论述为主要表达方式，它的理论性体现在概念、判断等组成的推理体系上,也体现在论证过程的各种表达形态上。论文的种类,按内容性质和研究方法的不同,有理论性论文、实验性论文、描述性论文和设计性论文;按议论的性质不同,又可分为立论文和驳论文;按研究问题的大小不同,还可以把论文分为宏观论文和微观论文。

三、如何撰写群众文化论文

(一)什么是群众文化论文

群众文化属社会文化范畴,是公共文化中的一部分,社会科学与文化艺术这两个属概念的交叉部分构成了群众文化理论。群众文化理论包括基础理论和应用理论两个方面。基础理论主要探索群众文化的起源和发展以及它在发展中的规律,应用理论主要是探索现阶段群众文化实践中出现的各种新问题。这两个方面是互相联系不可截然分割的,它的目的都是为了指导实践,促进群众文化事业的改革,推动群众文化事业的健康发展。因此,群众文化论文并不完全等同于专业艺术论文,群众文化的根本任务是提高全体人民的文化修养和精神文明水平。群众文化艺术教育、辅导、培训和专业艺术院校的教育、培训相比较,无论在目的、手段、形式、对象以及结果等方面都有着重大区别。群众文化论文就是要求作者去揭示这一领域中的内在规律。

(二)群众文化论文的特点

群众文化论文的特点在于"论"。群众文化工作者普遍都具有比较丰富的实际工作经验,写论文的关键是如何将这些经验上升到理性层次。因此,要求群众文化工作者应将提高抽象思维能力和理性概括能力作为一门基本功来进行训练。必须搞清楚,例如:"研究馆员"究竟应该研究什么,群众音乐与音乐、群众舞蹈与舞蹈、群众戏剧与戏剧、群众美术与美术等之间的区别在哪里。因此,在撰写论文或者报送论文中就不会出现如:《声乐试唱练耳规范》、《浅谈戏剧悬念》、《论美术素描技法》等专业艺术类的题目;不会导致在论文答辩中,评审委员会对某一些论文作者提出一些如:"群众舞蹈培训和专业舞蹈学院的教育有什么区别"、"群众文化业务人员应具备哪些特殊素质"等间接地表达了评委对某些作者的论文的不满意程度。

群众文化工作者,特别是文化馆、文化站的专业、管理人员必须认识到,作为一名合格的群众文化工作者,掌握本专业技术并有较高的艺术修养是我们必备的基本条件,做不到这一点就无法进行高质量的示范和辅导,甚至在个人专业评职称时,评委们一定要审查参评者的个人艺术作品和获奖情况。但是,我们不是专业文艺创作机构的专业作者、画家、音乐家,也不是专业艺术团体的演员,我们的根本目的不是要当专业作家或表演艺术家,而是要将个人所学到的知识通过活动、辅导和培训等手段传输给广大群众。群众文化的真谛正是通过这种传输而得到体现。

(三)群众文化论文的主要结构

群众文化论文的写作应依照内容和作者个性选取最合适的行文方案。群众文化论文多采用以下套路式的结构。

引言：也就是写这篇文章的理由，作者需要向读者交代写这篇文章的目的和文章的创新点。

正文：作者详细阐述如何完成这项研究，包括向读者介绍实验过程和数据为你的主题提供证据。正文部分通常又包括研究方法、结果和数据、讨论等内容。

结论：总结文章的观点并评论文章潜在的应用价值。

致谢（非必须）：如对提供论文帮助的人士表示感谢。

参考文献：这是非常重要的内容，表示作者在研究中参考的文献资料。不同期刊往往对参考文献的格式有不同的要求。

注解（非必须）：对部分语句进一步阐述。

另外，群众文化论文一般都要提供摘要和关键字。摘要是概括全文主旨、关键观点、发现以及创新点的一段简练文字；关键字是若干描述文章所属领域的词汇，便于论文的分类、索引和搜索。

（四）群众文化论文的规格和标准

所谓规格和标准主要是指就论文的质量方面而言的，是通过论文可以大致反映作者能否运用所学得的基础知识来分析和解决群众文化学科内某一基本问题的学术水平和能力。一般说来，一篇论文需要有3000字以上，它的选题一般也不宜过大，内容不太复杂，要求有一定的创见性，能够较好地分析和解决学科领域中不太复杂的问题。

（五）发表过程

当我们完成一份群众文化论文写作后，通常是要在学术期刊发表，文章将刊载并检讨现有研究成果或结果。在投稿后，可能需要接受同行评审，审稿人（同一领域的学者）将检查文件内容是否适合在刊物上出版，这个过程耗时为1~3个月。论文作者最后会得到意见告知接受或拒绝出版。争议话题可能获得额外的审查。这些严格的审查政策都是为了维持学术期刊的高水准名誉。

四、群众文化论文写作方法

撰写群众文化论文，目的在于总结学习群众文化专业和实践经验的成果，培养综合运用所学知识进行科学研究探索、解决实际问题的能力而必须履行职责，是群众文化工作者参加技术职称考评所必须经历的过程和重要内容。具体来说，撰写群众文化论文可以分两个步骤，即选择课题和研究课题。

（一）选择课题

选题是论文撰写成败的关键。因为，选题是论文撰写的第一步，它实际上就是确定写什么的问题，亦即确定群众文化研究的方向。如果对自己写什么都不明确，怎么写就会无从谈起。选好课题是群众文化论文成功的一半。

1. 要坚持选择有科学价值和现实意义的课题

（1）要从现实的弊端中选题，学习了专业知识，不能仅停留在书本上和理论上，还要下一番功夫，理论联系实际，用已掌握的专业知识，去寻找和解决工作实践中亟待解决的问题。

（2）要从寻找科学研究的空白处和边缘领域中选题，群众文化研究还有许多没有被开垦的处女地，还有许多缺陷和空白，这些都需要填补。作者应有独特的眼光和超前的意识去思索，去发现，去研究。

（3）要从寻找前人研究的不足处和错误处选题，在前人已提出来的研究课题中，许多虽已有初步的研究成果，但随着社会的不断发展，还有待于丰富、完整和发展，这种补充或纠正性的研究课题，也是有科学价值和现实指导意义的。

2. 要根据自己的能力选择切实可行的课题

论文的写作是一种创造性劳动，不但要有作者个人的见解和主张，同时还需要具备一定的客观条件。

（1）要有充足的资料来源。俗话说："巧妇难为无米之炊"，在缺少资料的情况下，是很难写出高质量的论文的。

（2）要有浓厚的研究兴趣，选择自己感兴趣的课题，可以激发自己研究的热情，调动自己的主动性和积极性，能够以专心、细心、恒心和耐心的积极心态去完成。

（3）要能结合发挥自己的业务专长，每个作者无论能力水平高低，工作岗位如何，都有自己的业务专长，选择那些能结合自己工作、发挥自己业务专长的课题，对顺利完成课题的研究大有益处。

（二）研究课题

研究课题一般程序是：搜集资料、研究资料、明确论点和选定材料、执笔撰写、修改定稿。

1. 搜集资料

（1）查阅资料时要熟悉、掌握图书分类法，要善于利用书目、索引，要熟练地使用其他工具书，如年鉴、文摘、表册、数字等。

（2）做实地调查研究，调查研究能获得最真实可靠、最丰富的第一手资料，调查研究时要做到目的明确、对象明确、内容明确。

2. 研究资料

作者要对所搜集到手的资料进行全面浏览，在浏览过程中积极思考，发挥想象力，进行新的创造。

3. 明确论点和选定材料

在研究资料的基础上，作者提出自己的观点和见解，根据选题，确立基本论点和分论点。

4. 执笔撰写

作者下笔时要对以下两个方面加以注意：拟定提纲和基本格式，拟定提纲包括题目、基本论点、内容纲要、全文的逻辑结构。基本格式：论文由标题、提要、正文、参考文献等四方面内容构成。

（1）标题：要求明确、简练、新颖。能够揭示论题范围或论点，使人看了标题便知晓文章的大体轮廓、所论述的主要内容以及作者的写作意图；标题不宜过长，也不能过于抽象、空洞，标题和文章的内容、形式一样，有自己独特之处，引人入胜，赏心悦目，从而激起读者的阅读兴趣。

（2）内容提要：要求具有完整性、重点要突出、文字要简练、陈述要客观、语言要生动。

（3）正文：包括绪论、本论、结论三部分，这是论文最重要的组成部分。

（4）参考文献：又叫参考书目，它是指作者在撰写论文过程中所查阅参考过的著作和报纸杂志，它应列在论文的末尾。

5. 修改定稿

这一环节主要是看写作意图是否表达清楚，基本论点和分论点是否准确、明确，材料用得是否恰当、有说服力，材料的安排与论证是否有逻辑效果，大小段落的结构是否完整、衔接自然，句子词语是否正确妥当，文章是否合乎规范。

五、群众文化论文写作应注意的几个问题

群众文化论文的撰写，要求做到主题明确、层次清楚、观点鲜明、目的性强。文体要符合规范，论题、论点、论据、论证等要素十分清晰，使论文做到持之有故，言之成理，以体现出综合运用所学知识分析和解决问题的能力。切忌误将工作总结、思想汇报、心得体会、活动计划等材料归在论文的范围之内。写作时要注意如下几个问题。

（一）明确论文写作的目的

群众文化论文写作，是群众文化理论研究一个不可或缺的组成部分，是群众文化理论研究的一项成果检验，也是群众文化工作、管理者交流信息、相互借鉴、形成理论积累的重要手段。一篇好的论文，最根本的功利目的，应该是通过调查、理解、研究、发现、论证等理论研究过程形成对工作实践有指导作用的理论。这也是我们衡量一篇论文的优劣、成败的一个重要标准。那种为写论文而写论文的倾向，是应该纠正的。没有"研究"基础的论文，不是言之无物，便是谬误百出，归根结底，是难以成立的。

（二）正确地掌握"概念"，科学地使用"概念"

概念是命题与理论的基本要素，而理论则是最高的概念构架。理论的概念，不仅有确切的内涵，而且也有科学的界定，倘若理论概念不能成立，命题与理论也就难以成立。所以，在撰写群众文化论文时，一定要准确把握群众文化领域，各种常用概念的确切含义，及其相互关系。既要弄清各个概念的特点含义，也要弄清它们相互之间的关系，对于含义不确定的概念（或借用的），在文章中还要予以界定。

（三）注意命题的准确性、科学性

带有创意的命题，是论文的个性及生命力之所在。一个符合科学、有创意的命题，就是一项理论研究成果。它是奠定一个理论体系的基础。写论文时要注意避免命题过泛，而论文甚窄，形成"文"与"题"不符。一篇论文只能有一个中心，论点必须要集中到一个点上，口子开得小一点，小题目能做大文章。

（四）不要把论文写成说明文

论文是"说理文"，最大的特点是主观性，发表自己的意见。而说明文最大的特点是客观性。"说明文"是用言简意赅的文字，把事物的形状、性质、特征、成因等解释清楚，把人物的经历、特点等表述明白。如果缺乏个人的观点，写论文就不能发表自己的意见，写成没有自己的观点的文章，就容易变成"说明文"的延伸，许多初学写论文的人容易出现这种倾向。"说明文"和"说理文"虽说仅差一字，但差之毫厘，失之千里，是写论文的大忌。另外，论文写作时借鉴是必要的，在当今网络时代，借鉴非常容易，但要注意借鉴必须成为个人观点的佐证而不是主体。否则就是"抄袭"！论文写作要求作者必须有自己的观点和论点，在借鉴这个问题上，我们要注意"必须与自己的社会实践相联系"，不然容易给人一种"抄袭"的感觉。要把抄来的东西变为零件，通过自己的主观努力，按照自己的图纸重新组装，这才是成功的借鉴。

为了让大家了解群众文化论文的写作，下面介绍一篇曾获 2002 年度第 11 届全国社会文化艺术最高政府奖"群星奖"群众文化科研成果金奖的论文，供大家参考。

思考题

1. 什么是论文？
2. 什么是群众文化论文？
3. 请解释"说明文"和"说理文"的区别。
4. 简述群众文化论文的主要结构。

附：**参考论文**
第11届全国"群星奖"群众文化科研成果金奖论文

珠江三角洲外来工文化娱乐生活的导向与投入

广东省文化厅　陈小明

改革开放以来，特别是20世纪80年代中后期以来，伴随着广东，尤其是珠江三角洲地区经济建设的迅猛发展，目前在广东就业的外省劳工已超过700万人，如何管理、教育好这支劳动大军，使他们成为合格的社会主义建设者，已成为摆在各级党委和政府面前的重大课题。开展外来工教育与管理的目的，是要从根本上提高外来工的思想、道德、文化和科学技术素质，激发外来工建功立业和成才的热情。本文就如何在外来工中组织开展文化娱乐活动问题，谈几点意见。

一、外来工的构成成分和对文化生活的需求

广东外来工的构成有如下几种情况：

一是各企业中的外籍或港、澳、台的工程技术或管理人员，这批人占外来人口比重不大，文化素质较高。经济收入丰盈，但长期远离家人，余暇需要较高层次的文化娱乐。如东莞市长安镇有9万多外来工，其中长驻"三资"企业的外国及港、澳、台的工作人员就有5000多人。他们从灯红酒绿的花花世界来到刚刚开发的新兴乡镇，工余亟须较高档次的文化娱乐消遣活动。

二是从全国各地招聘来的专业技术人员，他们中间因种种原因如尚未解决户口或家属随迁等问题，平日工作较忙，拼搏作贡献，闲暇时间也需要参加一些高雅的艺术欣赏等文娱活动，以放松一下神经。

三是来自外省和本省山区县的大批农村青年，又称"打工仔"、"打工妹"。他们文化程度偏低（根据惠州市统计，全市18.4万外来工，其中文盲占3%，小学占29%，初中占56%，高中占10%，中专占1.3%，大专、大学占0.6%），年龄均在20岁左右（不少"三资"企业对工人年龄有限制，超过25岁的不录用），这些人涉世未深，正处于青春冲动、幻想期，他们从穷乡僻壤来到比较开放、发达的地区，有上进心的，希望打工期间学到一些相关的专业知识和技术，参与一些能实现自我价值的文化活动，以增长才干，期望几年之后回到家乡有所作为。但绝大部分人主要是为挣钱而来，他们在下班之后，只求有适当的消遣活动，以打发工余的时间，如果引导不好，受社会上"七害"现象的影响，一些意志不坚定者便会踏入歧途甚至走上犯罪道路。

二、外来工文化生活的现状

近年来,为贯彻党中央提出的坚持"两手抓"、"精神文明重在建设"的方针,广东省各用工单位、外来工主管部门和文化行政部门逐步把外来工的文化娱乐问题提上了议事日程,面向外来工的文化娱乐活动陆续开展起来。据了解,各地的做法大致如下。

(一)成立机构

许多地方的外来工主管部门对外来工文化生活问题比较重视,成立了专门管理机构,文化部门主动介入,加强指导。这些机构多数由企业的党支部、团支部、工会三方的主要人员组成,邀请文化部门派员参加,由一名副职兼抓。如惠州市工业发展总公司办公室,专门设立一个机构,管理外来工的文化生活,并要求市属各企业的人事部门设立相应的机构。该市在总公司的主管机构协调下,在"三资"企业较集中的古塘坳地段,建起了一座占地500平方米,内设图书阅览、歌舞厅、录像室等项目的"员工之家",这个综合文化娱乐设施的基建费用由所在地段的各企业合理分担,而且规定每家企业每年上交5000元作为管理费,配备专人管理,免费为各企业的外来工服务。有些企业集团或规模较大、经济效益较好的企业,也相继成立了以外来工为主体的文学、音乐、舞蹈、美术、书法、摄影、健身、体育等各类社团(或称协会、俱乐部等),这些社团组织一般是招聘几个专业人才骨干,在文化部门的指导下,组织外来工开展各种健康有益的文化艺术活动。

(二)兴修设施

为组织外来工开展文化娱乐活动,近年来广东各地都陆续建起了一批档次不同的文化设施。如拥有26.4万外来工的中山市,市政府制定的《中山市临时工管理暂行规定》,要求凡"30名以上临时工住宿的单位,需有文化娱乐场所"。市主管部门严格按上述规定作定期检查。使该市30人以上的企业都为外来工设置了电视机,外来工较多、经济效益较好的企业,还兴建了包括图书室、卡拉OK厅、篮球场等项目的文化娱乐设施。有110万外来工的东莞市,近年来从市到乡镇乃至管理区都大抓文化设施建设,先是恢复、完善原改作工厂、车间的影剧场,然后是建新的现代化文化设施项目,据不完全统计,市、镇、区为此投资共3亿多元。现在全市新建(扩建)33个镇区文化站,14个文化体育中心,30多间镇办影剧院,100多家卡拉OK厅、歌舞厅,100多间桌球室,活动阵地面积超过50万平方米。如拥有两个工业区、24间工厂、近万名员工的宏远发展总公司,3年来投资400多万元,建起了影剧院、投影场、体育馆、溜冰场、水上乐园、歌舞厅等配套文化设施。管理区一级也兴办了不少文化活动场所,如虎门镇大宁管理区新建了学校后,则把原校舍重新装修,建成具有露天影场、投影厅、卡拉OK厅、乒乓球室等综合文化活动场所。佛山、顺德等市的乡镇企业,更是关心职工的文化生活,这几年兴建的文化设施,档次较高,一些企业的文化设施的装修标准、设备的豪华超过省城一些大宾馆的水平。这些优美的文化设施,为当地外来工开展文化娱乐活动创造了良好的条件。

(三) 建立制度

为了充分发挥新建文化设施的作用，许多企业、用工单位都制订出一套活动制度，包括年活动次数计划、阵地设施开放、组织人员的值班以及节假日的安排等。如顺德区科龙集团公司和宏远发展总公司每年举办一次职工艺术节，让外来工有机会大显其艺术才华。科龙集团在生活区设立的灯光球场、游泳池、乒乓球室以及舞厅、卡拉OK厅，规定以车间为单位开展活动。惠州市乐庭电线厂规定每逢周一、三、五为录像室开放时间，周二、四为卡拉OK厅开放时间，周末为舞会或员工生日晚会时间。不少企业还利用节假日组织员工到西樵山、莲花山等风景区旅游，到省博物馆参观等，扩展了外来工的文化娱乐活动的范围。

(四) 组织开展丰富多彩的文化活动

各地根据外来工的不同层次和不同爱好，有计划地组织了内容丰富、形式多样的文化娱乐活动。如有外来工120万人的深圳市很早就为外来工开辟了"大家乐"广场，自1986年以来已在全市建起近100个活动点，成为外来工8小时以外的好去处。该市龙岗镇常住人口2万多，外来工则有13万。镇文化站属下的6家影剧院、投影场日夜开放，还专门兴建了一座长12米的文化走廊，命名为"打工仔园地"，开设有"打工仔故事"、"打工仔信箱"、"文学沙龙"、"读者文摘"、"名作欣赏"、"卫生与健康"、"法规知识"等栏目，由外来工投稿，文化站负责设计编绘，两个月出一期，每期容纳40多篇文章，至今已出版44期。该镇文化站编辑的文艺季刊《红花女》编印质量颇高，亦为许多外来工提供了文艺习作发表的园地，深圳市有关部门积极创造条件，营造良好的文化氛围，一批外来工作者如林坚、张伟明、安子、黄秀萍等脱颖而出。其中较突出的是梅县客家妹安子，17岁初中毕业便来深圳打工，利用业余时间学习写作，从1991年开始在深圳特区报发表文章，其纪实文学《青春驿站——深圳打工妹写真》反映了深圳市120万外来工的心声，在全国都有一定的影响。

近年来，珠江三角洲地区为外来工举办的专题文艺活动逐年增加，如有3万多外来工的顺德区容奇每逢中秋之夜举办"温情满异乡"的外来工文艺晚会，邀请3000多外来工代表参加以及镇领导全部到场，除了文艺演出外，还表彰为该镇经济发展做出贡献的优秀外来工100多人，现场发给奖金、证书。中山市文化局则在劳动部门的支持下，去年举办了历时几个月的"中山市首届外来劳工歌舞唱大赛"，先由各镇区预赛，再分片复赛，5月1日集中在市中山纪念堂进行总决赛，各镇区、各企业领导亲自带队参赛，使外来工深受鼓舞！这届外来劳工歌唱大赛参赛人数众多，盛况空前，《中国文化报》、省电台相继作了报道和录播，被赞为"小城的全国业余文艺调演"。广州市原东山区也定期举办外来工"金雁文化艺术节"，全区共组织各类文化艺术活动30多项，每年参加人数达5万多人次，还成立了诗社、外来青工合唱团、诗朗诵协会等文艺团体，定期开展活动，使该区外来工思想稳定，工作积极，今年已有260名外来工递交了入团申请书，80人加入了共青团，还有4人加入了中国共产党。

三、当前外来工文化娱乐活动存在的主要问题

（一）为外来工服务的文化设施不足

有的企业尤其是一些小型企业和效益不够好的用工单位，由于管理者自身的水平、素质所限，无视外来工的业余文化生活或是对外来工的文化生活管不过来，特别是有些私营企业，外来工住宿、工作条件都比较差，招工较随便，员工的合法基本权益尚且没有保障，更谈不上关心外来工的文化娱乐，尤其缺乏为外来工服务的文化设施。这些企业的外来工在一天工作之余，晚上没个好去处，精神文化生活无着，于是有的三五成群逛街、闲聊、打闹；有的围堵居民的门窗观看人家的电视，给当地居民造成心理压力；有的则沾上某些恶习，如聚赌、偷窃、打架斗殴、卖淫嫖娼等，诱发了不少社会问题。

（二）用工单位对外来工的文化生活疏于管理

不少用工主管单位对外来工的文化娱乐活动的安排和管理，时紧时松。相当部分单位尽管有了文化设施，也没有很好进行安排和管理，更没有形成一个较为健全的活动制度，只是上面促一促，他们就管一管，平时听之任之，放任自流，没有充分发挥文化娱乐活动启迪教育、增长见识、愉悦身心、消除疲劳、恢复体力、焕发精神的功能。

（三）外来工文化水平低，素质参差不齐，对开展文化活动有局限性

不少用工单位反映，多数外来工知识水平低，见识不广，文化参与意识较差，如举办晚会，许多外来工领了纪念品便离场，因为他们不能唱、不会跳，许多人胆怯、害羞，思想观念放不开；图书馆里的社科、技术书籍少人问津，但一些格调低下的"地摊文学"却大有市场，在职工宿舍到处流传。多数外来工只局限于观看武打录像片、打桌球、玩扑克牌等比较低档次的活动，对于思想性或知识性较浓的文化活动兴趣不大。

（四）工作时间较长，外来工超负荷运转

大多数外来工，在正常8小时的工作后，仍需要加班数小时，工作紧张劳累，很多人无暇参加文化活动。不少十七八岁的外来打工妹说，有时加班下来，连饭也不想吃，只想倒床睡觉，像这些超负荷运转的年轻人，长此下去，不学文化知识，缺乏适量的精神文化生活，身体素质和心理健康均受伤害，不仅阻碍企业经济建设的发展，也会影响到国民素质的提高。

四、对外来工文化生活问题应采取的对策和措施

（一）建立和健全机构，加强对外来工文化生活的管理和指导

外来工主管部门和文化部门要加强协作，在一定的地区或范围内组织有关企业、单位

建立外来工文化娱乐活动的管理（协调）小组，负责外来工文化生活的规划、管理、协调、指导工作。这些机构无需特意增设行政人员，可采用党、团、工会或人事部门兼管的办法。要从当地外来工实际情况出发，制定管理办法和措施，指导各个企业部门，有领导、有计划、有组织地开展外来工文化娱乐活动。要坚持文艺工作的"两为"方向，寓教于文，寓教于乐，通过文化娱乐活动，向外来工宣传党的方针、政策，普及科学文化知识，使他们知道国家大事，从中受到教育，增长见识，既愉悦了身心，又不断提高思想文化素质，成为"四化"建设的有用人才。

（二）加强企业文化设施建设

要解决外来工文化生活问题，首先要有外来工的文化活动设施作依托。为此，建议在《外来工管理条例》中要明文规定：凡长期招用 30 名以上外来工的企业（含"三资"、私营企业）必须开辟图书室、文娱室等文娱设施；长期招用外来工超过 100 名的企业需增辟卡拉 OK 歌舞厅、录像投影厅、灯光球场等设施，有些不能单独开辟文化活动场所的小型企业，可以仿效惠州市古塘坳建"员工之家"的做法，请企业主管部门出面协调，由同一地段的各家企业共同分担基建、设备和管理维修费用，兴建一些为外来工服务的文化设施，企业共同受益。

（三）增加社会文化设施投入，合理设置文化活动网点

外来工较多的区域，一般经济发展较快，这些地方的党政领导，要把加强当地社会文化设施建设，发挥文化导向作用，营造良好的社会文化氛围作为改善投资环境，贯彻党中央坚持"两手抓"、"精神文明重在建设"的方针的一项专门措施，适度增加社会文化设施建设的投入。文化行政部门，要同企业加强横向联系，对外来工的文化生活问题，配合用工单位进行调查研究，合理安排社会文化活动网点，调动社会力量，在外来工较多、企业文化设施较少的地段，开设简易影院、录像场、卡拉 OK 厅、桌球室等活动网点。公共图书馆、博物馆、文化馆、文化站等要根据外来工的兴趣、爱好，开设各种档次的流动服务网点，开展多种多样的文化活动，使当地外来工的精神文化生活得到不断丰富和充实。

（四）针对外来工不同的文化层次，开展多种形式的文化活动

各地组织文化娱乐活动时要考虑到外来工的知识层次和文化需求的不同来制订活动方案。如对长驻广东的海外工程技术、管理人员和从各地招聘来的专业技术人员，要为他们组织一些严肃、高雅的艺术活动，如文艺沙龙、名曲欣赏、音乐舞会等，有条件的可邀请一些高层次的专业艺术团队作高品位的艺术演出或联欢，让他们在高雅的艺术活动中得到美的享受，陶冶情操，愉悦身心。对那些有一定文化基础，进取心较强的外来工，要通过举办诸如会计、电工、电脑、文艺创作、公共关系、生活礼仪、体型健美等各种类型的培训班，帮助他们学会和掌握一定的业务知识和生产技能。对于其中一些佼佼者，要创造条件，提供机会，为他们举办笔会、发表文章和组织参加各类大赛，在实践中参与竞争，促使他们早日成才。对于大批量文化层次不是很高的外来工，除提供条件，满足他们观看电影、电视、录像、打球等一般普及性的文体活动外，主管部门和用工单位要针对他们法制

观念比较薄弱，不很关心国家大事的弱点，要定期组织他们进行时事学习和法制教育，有导向地组织举办一些主题鲜明，既有思想性、知识性，又有趣味性、娱乐性的专题文化活动，诸如讲演、征文、歌咏、舞蹈、卡拉OK、球类比赛和文艺汇演等活动，当地群众艺术馆、文化馆、文化站要派员加强上述活动的辅导，不断提高外来工的思想文化素质，增强法制观念，为广东经济建设的发展和社会治安的稳定，作出更多贡献。